中华人民共和国税法

第Ⅲ卷

财产和行为税

国家税务总局 ◎ 编

中国税务出版社

图书在版编目（CIP）数据

中华人民共和国税法．第Ⅲ卷，财产和行为税／国家税务总局编．-- 北京：中国税务出版社，2024．8（2024.11重印）．
ISBN 978－7－5678－1523－0
Ⅰ．D922.220.9
中国国家版本馆 CIP 数据核字第 2024A4L876 号

书　　名：中华人民共和国税法·第Ⅲ卷：财产和行为税
ZHONGHUA RENMIN GONGHEGUO SHUIFA · DI Ⅲ JUAN：
CAICHAN HE XINGWEI SHUI
作　　者：国家税务总局　编
责任编辑：陈金艳　孙晓萍　董　淼
责任校对：姚浩晴
技术设计：林立志
出版发行：中国税务出版社
北京市丰台区广安路 9 号国投财富广场 1 号楼 11 层
邮政编码：100055
网址：https://www.taxation.cn
投稿：https://www.taxation.cn/qt/zztg
发行中心电话：(010)83362083/85/86
传真：(010)83362047/49
经　　销：各地新华书店
印　　刷：涿州市星河印刷有限公司
规　　格：787 毫米×1092 毫米　1/16
印　　张：20.25
字　　数：480000 字
版　　次：2024 年 8 月第 1 版　2024 年 11 月第 2 次印刷
书　　号：ISBN 978－7－5678－1523－0
定　　价：50.00 元
全套定价：920.00 元

出版说明

习近平总书记对税收工作高度重视，发表了一系列关于税收工作的重要论述，多次强调指出“深化税收制度改革”，“完善税收制度”，为税收改革发展提供了根本遵循。党的二十届三中全会围绕深化财税体制改革，从多方面作出部署。随着税制改革不断深入和税收事业高质量发展，我国税收法治建设不断加强、法治环境不断改善，特别是党的十八大以来，税收在国家治理中的基础性、支柱性、保障性作用日益凸显，党中央、国务院推出一系列重大税收改革，“营改增”、个人所得税改革、进一步深化税收征管改革等各项改革举措相继落地，形成了比较完备的税收法律制度体系，为全面推进依法治税提供了有力保障。

为帮助各级税务机关和税务干部、广大纳税人缴费人及社会各界人士更好地学习税法、使用税法、宣传税法、研究税法，进一步提高税务干部依法治税能力和水平，共促税法遵从，高质量推进中国式现代化税务实践，我们组织编辑了这套《中华人民共和国税法》分卷丛书，汇集了全国人大及其常委会、国务院、财政部、税务总局、海关总署及相关部门发布的现行有效的税收法律、行政法规、规章及规范性文件。

本丛书一套七卷，涵盖增值税、消费税等18个税种，社会保险费和非税收入，税收征管等税收法律制度全部内容。其中：第Ⅰ卷货物和劳务税，包括增值税、消费税、车辆购置税、关税和进出口税收；第Ⅱ卷所得税，包括企业所得税、个人所得税；第Ⅲ卷财产和行为税，包括房产税、城镇土地使用税、城市维护建设税、印花税、资源税、土地增值税、车船税、烟叶税、契税、耕地占用税、环境保护税和船舶吨税；第Ⅳ卷社会保险费和非税收入，包括现行社会保险费和中央级非税收入；第Ⅴ卷综合税收政策，包括涉及多个税种的制度文件，分行业税收政策、区域税收政策、专项税收政策、其他税收政策和涉税相关法律规定；第Ⅵ卷税收征管，包括登记申报、票证管理、税款征收、税务检查、纳税服务等。此外，设附卷文件清理，包括清理过程中发布的修改、失效、废止的文件，鉴于这些文件与现行有效文件具有一定关联性，单独整理汇集成册，以备查阅参考。

本丛书各卷收录的每个文件均设三级编码，即卷号－类别（税费种）－顺序号。各税种法律、行政法规及实施细则等综合性文件按照法律级次排列在前，其他文件（或分类文件）按发文时间排序。部分条款失效、废止、修改和政策调整的文件，文末以“注释”方式列明具体条款、依据及相关延续政策；部分篇幅过长的文件附件，以“编者略”的形式对其内容作了删略，删略内容可通过国家税务总局网站“政策法规库”或中国税务出版社网站“税收法规库”检索查找。本丛书所收录文件截止时间为2023年12月31日，具体执行中请关注税收政策的调整变化。

由于时间仓促，难免有不足和疏漏之处，诚挚欢迎读者将使用过程中的意见建议反馈给我们（邮箱：fgxxb@163.com），以便继续修订完善。

国家税务总局

2024年8月

目　录

1 房产税

2 城镇土地使用税

3 城市维护建设税

4 印花税

5 资源税

※ ※ ※ ※

6 土地增值税

※ ※ ※ ※

7 车船税

8 烟叶税

9 契税

10　耕地占用税

11　环境保护税

12 船舶吨税

1

房产税

3 - 1 - 1

中华人民共和国房产税暂行条例

1986 年 9 月 15 日国发〔1986〕90 号发布
2011 年 1 月 8 日中华人民共和国国务院令第 588 号修订

第一条 房产税在城市、县城、建制镇和工矿区征收。

第二条 房产税由产权所有人缴纳。产权属于全民所有的，由经营管理的单位缴纳。产权出典的，由承典人缴纳。产权所有人、承典人不在房产所在地的，或者产权未确定及租典纠纷未解决的，由房产代管人或者使用人缴纳。

前款列举的产权所有人、经营管理单位、承典人、房产代管人或者使用人，统称为纳税义务人（以下简称纳税人）。

第三条 房产税依照房产原值一次减除 10% 至 30% 后的余值计算缴纳。具体减除幅度，由省、自治区、直辖市人民政府规定。

没有房产原值作为依据的，由房产所在地税务机关参考同类房产核定。

房产出租的，以房产租金收入为房产税的计税依据。

第四条 房产税的税率，依照房产余值计算缴纳的，税率为 1.2%；依照房产租金收入计算缴纳的，税率为 12%。

第五条 下列房产免纳房产税：

一、国家机关、人民团体、军队自用的房产；

二、由国家财政部门拨付事业经费的单位自用的房产；

三、宗教寺庙、公园、名胜古迹自用的房产；

四、个人所有非营业用的房产；

五、经财政部批准免税的其他房产。

第六条 除本条例第五条规定者外，纳税人纳税确有困难的，可由省、自治区、直辖市人民政府确定，定期减征或者免征房产税。

第七条 房产税按年征收、分期缴纳。纳税期限由省、自治区、直辖市人民政府规定。

第八条 房产税的征收管理，依照《中华人民共和国税收征收管理法》的规定办理。

第九条 房产税由房产所在地的税务机关征收。

第十条 本条例由财政部负责解释；施行细则由省、自治区、直辖市人民政府制定，抄送财政部备案。

第十一条 本条例自 1986 年 10 月 1 日起施行。

3-1-2

财政部税务总局关于房产税若干具体问题的解释和暂行规定

1986年9月25日　(86)财税地字第8号

一、关于城市、县城、建制镇、工矿区的解释

城市是指经国务院批准设立的市。

县城是指未设立建制镇的县人民政府所在地。

建制镇是指经省、自治区、直辖市人民政府批准设立的建制镇。

工矿区是指工商业比较发达,人口比较集中,符合国务院规定的建制镇标准,但尚未设立镇建制的大中型工矿企业所在地。开征房产税的工矿区须经省、自治区、直辖市人民政府批准。

二、关于城市、建制镇征税范围的解释

城市的征税范围为市区、郊区和市辖县县城。不包括农村。

建制镇的征税范围为镇人民政府所在地。不包括所辖的行政村。

三、关于"人民团体"的解释

"人民团体"是指经国务院授权的政府部门批准设立或登记备案并由国家拨付行政事业费的各种社会团体。

四、关于"由国家财政部门拨付事业经费的单位",是否包括由国家财政部门拨付事业经费,实行差额预算管理的事业单位?

实行差额预算管理的事业单位,虽然有一定的收入,但收入不够本身经费开支的部分,还要由国家财政部门拨付经费补助。因此,对实行差额预算管理的事业单位,也属于是由国家财政部门拨付事业经费的单位,对其本身自用的房产免征房产税。

五、关于由国家财政部门拨付事业经费的单位,其经费来源实行自收自支后,有无减免税优待?

由国家财政部门拨付事业经费的单位,其经费来源实行自收自支后,应征收房产税。但为了鼓励事业单位经济自立,由国家财政部门拨付事业经费的单位,其经费来源实行自收自支后,从事业单位经费实行自收自支的年度起,免征房产税3年。

六、关于免税单位自用房产的解释

国家机关、人民团体、军队自用的房产,是指这些单位本身的办公用房和公务用房。

事业单位自用的房产,是指这些单位本身的业务用房。

宗教寺庙自用的房产,是指举行宗教仪式等的房屋和宗教人员使用的生活用房屋。

公园、名胜古迹自用的房产,是指供公共参观游览的房屋及其管理单位的办公用房屋。

上述免税单位出租的房产以及非本身业务用的生产、营业用房产不属于免税范围,应征收房产税。

七、关于纳税单位和个人无租使用其他单位的房产,如何征收房产税?

纳税单位和个人无租使用房产管理部门、免税单位及纳税单位的房产,应由使用人代缴纳房产税。

八、关于房产不在一地的纳税人,如何确定纳税地点?

房产税暂行条例第九条规定,“房产税由房产所在地的税务机关征收。”房产不在一地的纳税人,应按房产的坐落地点,分别向房产所在地的税务机关缴纳房产税。

九、关于在开征地区范围之外的工厂、仓库,可否征收房产税?

根据房产税暂行条例的规定,不在开征地区范围之内的工厂、仓库,不应征收房产税。

十、关于企业办的各类学校、医院、托儿所、幼儿园自用的房产,可否免征房产税?

企业办的各类学校、医院、托儿所、幼儿园自用的房产,可以比照由国家财政部门拨付事业经费的单位自用的房产,免征房产税。

十一、关于作营业用的地下人防设施,应否征收房产税?

为鼓励利用地下人防设施,暂不征收房产税。

十二、关于个人所有的房产用于出租的,应否征收房产税?

个人出租的房产,不分用途,均应征收房产税。

十三、关于个人所有的居住房屋,可否由当地核定面积标准,就超过面积标准的部分征收房产税?

根据房产税暂行条例规定,个人所有的非营业用的房产免征房产税。因此,对个人所有的居住用房,不分面积多少,均免征房产税。

十四、关于个人所有的出租房屋,是按房产余值计算缴纳房产税还是按房产租金收入计算缴纳房产税?

根据房产税暂行条例规定,房产出租的,以房产租金收入为房产税的计税依据。因此,个人出租房屋,应按房屋租金收入征税。

十五、关于房产原值如何确定?

房产原值是指纳税人按照会计制度规定,在账簿“固定资产”科目中记载的房屋原价。对纳税人未按会计制度规定记载的,在计征房产税时,应按规定调整房产原值,对房产原值明显不合理的,应重新予以评估。

十六、关于毁损不堪居住的房屋和危险房屋,可否免征房产税?

经有关部门鉴定,对毁损不堪居住的房屋和危险房屋,在停止使用后,可免征房产税。

十七、关于依照房产原值一次减除10%至30%后的余值计算缴纳房产税,其减除幅度,可否按照房屋的新旧程度分别确定?对有些房屋的减除幅度,可否超过这个规定?

根据房产税暂行条例规定,具体减除幅度以及是否区别房屋新旧程度分别确定减除幅度,由省、自治区、直辖市人民政府规定,减除幅度只能在10%至30%以内。

十八、关于对微利企业和亏损企业的房产,可否免征房产税?

房产税属于财产税性质的税,对微利企业和亏损企业的房产,依照规定应征收房产税,以促进企业改善经营管理,提高经济效益。但为了照顾企业的实际负担能力,可由地方根据实际情况在一定期限内暂免征收房产税。

十九、关于新建的房屋如何征税?

纳税人自建的房屋,自建成之次月起征收房产税。

纳税人委托施工企业建设的房屋,从办理验收手续之次月起征收房产税。

纳税人在办理验收手续前已使用或出租、出借的新建房屋,应按规定征收房产税。

二十、关于企业停产、撤销后应否停征房产税?

企业停产、撤销后,对他们原有的房产闲置不用的,经省、自治区、直辖市税务局批准可暂不征收房产税;如果这些房产转给其他征税单位使用或者企业恢复生产的时候,应依照规定征收房产税。

二十一、关于基建工地的临时性房屋,应否征收房产税?

凡是在基建工地为基建工地服务的各种工棚、材料棚、休息棚和办公室、食堂、茶炉房、汽车房等临时性房屋,不论是施工企业自行建造还是由基建单位出资建造交施工企业使用的,在施工期间,一律免征房产税。但是,如果在基建工程结束以后,施工企业将这种临时性房屋交还或者估价转让给基建单位的,应当从基建单位接收的次月起,依照规定征收房产税。

二十二、关于公园、名胜古迹中附设的营业单位使用或出租的房产,应否征收房产税?

公园、名胜古迹中附设的营业单位,如影剧院、饮食部、茶社、照像馆等所使用的房产及出租的房产,应征收房产税。

二十三、关于房产出租,由承租人修理,不支付房租,应否征收房产税?

承租人使用房产,以支付修理费抵交房产租金,仍应由房产的产权所有人依照规定缴纳房产税。

二十四、关于房屋大修停用期间,可否免征房产税?

房屋大修停用在半年以上的,经纳税人申请,税务机关审核,在大修期间可免征房产税。

二十五、关于纳税单位与免税单位共同使用的房屋,如何征收房产税?

纳税单位与免税单位共同使用的房屋,按各自使用的部分划分,分别征收或免征房产税。

注释:

条款废止。第五条,第七条,第十一条,第十五条,第十八条,第二十条废止;第二十四条“税务机关审核”的内容废止。参见:《国家税务总局关于公布全文失效废止 部分条款失效废止的税收规范性文件目录的公告》(国家税务总局公告2011年第2号)。

条款废止。第七条自2009年12月1日起废止。参见:《财政部 国家税务总局关于房产税、城镇土地使用税有关问题的通知》(财税〔2009〕128号)。

条款废止。第十五条自2008年12月18日起废止。参见:《财政部 国家税务总局关于房产税、城镇土地使用税有关问题的通知》(财税〔2008〕152号)。

条款废止。第十一条自2006年1月1日起废止。参见:《财政部 国家税务总局关于具备房屋功能的地下建筑征收房产税的通知》(财税〔2005〕181号)。

条款废止。第十八条关于对微利企业和亏损企业的房产“可由地方根据实际情况在一定期限内暂免征收房产税”和第二十条“企业停产、撤销后，对他们原有的房产闲置不用的，经省、自治区、直辖市税务局批准可暂不征收房产税”的规定废止。参见：《财政部　国家税务总局关于调整房产税有关减免税政策的通知》（财税〔2004〕140号）。

政策调整。第二十四条取消经税务机关审核的内容。参见：《国家税务总局关于房产税部分行政审批项目取消后加强后续管理工作的通知》（国税函〔2004〕839号）。

3-1-3

财政部税务总局关于房产税和车船使用税几个业务问题的解释与规定

1987年3月23日　（87）财税地字第3号

总局（86）财税地字第8号《关于检发〈关于房产税若干具体问题的解释和暂行规定〉、〈关于车船使用税若干具体问题的解释和暂行规定〉的通知》下发后，各地在贯彻执行中又陆续提出一些需要明确的问题。经研究，现作如下解释和规定：

一、关于“房产”的解释

“房产”是以房屋形态表现的财产。房屋是指有屋面和围护结构（有墙或两边有柱），能够遮风避雨，可供人们在其中生产、工作、学习、娱乐、居住或储藏物资的场所。

独立于房屋之外的建筑物，如围墙、烟囱、水塔、变电塔、油池油柜、酒窖菜窖、酒精池、糖蜜池、室外游泳池、玻璃暖房、砖瓦石灰窑以及各种油气罐等，不属于房产。

根据总局（86）财税地字第8号文规定，“房产原值是指纳税人按照会计制度规定，在账簿‘固定资产’科目中记载的房屋原价。”因此，凡按会计制度规定在账簿中记载有房屋原价的，即应以房屋原价按规定减除一定比例后作为房产余值计征房产税；没有记载房屋原价的，按照上述原则，并参照同类房屋，确定房产原值，计征房产税。

二、关于房屋附属设备的解释

房产原值应包括与房屋不可分割的各种附属设备或一般不单独计算价值的配套设施。主要有：暖气、卫生、通风、照明、煤气等设备；各种管线，如蒸气、压缩空气、石油、给水排水等管道及电力、电讯、电缆导线；电梯、升降机、过道、晒台等。

属于房屋附属设备的水管、下水道、暖气管、煤气管等从最近的探视井或三通管算起。电灯网、照明线从进线盒联接管算起。

三、关于工商行政管理部门的集贸市场用房征收房产税的规定

工商行政管理部门的集贸市场用房，不属于工商部门自用的房产，按规定应征收房产税。但为了促进集贸市场的发展，省、自治区、直辖市可根据具体情况暂给予减税或免税照顾。

四、关于专用汽车（改装车）征免车船使用税的规定

专用汽车是指装置有专用设备，具备特定的专用功能，用于承担专门运输任务或专项作业的汽车。凡环卫环保部门的路面清扫车、环境监测车；医药卫生部门的医疗手术车、防疫监测车；民政部门的殡仪车；公安部门的勘察车、交通监理车等，不论是否收费，均免征车

船使用税。凡用于生产经营的专用汽车,如流动餐车、液化石油气罐车、冷藏车等均应征收车船使用税。对专用于建筑作业、石油地质作业、机场作业、农林牧渔业等的专用汽车,如:沥青撒布车、混凝土搅拌车、架线车、野外工程车等等,省、自治区、直辖市可根据具体情况分别规定征税或免税。

专用汽车根据其功能吨位,参照机动载货汽车税额计算征收车船使用税。

五、关于实行自收自支的事业单位征免车船使用税的规定

由国家财政部门拨付事业经费的单位实行自收自支后,从事业单位经费实行自收自支的年度起,免征车船使用税三年,三年后应按规定征税。

注释:

条款失效。第四条、第五条失效。参见:《国家税务总局关于公布全文失效废止　部分条款失效废止的税收规范性文件目录的公告》(国家税务总局公告2011年第2号)。

3-1-4

国家税务总局关于房产税城镇土地使用税有关政策规定的通知

2003年7月15日　国税发〔2003〕89号

各省、自治区、直辖市和计划单列市地方税务局,局内各单位:

随着我国房地产市场的迅猛发展,涉及房地产税收的政策问题日益增多,经调查研究和广泛听取各方面的意见,现对房产税、城镇土地使用税有关政策问题明确如下:

一、关于房地产开发企业开发的商品房征免房产税问题

鉴于房地产开发企业开发的商品房在出售前,对房地产开发企业而言是一种产品,因此,对房地产开发企业建造的商品房,在售出前,不征收房产税;但对售出前房地产开发企业已使用或出租、出借的商品房应按规定征收房产税。

二、关于确定房产税、城镇土地使用税纳税义务发生时间问题

(一)购置新建商品房,自房屋交付使用之次月起计征房产税和城镇土地使用税。

(二)购置存量房,自办理房屋权权属转移、变更登记手续,房地产权属登记机关签发房屋权属证书之次月起计征房产税和城镇土地使用税。

(三)出租、出借房产,自交付出租、出借房产之次月起计征房产税和城镇土地使用税。

(四)房地产开发企业自用、出租、出借本企业建造的商品房,自房屋使用或交付之次月起计征房产税和城镇土地使用税。

注释:

条款废止。第二条第四款中有关房地产开发企业城镇土地使用税纳税义务发生时间的规定废止。参见:1.《国家税务总局关于公布全文失效废止　部分条款失效废止的税收

规范性文件目录的公告》(国家税务总局公告2011年第2号)。2.《财政部 国家税务总局关于房产税、城镇土地使用税有关政策的通知》(财税〔2006〕186号)。

3-1-5

财政部 国家税务总局关于房产税、城镇土地使用税有关政策的通知

2006年12月25日 财税〔2006〕186号

各省、自治区、直辖市、计划单列市财政厅(局)、地方税务局,新疆生产建设兵团财务局:

经研究,现对房产税、城镇土地使用税有关政策明确如下:

一、关于居民住宅区内业主共有的经营性房产缴纳房产税问题

对居民住宅区内业主共有的经营性房产,由实际经营(包括自营和出租)的代管人或使用人缴纳房产税。其中自营的,依照房产原值减除10%至30%后的余值计征,没有房产原值或不能将业主共有房产与其他房产的原值准确划分开的,由房产所在地地方税务机关参照同类房产核定房产原值;出租的,依照租金收入计征。

二、关于有偿取得土地使用权城镇土地使用税纳税义务发生时间问题

以出让或转让方式有偿取得土地使用权的,应由受让方从合同约定交付土地时间的次月起缴纳城镇土地使用税;合同未约定交付土地时间的,由受让方从合同签订的次月起缴纳城镇土地使用税。

国家税务总局《关于房产税、城镇土地使用税有关政策规定的通知》(国税发〔2003〕89号)第二条第四款中有关房地产开发企业城镇土地使用税纳税义务发生时间的规定同时废止。

三、关于经营采摘、观光农业的单位和个人征免城镇土地使用税问题

在城镇土地使用税征收范围内经营采摘、观光农业的单位和个人,其直接用于采摘、观光的种植、养殖、饲养的土地,根据《中华人民共和国城镇土地使用税暂行条例》第六条中"直接用于农、林、牧、渔业的生产用地"的规定,免征城镇土地使用税。

四、关于林场中度假村等休闲娱乐场所征免城镇土地使用税问题

在城镇土地使用税征收范围内,利用林场土地兴建度假村等休闲娱乐场所的,其经营、办公和生活用地,应按规定征收城镇土地使用税。

五、本通知自2007年1月1日起执行。

3－1－6

财政部　国家税务总局关于房产税城镇土地使用税有关问题的通知

2008年12月18日　财税〔2008〕152号

各省、自治区、直辖市、计划单列市财政厅(局)、地方税务局,新疆生产建设兵团财务局:

为统一政策,规范执行,现将房产税、城镇土地使用税有关问题明确如下:

一、关于房产原值如何确定的问题

对依照房产原值计税的房产,不论是否记载在会计账簿固定资产科目中,均应按照房屋原价计算缴纳房产税。房屋原价应根据国家有关会计制度规定进行核算。对纳税人未按国家会计制度规定核算并记载的,应按规定予以调整或重新评估。

《财政部税务总局关于房产税若干具体问题的解释和暂行规定》(财税地字〔1986〕第008号)第十五条同时废止。

二、关于索道公司经营用地应否缴纳城镇土地使用税的问题

公园、名胜古迹内的索道公司经营用地,应按规定缴纳城镇土地使用税。

三、关于房产税、城镇土地使用税纳税义务截止时间的问题

纳税人因房产、土地的实物或权利状态发生变化而依法终止房产税、城镇土地使用税纳税义务的,其应纳税款的计算应截止到房产、土地的实物或权利状态发生变化的当月末。

四、本通知自2009年1月1日起执行。

3－1－7

财政部　国家税务总局关于房产税城镇土地使用税有关问题的通知

2009年11月22日　财税〔2009〕128号

各省、自治区、直辖市、计划单列市财政厅(局)、地方税务局,西藏、宁夏、青海省(自治区)国家税务局,新疆生产建设兵团财务局:

为完善房产税、城镇土地使用税政策,堵塞税收征管漏洞,现将房产税、城镇土地使用税有关问题明确如下:

一、关于无租使用其他单位房产的房产税问题

无租使用其他单位房产的应税单位和个人,依照房产余值代缴纳房产税。

二、关于出典房产的房产税问题

产权出典的房产,由承典人依照房产余值缴纳房产税。

三、关于融资租赁房产的房产税问题

融资租赁的房产,由承租人自融资租赁合同约定开始日的次月起依照房产余值缴纳房产税。合同未约定开始日的,由承租人自合同签订的次月起依照房产余值缴纳房产税。

四、关于地下建筑用地的城镇土地使用税问题

对在城镇土地使用税征税范围内单独建造的地下建筑用地,按规定征收城镇土地使用税。其中,已取得地下土地使用权证的,按土地使用权证确认的土地面积计算应征税款;未取得地下土地使用权证或地下土地使用权证上未标明土地面积的,按地下建筑垂直投影面积计算应征税款。

对上述地下建筑用地暂按应征税款的50%征收城镇土地使用税。

五、本通知自2009年12月1日起执行。《财政部税务总局关于房产税若干具体问题的解释和暂行规定》(〔86〕财税地字第008号)第七条、《国家税务总局关于安徽省若干房产税业务问题的批复》(国税函发〔1993〕368号)第二条同时废止。

※ ※ ※ ※

3-1-8

财政部关于对银行、保险系统征免房产税的通知

1987年3月7日 (87)财税字第36号

根据国务院国发〔1986〕90号《中华人民共和国房产税暂行条例》规定,现对银行、保险系统征免房产税问题通知如下:

一、中国人民银行总行是国家机关,对其自用的房产免征房产税;中国人民银行总行所属并由国家财政部门拨付事业经费单位的房产,按房产税有关规定办理;中国人民银行各省、自治区、直辖市分行及其所属机构的房产,应征收房产税。

二、根据国务院发布的《中华人民共和国银行管理暂行条例》的规定,各专业银行都是独立核算的经济实体,对其房产应征收房产税。

三、对其他金融机构(包括信托投资公司、城乡信用合作社,以及经中国人民银行批准设立的其他金融组织)和保险公司的房产,均应按规定征收房产税。

3－1－9

财政部税务总局关于对武警部队房产征免房产税的通知

1987年7月27日　(87)财税地字第12号

各省、自治区、直辖市税务局，各计划单列市税务局，加发南京市税务局，海洋石油税务局各分局：

根据《中华人民共和国房产税暂行条例》的有关规定，结合中国人民武装警察部队（以下简称武警部队）的性质，经研究，决定对其房产征免房产税问题，可比照对军队房产征免税的规定办理。现通知如下：

一、武警部队的工厂，专门为武警部门内部生产武器、弹药、军训器材、部队装备（指人员装备、军械装具、马装具）的，免征房产税。生产其他产品的，均按规定征收房产税。

二、武警部队与其他单位联营或合资办企业的房产，应征收房产税。

三、武警部队出租的房产，应征收房产税；无租出借的房产，由使用人代缴。

四、武警部队所办服务社的房产，专为武警内部人员及其家属服务的，免征房产税，对外营业的应征收房产税。

五、武警部队的招待所，专门接待武警内部人员的免征房产税；对外营业的，应征收房产税；二者兼有的，按各占比例划分征免税。

3－1－10

财政部税务总局关于高等学校的招待所应征收房产税的复函

1987年7月28日　(87)财税地字第14号

国家教育委员会办公厅：

你厅〔1987〕教计厅字007号《关于申请免征高等学校内部招待所房产税的报告》收悉。经研究，函复如下：

高等学校属于由国家财政部门拨付事业经费的单位。根据《中华人民共和国房产税暂行条例》的规定，高等学校自用的房产，免征房产税；其附属的招待所，属于营业用房，不能视为自用的房产，应照章征收房产税。

3-1-11

财政部税务总局关于对房管部门经租的居民住房暂缓征收房产税的通知

1987年12月1日 (87)财税地字第30号

为了有利于房租改革和照顾房管部门经租的居民住房目前收取租金偏低的实际情况,经研究确定:从1988年1月1日起,对房管部门经租的居民住房,在房租调整改革之前收取租金偏低的,可暂缓征收房产税;对房管部门经租的其他非营业用房,是否给予照顾,可由各省、自治区、直辖市根据当地具体情况按税收管理体制的规定办理。

3-1-12

国家税务局关于对实行自收自支的事业单位恢复征收房产税和车船使用税的通知

1990年4月24日 国税函发〔1990〕434号

我局(86)财税地字第8号和(87)财税地字第3号文规定,由国家财政部门拨付事业经费的单位,其经费来源实行自收自支后,从事业单位经费实行自收自支的年度起,免征房产税、车船使用税3年。目前,许多事业单位免税已满3年。经研究决定,从1990年起,对实行自收自支的事业单位恢复征收房产税和车船使用税,现通知如下:

一、对1990年以前实行自收自支的事业单位,凡已经免征房产税、车船使用税3年的,应按规定恢复征税;对已经办理免税手续,但免征房产税、车船使用税还不满3年的,可以继续免税到满3年为止。

二、对1990年1月1日以后,经费来源实行自收自支的事业单位,不再享受3年免税照顾,应照章征收房产税和车船使用税。

注释:

条款失效。第一条、第二条中有关车船使用税的表述全部失效。参见:《国家税务总局关于公布全文失效废止 部分条款失效废止的税收规范性文件目录的公告》(国家税务总局公告2011年第2号)。

3-1-13

国家税务局关于工会服务型事业单位免征房产税、车船使用税、土地使用税问题的复函

1992年10月10日　国税函发〔1992〕1440号

中华全国总工会：

你会工财函〔1992〕15号文《关于商请对工会服务型的事业单位免征房产税、车船使用税、土地使用税的函》收悉。经研究决定，对由主管工会拨付或差额补贴工会经费的全额预算或差额预算单位，可以比照财政部门拨付事业经费的单位办理，即：对这些单位自用的房产、车船、土地，免征房产税、车船使用税和土地使用税；从事生产、经营活动等非自用的房产、车船、土地，则应按税法有关规定照章纳税。

注释：

条款失效。“经研究决定，对由主管工会拨付或差额补贴工会经费的全额预算或差额预算单位，可以比照财政部门拨付事业经费的单位办理，即：对这些单位自用的房产、车船、土地，免征房产税、车船使用税和土地使用税”上述规定中有关车船使用税的表述失效。参见：《国家税务总局关于公布全文失效废止　部分条款失效废止的税收规范性文件目录的公告》（国家税务总局公告2011年第2号）。

3-1-14

国家税务总局关于安徽省若干房产税业务问题的批复

1993年11月8日　国税函发〔1993〕368号

安徽省税务局：

你局税地字〔1993〕第434号《关于对投资联营的房产征收房产税问题的请示》和税地字〔1993〕第461号《关于对融资租赁房屋征收房产税的请示》收悉。经研究，同意你局意见，即：

一、对于投资联营的房产，应根据投资联营的具体情况，在计征房产税时予以区别对待。对于以房产投资联营，投资者参与投资利润分红，共担风险的情况，按房产原值作为计税依据计征房产税；对于以房产投资，收取固定收入，不承担联营风险的情况，实际上是以联营名义取得房产的租金，应根据《中华人民共和国房产税暂行条例》的有关规定由出租方

按租金收入计缴房产税。

二、对于融资租赁房屋的情况，由于租赁费包括购进房屋的价款、手续费、借款利息等，与一般房屋出租的"租金"内涵不同，且租赁期满后，当承担方偿还最后一笔租赁费时，房屋产权要转移到承租方，这实际上是一种变相的分期付款购买固定资产的形式，所以在计征房产税时应以房产余值计算征收。至于租赁期内房产税的纳税人，可由你局根据实际情况确定。

注释：

条款废止。第二条废止。参见：1.《国家税务总局关于公布全文失效废止 部分条款失效废止的税收规范性文件目录的公告》（国家税务总局公告 2011 年第 2 号）。2.《财政部 国家税务总局关于房产税、城镇土地使用税有关问题的通知》（财税〔2009〕128 号）。

3－1－15

国家税务总局关于房屋产权未确定如何征收房产税问题的批复

1998 年 7 月 15 日 国税函〔1998〕426 号

大连市地方税务局：

你局《关于如何理解房屋产权未确定征收房产税问题的请示》（大地税函〔1998〕13 号）收悉。文中反映企业在房改过程中，只购买房屋开发公司商品房的使用权，或者欲买产权，却由于各种原因，得不到产权证，形成"空中产权"，对此如何确定房产税纳税义务人的问题，经研究批复如下：房产税原则上应由房屋的产权所有人缴纳，对于房屋开发公司售出的房屋，不再在其会计账簿中记载及核算，而购买该房屋的单位未取得产权的，可暂按《中华人民共和国房产税暂行条例》第二条"产权未确定，由使用人缴纳房产税"的规定，确定房产税的纳税人。

3－1－16

国家税务总局关于调整房产税和土地使用税具体征税范围解释规定的通知

1999 年 3 月 12 日 国税发〔1999〕44 号

近接一些地区反映，原财政部税务总局印发的《关于房产税若干具体问题的解释和暂行规定》（〔86〕财税地字 8 号）与原国家税务局印发的《关于土地使用税若干具体问题的解释和暂行规定》(〔88〕国税地字第15号),有关房产税与土地使用税的具体征税范围的解释不尽一致,并且经济发展及城镇建设已发生很大变化,在实际执行中,不便于操作,经研究,现进一步解释和规定如下:

一、房产税、土地使用税在城市、县城、建制镇和工矿区征收,各地在遵照执行。

二、关于建制镇具体征税范围,由各省、自治区、直辖市地方税务局提出方案,经省、自治区、直辖市人民政府确定批准后执行,并报国家税务总局备案。对农林牧渔业用地和农民居住用房屋及土地,不征收房产税和土地使用税。

注释:

条款修改。根据《第十三届全国人民代表大会第一次会议关于国务院机构改革方案的决定》等有关规定,税收规范性文件规定的国税地税机关的职责和工作由新的税务机关承担。国家税务总局依据《税收规范性文件制定管理办法》(国家税务总局令第41号公布),对税收规范性文件进行了清理。参见:《国家税务总局关于修改部分税收规范性文件的公告》(国家税务总局公告2018年第31号)。

3-1-17

国家税务总局关于房改后房产税城镇土地使用税征免问题批复

2001年8月23日　国税函〔2001〕659号

内蒙古自治区地方税务局:

你局《关于房改后房产税城镇土地使用税征免问题的请示》(内地税字〔2001〕156号)收悉,经研究,现批复如下:

一、对应税单位依据国家住房制度改革的有关规定,将职工住宅全部产权出售给本单位职工,并按规定核销固定资产帐务,可免征房产税。

二、对应税单位以收取抵押金形式出售职工住房使用权,房屋产权未转移的,可比照财税〔2000〕125号文第一条的规定办理,暂免征收房产税。

三、对应税单位将职工住宅办理了土地使用权过户手续,可免征城镇土地使用税,对未办理土地使用权过户手续的应按规定征收城镇土地使用税。

3 -1 -18

国家税务总局关于未取得房屋产权证书期间如何确定房产税纳税人的批复

2002 年 4 月 8 日　国税函〔2002〕284 号

北京市地方税务局：

你局《关于在未取得房屋产权证书期间如何确定房产税纳税义务人的请示》（京地税地〔2002〕141 号）收悉，经研究，现批复如下：

根据《中华人民共和国房产税暂行条例》第二条中“房屋产权未确定及租典纠纷未解决的，由房产代管人或者使用人缴纳”的规定，凡以分期付款方式购买使用商品房，且购销双方均未取得房屋产权证书期间，应确定房屋的实际使用人为房产税的纳税义务人，缴纳房产税。

3 -1 -19

财政部　国家税务总局关于调整铁路系统房产税城镇土地使用税政策的通知

2003 年 7 月 11 日　财税〔2003〕149 号

各省、自治区、直辖市、计划单列市财政厅（局）、地方税务局，新疆生产建设兵团财务局：

根据铁路运输体制改革和铁路系统的实际情况，经国务院批准，现对铁路系统有关房产税、城镇土地使用税税收政策通知如下：

一、铁道部所属铁路运输企业自用的房产、土地继续免征房产税和城镇土地使用税。

二、对铁路运输体制改革后，从铁路系统分离出来并实行独立核算、自负盈亏的企业，包括铁道部所属原执行经济承包方案的工业、供销、建筑施工企业；中国铁路工程总公司、中国铁道建筑工程总公司、中国铁路通信信号总公司、中国土木建筑工程总公司、中国北方机车车辆工业集团公司、中国南方机车车辆工业集团公司；以及铁道部所属自行解决工交事业费的单位，自 2003 年 1 月 1 日起恢复征收房产税、城镇土地使用税。

三、铁道部所属其他企业、单位的房产和土地，继续按税法规定征收房产税和城镇土地使用税。

3-1-20

财政部 国家税务总局关于明确免征房产税、城镇土地使用税的铁路运输企业范围及有关问题的通知

2004年2月17日 财税〔2004〕36号

各省、自治区、直辖市、计划单列市财政厅(局)、地方税务局,新疆生产建设兵团财务局:

为更好地贯彻执行《财政部、国家税务总局关于调整铁路系统房产税、城镇土地使用税政策的通知》(财税〔2003〕149号),经研究,现就有关免征房产税和城镇土地使用税的铁路运输企业范围和有关问题通知如下:

一、继续免征房产税和城镇土地使用税的铁道部所属铁路运输企业的范围包括:铁路局、铁路分局(包括客货站、编组站、车务、机务、工务、电务、水电、车辆、供电、列车、客运段)、中铁集装箱运输有限责任公司、中铁特货运输有限责任公司、中铁行包快递有限责任公司、中铁快运有限公司。

二、地方铁路运输企业自用的房产、土地应缴纳的房产税、城镇土地使用税比照铁道部所属铁路运输企业的政策执行。

三、铁道通信信息有限责任公司、中国铁路物资总公司、中铁建设开发中心和铁道部第一、二、三、四设计院免征房产税、城镇土地使用税的期限截止到2005年12月31日,自2006年1月1日起恢复征收房产税和城镇土地使用税。

注释:

条款失效。第三条失效。参见:《财政部 国家税务总局关于铁道通信信息有限责任公司等单位房产税、城镇土地使用税政策的通知》(财税〔2006〕90号)。

条款失效。第一条失效。参见:《财政部 国家税务总局关于明确免征房产税、城镇土地使用税的铁路运输企业范围的补充通知》(财税〔2006〕17号)。

3-1-21

国家税务总局关于房产税部分行政审批项目取消后加强后续管理工作的通知

2004年6月23日 国税函〔2004〕839号

各省、自治区、直辖市和计划单列市地方税务局:

为贯彻执行《国务院关于第三批取消和调整行政审批项目的决定》(国发〔2004〕16

号)，做好房产税有关行政审批项目取消后的管理工作，现就有关问题通知如下：

一、对《财政部税务总局关于房产税若干具体问题的解释和暂行规定》(〔86〕财税地字第8号)第二十四条关于"房屋大修停用在半年以上的，经纳税人申请，税务机关审核，在大修期间可免征房产税"的规定作适当修改，取消经税务机关审核的内容。

纳税人因房屋大修导致连续停用半年以上的，在房屋大修期间免征房产税，免征税额由纳税人在申报缴纳房产税时自行计算扣除，并在申报表附表或备注栏中作相应说明。

二、纳税人房屋大修停用半年以上需要免征房产税的，应在房屋大修前向主管税务机关报送相关的证明材料，包括大修房屋的名称、座落地点、产权证编号、房产原值、用途、房屋大修的原因、大修合同及大修的起止时间等信息和资料，以备税务机关查验。具体报送材料由各省、自治区、直辖市和计划单列市地方税务局确定。

三、税务机关要加强房产税的税源管理，摸清纳税人房屋的使用状况，并设立房产税税源管理台账。有条件的地方要充分利用信息化手段，建立房产税信息管理系统，及时掌握房产税的申报、纳税、免税情况，加强税源管理。

四、税务机关应对报告大修的房屋加强跟踪管理和检查，如发现虚假情况，按《中华人民共和国税收征收管理法》的有关规定处理。

五、各省、自治区、直辖市和计划单列市地方税务局应根据本通知的精神制定具体的管理办法，并告知房产税的纳税人。

六、本通知自2004年7月1日起执行。

注释:

条款修改。根据《第十三届全国人民代表大会第一次会议关于国务院机构改革方案的决定》等有关规定，税收规范性文件规定的国税地税机关的职责和工作由新的税务机关承担。国家税务总局依据《税收规范性文件制定管理办法》(国家税务总局令第41号公布)，对税收规范性文件进行了清理。参见:《国家税务总局关于修改部分税收规范性文件的公告》(国家税务总局公告2018年第31号)。

3-1-22

财政部　国家税务总局关于暂免征收军队空余房产租赁收入营业税房产税的通知

2004年7月21日　财税〔2004〕123号

各省、自治区、直辖市、计划单列市财政厅(局)、地方税务局，新疆生产建设兵团财务局：

经国务院批准，现将军队空余房产租赁收入有关营业税、房产税政策通知如下：

一、自2004年8月1日起，对军队空余房产租赁收入暂免征收营业税、房产税；此前已征税款不予退还，未征税款不再补征。

二、暂免征收营业税、房产税的军队空余房产，在出租时必须悬挂《军队房地产租赁许可证》,以备查验。

请遵照执行。

3－1－23

财政部　国家税务总局关于调整房产税有关减免税政策的通知

2004年8月19日　财税〔2004〕140号

各省、自治区、直辖市、计划单列市财政厅(局)、地方税务局,新疆生产建设兵团财务局:

为了规范税收政策,进一步加强房产税的征收管理,经研究决定,对《财政部税务总局关于房产税若干具体问题的解释和暂行规定》(〔86〕财税地字第8号)的部分内容作适当修改,即:废止第十八条关于对微利企业和亏损企业的房产“可由地方根据实际情况在一定期限内暂免征收房产税”和第二十条“企业停产、撤销后,对他们原有的房产闲置不用的,经省、自治区、直辖市税务局批准可暂不征收房产税”的规定。

3－1－24

国家税务总局关于进一步明确房屋附属设备和配套设施计征房产税有关问题的通知

2005年10月21日　国税发〔2005〕173号

各省、自治区、直辖市和计划单列市地方税务局,扬州税务进修学院:

关于房屋附属设备和配套设施计征房产税问题,《财政部税务总局关于房产税和车船使用税几个业务问题的解释与规定》(〔87〕财税地字第3号)第二条已作了明确。随着社会经济的发展和房屋功能的完善,又出现了一些新的设备和设施,亟需明确。经研究,现将有关问题通知如下:

一、为了维持和增加房屋的使用功能或使房屋满足设计要求,凡以房屋为载体,不可随意移动的附属设备和配套设施,如给排水、采暖、消防、中央空调、电气及智能化楼宇设备等,无论在会计核算中是否单独记账与核算,都应计入房产原值,计征房产税。

二、对于更换房屋附属设备和配套设施的,在将其价值计入房产原值时,可扣减原来相应设备和设施的价值;对附属设备和配套设施中易损坏、需要经常更换的零配件,更新后不再计入房产原值。

三、城市房地产税比照上述规定执行。

四、本通知自2006年1月1日起执行。《财政部税务总局关于对房屋中央空调是否计入房产原值等问题的批复》（〔87〕财税地字第28号）同时废止。

注释：

条款废止。第三条废止。参见：《国家税务总局关于公布全文失效废止　部分条款失效废止的税收规范性文件目录的公告》（国家税务总局公告2011年第2号）。

3－1－25

财政部　国家税务总局关于具备房屋功能的地下建筑征收房产税的通知

2005年12月23日　财税〔2005〕181号

各省、自治区、直辖市、计划单列市财政厅（局）、地方税务局，新疆生产建设兵团财务局：

为了统一税收政策，规范税收管理，现将具备房屋功能的地下建筑的房产税政策明确如下：

一、凡在房产税征收范围内的具备房屋功能的地下建筑，包括与地上房屋相连的地下建筑以及完全建在地面以下的建筑、地下人防设施等，均应当依照有关规定征收房产税。

上述具备房屋功能的地下建筑是指有屋面和维护结构，能够遮风避雨，可供人们在其中生产、经营、工作、学习、娱乐、居住或储藏物资的场所。

二、自用的地下建筑，按以下方式计税：

1. 工业用途房产，以房屋原价的50%～60%作为应税房产原值。

应纳房产税的税额＝应税房产原值×［1－（10%－30%）］×1.2%

2. 商业和其他用途房产，以房屋原价的70%～80%作为应税房产原值。

应纳房产税的税额＝应税房产原值×［1－（10%－30%）］×1.2%

房屋原价折算为应税房产原值的具体比例，由各省、自治区、直辖市和计划单列市财政和地方税务部门在上述幅度内自行确定。

3. 对于与地上房屋相连的地下建筑，如房屋的地下室、地下停车场、商场的地下部分等，应将地下部分与地上房屋视为一个整体，按照地上房屋建筑的有关规定计算征收房产税。

三、出租的地下建筑，按照出租地上房屋建筑的有关规定计算征收房产税。

四、本通知自2006年1月1日起执行，《财政部税务总局关于房产税若干具体问题的解释和暂行规定》（〔86〕财税地字第8号）第十一条同时废止。

3－1－26

财政部 国家税务总局关于明确免征房产税、城镇土地使用税的铁路运输企业范围的补充通知

2006年3月8日 财税〔2006〕17号

各省、自治区、直辖市、计划单列市财政厅(局)、地方税务局,新疆生产建设兵团财务局:

根据铁路运输体制改革情况,现将享受免征房产税、城镇土地使用税政策的铁道部所属铁路运输企业的范围补充通知如下:

一、享受免征房产税、城镇土地使用税优惠政策的铁道部所属铁路运输企业是指铁路局及国有铁路运输控股公司(含广铁〈集团〉公司、青藏铁路公司、大秦铁路股份有限公司、广深铁路股份有限公司等,具体包括客货、编组站,车务、机务、工务、电务、水电、供电、列车、客运、车辆段)、铁路办事处、中铁集装箱运输有限责任公司、中铁特货运输有限责任公司、中铁快运股份有限公司。

二、本通知自发文之日起执行。《财政部、国家税务总局关于明确免征房产税、城镇土地使用税的铁路运输企业范围及有关问题的通知》(财税〔2004〕36号)第一条停止执行。此前已征税款不予退还,未征税款不再补征。

3－1－27

财政部 国家税务总局关于青藏铁路公司运营期间有关税收等政策问题的通知

2007年1月11日 财税〔2007〕11号

各省、自治区、直辖市、计划单列市财政厅(局)、国家税务局、地方税务局:

为支持青藏铁路运营,减轻青藏铁路公司的经营压力,根据2001年第105次国务院总理办公会议纪要及《国务院关于组建青藏铁路公司有关问题的批复》(国函〔2002〕66号)的精神,现就青藏铁路公司运营期间有关税收等政策问题通知如下:

一、对青藏铁路公司取得的运输收入、其他业务收入免征营业税、城市维护建设税、教育费附加,对青藏铁路公司取得的付费收入不征收营业税。

本条所称的“运输收入”是指《国家税务总局关于中央铁路征收营业税问题的通知》(国税发〔2002〕44号)第一条明确的各项运营业务收入。

本条所称的“其他业务收入”是指为了减少运输主业亏损,青藏铁路公司运营单位承办的与运营业务相关的其他业务,主要包括路内装卸作业、代办工作、专用线和自备车维检费

等纳入运输业报表体系与运输业统一核算收支的其他收入项目。

本条所称的"付费收入"是指铁路财务体制改革过程中，青藏铁路公司因财务模拟核算产生的内部及其与其他铁路局之间虚增清算收入，具体包括《国家税务总局关于中央铁路征收营业税问题的通知》（国税发〔2002〕44 号）第二条明确的不征收营业税的各项费用。

二、对青藏铁路公司及其所属单位营业账簿免征印花税；对青藏铁路公司签订的货物运输合同免征印花税，对合同其他各方当事人应缴纳的印花税照章征收。

三、对青藏铁路公司及其所属单位自采自用的砂、石等材料免征资源税；对青藏铁路公司及其所属单位自采外销及其他单位和个人开采销售给青藏铁路公司及其所属单位的砂、石等材料照章征收资源税。

四、对青藏铁路公司及其所属单位承受土地、房屋权属用于办公及运输主业的，免征契税；对于因其他用途承受的土地、房屋权属，应照章征收契税。

五、对青藏铁路公司及其所属单位自用的房产、土地免征房产税、城镇土地使用税；对非自用的房产、土地照章征收房产税、城镇土地使用税。

六、财政部、国家税务总局《关于青藏铁路建设期间有关税收政策问题的通知》（财税〔2003〕128 号）停止执行。

青藏铁路公司所属单位名单见附件。

本通知自 2006 年 7 月 1 日起执行，此前已征税款不予退还，未征税款不再补征。

附件：青藏铁路公司所属单位名单

附件

青藏铁路公司所属单位名单

序号	单位名称	序号	单位名称
1	西宁车站	15	西宁物资采购供应中心
2	西宁车务段	16	青藏铁路公安局
3	德令哈车务段	17	西宁铁路公安处
4	格尔木车务段	18	格尔木铁路公安处
5	西宁供电段	19	拉萨公安处
6	西宁机务段	20	拉萨车站（拉萨办事处）
7	西宁工务段	21	西宁疾病预防控制所
8	格尔木工务段	22	青藏铁路公司党校
9	西宁工务机械段	23	西宁乘务员公寓
10	西宁电务段	24	青藏铁道资金结算所
11	西宁车辆段	25	建设项目管理所
12	西宁客运段	26	青藏铁路公司装卸管理所
13	西宁房建生活段	27	青藏铁路公司驻北京办事处
14	格尔木房建生活段		

3－1－28

财政部　国家税务总局关于中央电视台房产税　城镇土地使用税和车船税政策的通知

2007年11月6日　财税〔2007〕148号

北京市财政局、地方税务局：

为支持中央电视台财务管理改革，经研究，现将中央电视台征免房产税、城镇土地使用税和车船税问题通知如下：

一、在2009年12月31日前，对中央电视台自用的房产、土地免征房产税和城镇土地使用税。

二、自2007年1月1日起，对中央电视台自用的车船，照章征收车船税。

请遵照执行。

3－1－29

财政部　国家税务总局关于加油站罩棚房产税问题的通知

2008年9月19日　财税〔2008〕123号

各省、自治区、直辖市、计划单列市财政厅（局）、地方税务局，新疆生产建设兵团财务局：

为明确和规范加油站罩棚房产税政策，现就有关问题通知如下：

加油站罩棚不属于房产，不征收房产税。以前各地已做出税收处理的，不追溯调整。

3－1－30

国家税务总局关于做好外资企业及外籍个人房产税征管工作的通知

2009年1月6日　国税函〔2009〕6号

各省、自治区、直辖市和计划单列市地方税务局，宁夏、青海省（自治区）国家税务局：

2008年12月31日，国务院第546号令废止了《城市房地产税暂行条例》。自2009年1月1日起，外商投资企业、外国企业和组织以及外籍个人（包括港澳台资企业和组织以及华侨、港澳台同胞,以下统称外资企业及外籍个人),依照《中华人民共和国房产税暂行条例》缴纳房产税。为了贯彻落实国务院第546号令,做好外资企业及外籍个人房产税的征管工作,现将有关事项通知如下:

一、加强组织领导,确保政策落实

废止《城市房地产税暂行条例》,对外资企业及外籍个人统一征收房产税,是国务院为深化改革开放和完善体制机制所做出的重要决策,有利于简化税制,进一步适应社会主义市场经济发展的要求;有利于统一税政,公平税负,创造和谐的税收环境;有利于规范税收征管和纳税服务,强化依法治税。各地要充分认识对外资企业及外籍个人统一征收房产税的重要意义,采取有效措施保证国务院第546号令的贯彻实施。要加强对外资企业及外籍个人征收房产税工作的组织领导,结合本地区的实际情况研究制定贯彻落实的具体工作方案;要主动向当地政府进行汇报,争取地方领导和相关部门的支持,形成各部门的共识与合力;要密切关注各方面的反映,有针对性地做好宣传解释工作;要深入基层和企业了解情况、掌握动态,及时研究和解决征管中遇到的矛盾和问题,重大问题要及时向税务总局报告。

二、加强政策宣传,完善纳税服务

各地要加大政策宣传力度,充分利用广播、电视、网络、报纸等途径,将取消城市房地产税、统一征收房产税的意义和政策调整的具体内容向社会进行广泛的宣传,特别是要让外资企业及外籍个人了解政策变化的情况和需要向税务机关进行纳税申报的内容和期限等。要进一步优化纳税服务,加强纳税辅导。基层征收机关要通过发放宣传材料、设立政策解答窗口、开展纳税辅导等方式,使外资企业及外籍个人尽快熟悉房产税的税收政策,掌握房产税的计算方法、申报方式和缴纳程序,帮助外资企业及外籍个人及时准确地进行纳税申报;要为纳税人提供通畅的反映诉求的渠道,认真处理纳税人提出的问题和建议,建立解决问题的工作机制。

三、摸清税源状况,强化征收管理

各地要以对外资企业及外籍个人统一征收房产税为契机,进一步加强房产税的征收管理工作。要完善房产税的税源管理,通过各种方式获取纳税人、特别是外资企业及外籍个人的房产税税源信息,及时更新税源数据库;要开展专门的税源调查,全面掌握房产税税源的总体状况和分布情况,有针对性地提出加强管理的工作措施;要完善房产税的征管办法和工作流程,创新征管手段,切实提高管理质量和效率;要健全和细化房产税的减免税管理办法,严格减免税的审批。

四、做好工作衔接,优化业务管理

各地要迅速组织相关处(科)室做好适用税种变化的工作衔接,确保对外资企业及外籍个人征收房产税工作的顺利开展。原城市房地产税与房产税的管理工作不在同一处(科)室的,相关处(科)室要共同研究做好过渡阶段的各项工作,保证工作不断,秩序不乱。对原城市房地产税的历史卷宗、档案和征管资料,要认真登记,妥善保管。各地要优化房产税的业务管理工作,理顺相关职能部门的分工,合理划分职责,使房产税的管理工作更加规范、统一和高效。

请各地于2009年3月31日前将贯彻落实国务院第546号令的情况报送税务总局财产和行为税司。

3-1-31

财政部　国家税务总局关于对外资企业及外籍个人征收房产税有关问题的通知

2009年1月12日　财税〔2009〕3号

各省、自治区、直辖市、计划单列市财政厅（局）、地方税务局，新疆生产建设兵团财务局：

根据2008年12月31日国务院发布的第546号令，自2009年1月1日起，废止《中华人民共和国城市房地产税暂行条例》，外商投资企业、外国企业和组织以及外籍个人（包括港澳台资企业和组织以及华侨、港澳台同胞，以下统称外资企业及外籍个人）依照《中华人民共和国房产税暂行条例》（国发〔1986〕90号）缴纳房产税。为做好外资企业及外籍个人房产税征收工作，现将有关事项通知如下：

一、自2009年1月1日起，对外资企业及外籍个人的房产征收房产税，在征税范围、计税依据、税率、税收优惠、征收管理等方面按照《中华人民共和国房产税暂行条例》（国发〔1986〕90号）及有关规定执行。各地要及时了解外资企业及外籍个人房产税的征收情况，对遇到的问题及时反映，确保相关政策落实到位。

二、以人民币以外的货币为记账本位币的外资企业及外籍个人在缴纳房产税时，均应将其根据记账本位币计算的税款按照缴款上月最后一日的人民币汇率中间价折合成人民币。

三、房产税由房产所在地的地方税务机关征收，其征收管理按《中华人民共和国税收征收管理法》及相关规定执行。

3-1-32

财政部　国家税务总局关于股改及合资铁路运输企业房产税　城镇土地使用税有关政策的通知

2009年11月25日　财税〔2009〕132号

各省、自治区、直辖市、计划单列市财政厅（局）、地方税务局，新疆生产建设兵团财务局：

为支持铁路股份制改革和合资铁路发展，经国务院批准，现对股改铁路运输企业和合资铁路运输公司房产税、城镇土地使用税有关政策明确如下：

对股改铁路运输企业及合资铁路运输公司自用的房产、土地暂免征收房产税和城镇土地使用税。其中股改铁路运输企业是指铁路运输企业经国务院批准进行股份制改革成立的企业；合资铁路运输公司是指由铁道部及其所属铁路运输企业与地方政府、企业或其他投资者共同出资成立的铁路运输企业。

请遵照执行。

3－1－33

国家税务总局关于新疆地下人防工程征收房产税问题的批复

2013 年 10 月 31 日　税总函〔2013〕602 号

新疆自治区地方税务局：

你局《关于地下人防工程征收房产税问题的请示》（新地税发〔2013〕196 号）收悉。经研究，现对有关问题批复如下：

按照现行房产税暂行条例有关规定，房产税由产权所有人缴纳。请示中所反映的地下人防工程，已按商品房销售并办理产权证，购房人即是产权所有人，应按规定缴纳房产税。

3－1－34

财政部　国家税务总局关于体育场馆房产税和城镇土地使用税政策的通知

2015 年 12 月 17 日　财税〔2015〕130 号

各省、自治区、直辖市、计划单列市财政厅（局）、地方税务局，西藏、宁夏、青海省（自治区）国家税务局，新疆生产建设兵团财务局：

为贯彻落实《国务院关于加快发展体育产业促进体育消费的若干意见》（国发〔2014〕46 号），现将体育场馆自用的房产和土地有关房产税和城镇土地使用税政策通知如下：

一、国家机关、军队、人民团体、财政补助事业单位、居民委员会、村民委员会拥有的体育场馆，用于体育活动的房产、土地，免征房产税和城镇土地使用税。

二、经费自理事业单位、体育社会团体、体育基金会、体育类民办非企业单位拥有并运营管理的体育场馆，同时符合下列条件的，其用于体育活动的房产、土地，免征房产税和城镇土地使用税：

（一）向社会开放，用于满足公众体育活动需要；

（二）体育场馆取得的收入主要用于场馆的维护、管理和事业发展；

（三）拥有体育场馆的体育社会团体、体育基金会及体育类民办非企业单位，除当年新设立或登记的以外，前一年度登记管理机关的检查结论为“合格”。

三、企业拥有并运营管理的大型体育场馆，其用于体育活动的房产、土地，减半征收房产税和城镇土地使用税。

四、本通知所称体育场馆，是指用于运动训练、运动竞赛及身体锻炼的专业性场所。

本通知所称大型体育场馆，是指由各级人民政府或社会力量投资建设、向公众开放、达到《体育建筑设计规范》（JGJ 31—2003）有关规模规定的体育场（观众座位数 20000 座及以上），体育馆（观众座位数 3000 座及以上），游泳馆、跳水馆（观众座位数 1500 座及以上）等体育建筑。

五、本通知所称用于体育活动的房产、土地，是指运动场地，看台、辅助用房（包括观众用房、运动员用房、竞赛管理用房、新闻媒介用房、广播电视用房、技术设备用房和场馆运营用房等）及占地，以及场馆配套设施（包括通道、道路、广场、绿化等）。

六、享受上述税收优惠体育场馆的运动场地用于体育活动的天数不得低于全年自然天数的 70%。

体育场馆辅助用房及配套设施用于非体育活动的部分，不得享受上述税收优惠。

七、高尔夫球、马术、汽车、卡丁车、摩托车的比赛场、训练场、练习场，除另有规定外，不得享受房产税、城镇土地使用税优惠政策。各省、自治区、直辖市财政、税务部门可根据本地区情况适时增加不得享受优惠体育场馆的类型。

八、符合上述减免税条件的纳税人，应当按照税收减免管理规定，持相关材料向主管税务机关办理减免税备案手续。

九、本通知自 2016 年 1 月 1 日起执行。此前规定与本通知规定不一致的，按本通知执行。

请遵照执行。

3－1－35

财政部　税务总局关于高校学生公寓房产税　印花税政策的通知

2019 年 1 月 31 日　财税〔2019〕14 号

各省、自治区、直辖市、计划单列市财政厅（局），国家税务总局各省、自治区、直辖市、计划单列市税务局，新疆生产建设兵团财政局：

为支持高校办学，优化高校后勤保障服务，现就高校学生公寓房产税和印花税政策通知如下：

一、对高校学生公寓免征房产税。

二、对与高校学生签订的高校学生公寓租赁合同，免征印花税。

三、本通知所称高校学生公寓，是指为高校学生提供住宿服务，按照国家规定的收费标准收取住宿费的学生公寓。

四、企业享受本通知规定的免税政策，应按规定进行免税申报，并将不动产权属证明、载有房产原值的相关材料、房产用途证明、租赁合同等资料留存备查。

五、本通知自 2019 年 1 月 1 日至 2021 年 12 月 31 日执行。

注释:

政策调整。税收优惠政策执行期限延长至2023年12月31日。参见:《财政部　税务总局关于延长部分税收优惠政策执行期限的公告》(财政部　税务总局公告2022年第4号)。

3-1-36

财政部　税务总局关于继续实施农产品批发市场和农贸市场房产税、城镇土地使用税优惠政策的公告

2023年9月22日　财政部　税务总局公告2023年第50号

为继续支持农产品流通体系建设,现将农产品批发市场、农贸市场有关税收政策公告如下:

一、对农产品批发市场、农贸市场(包括自有和承租,下同)专门用于经营农产品的房产、土地,暂免征收房产税和城镇土地使用税。对同时经营其他产品的农产品批发市场和农贸市场使用的房产、土地,按其他产品与农产品交易场地面积的比例确定征免房产税和城镇土地使用税。

二、农产品批发市场和农贸市场,是指经办理经营主体登记,供买卖双方进行农产品及其初加工品现货批发或零售交易的场所。农产品包括粮油、肉禽蛋、蔬菜、干鲜果品、水产品、调味品、棉麻、活畜、可食用的林产品以及由省、自治区、直辖市财税部门确定的其他可食用的农产品。

三、享受上述税收优惠的房产、土地,是指农产品批发市场、农贸市场直接为农产品交易提供服务的房产、土地。农产品批发市场、农贸市场的行政办公区、生活区,以及商业餐饮娱乐等非直接为农产品交易提供服务的房产、土地,不属于本公告规定的优惠范围,应按规定征收房产税和城镇土地使用税。

四、纳税人享受本公告规定的免税政策,应按规定进行免税申报,并将不动产权属证明、载有房产原值的相关材料、租赁协议、房产土地用途证明等资料留存备查。

五、本公告执行至2027年12月31日。

特此公告。

3-1-37

财政部　税务总局关于继续实施高校学生公寓房产税、印花税政策的公告

2023年9月22日　财政部　税务总局公告2023年第53号

为继续支持高校办学，优化高校后勤保障服务，现将高校学生公寓房产税和印花税政策公告如下：

一、对高校学生公寓免征房产税。

二、对与高校学生签订的高校学生公寓租赁合同，免征印花税。

三、本公告所称高校学生公寓，是指为高校学生提供住宿服务，按照国家规定的收费标准收取住宿费的学生公寓。

四、纳税人享受本公告规定的免税政策，应按规定进行免税申报，并将不动产权属证明、载有房产原值的相关材料、房产用途证明、租赁合同等资料留存备查。

五、本公告执行至2027年12月31日。

特此公告。

2

城镇土地使用税

3－2－1

中华人民共和国城镇土地使用税暂行条例

1988年9月27日中华人民共和国国务院令第17号发布　2006年12月31日中华人民共和国国务院令第483号第一次修订　2011年1月8日中华人民共和国国务院令第588号第二次修订　2013年12月7日中华人民共和国国务院令第645号第三次修订　2019年3月2日中华人民共和国国务院令第709号第四次修订

第一条　为了合理利用城镇土地，调节土地级差收入，提高土地使用效益，加强土地管理，制定本条例。

第二条　在城市、县城、建制镇、工矿区范围内使用土地的单位和个人，为城镇土地使用税（以下简称土地使用税）的纳税人，应当依照本条例的规定缴纳土地使用税。

前款所称单位，包括国有企业、集体企业、私营企业、股份制企业、外商投资企业、外国企业以及其他企业和事业单位、社会团体、国家机关、军队以及其他单位；所称个人，包括个体工商户以及其他个人。

第三条　土地使用税以纳税人实际占用的土地面积为计税依据，依照规定税额计算征收。

前款土地占用面积的组织测量工作，由省、自治区、直辖市人民政府根据实际情况确定。

第四条　土地使用税每平方米年税额如下：

（一）大城市1.5元至30元；

（二）中等城市1.2元至24元；

（三）小城市0.9元至18元；

（四）县城、建制镇、工矿区0.6元至12元。

第五条　省、自治区、直辖市人民政府，应当在本条例第四条规定的税额幅度内，根据市政建设状况、经济繁荣程度等条件，确定所辖地区的适用税额幅度。

市、县人民政府应当根据实际情况，将本地区土地划分为若干等级，在省、自治区、直辖市人民政府确定的税额幅度内，制定相应的适用税额标准，报省、自治区、直辖市人民政府批准执行。

经省、自治区、直辖市人民政府批准，经济落后地区土地使用税的适用税额标准可以适当降低，但降低额不得超过本条例第四条规定最低税额的30%。经济发达地区土地使用税的适用税额标准可以适当提高，但须报经财政部批准。

第六条　下列土地免缴土地使用税：

（一）国家机关、人民团体、军队自用的土地；

（二）由国家财政部门拨付事业经费的单位自用的土地；

（三）宗教寺庙、公园、名胜古迹自用的土地；

（四）市政街道、广场、绿化地带等公共用地；

（五）直接用于农、林、牧、渔业的生产用地；

（六）经批准开山填海整治的土地和改造的废弃土地，从使用的月份起免缴土地使用税5年至10年；

（七）由财政部另行规定免税的能源、交通、水利设施用地和其他用地。

第七条 除本条例第六条规定外，纳税人缴纳土地使用税确有困难需要定期减免的，由县以上税务机关批准。

第八条 土地使用税按年计算、分期缴纳。缴纳期限由省、自治区、直辖市人民政府确定。

第九条 新征收的土地，依照下列规定缴纳土地使用税：

（一）征收的耕地，自批准征收之日起满1年时开始缴纳土地使用税；

（二）征收的非耕地，自批准征收次月起缴纳土地使用税。

第十条 土地使用税由土地所在地的税务机关征收。土地管理机关应当向土地所在地的税务机关提供土地使用权属资料。

第十一条 土地使用税的征收管理，依照《中华人民共和国税收征收管理法》及本条例的规定执行。

第十二条 土地使用税收入纳入财政预算管理。

第十三条 本条例的实施办法由省、自治区、直辖市人民政府制定。

第十四条 本条例自1988年11月1日起施行，各地制定的土地使用费办法同时停止执行。

3－2－2

国家税务局关于检发《关于土地使用税若干具体问题的解释和暂行规定》的通知

1988年10月24日　（88）国税地字第15号

（通知略）

关于土地使用税若干具体问题的解释和暂行规定

一、关于城市、县城、建制镇、工矿区范围内土地的解释

城市、县城、建制镇、工矿区范围内土地，是指在这些区域范围内属于国家所有和集体所有的土地。

二、关于城市、县城、建制镇、工矿区的解释

城市是指经国务院批准设立的市。

县城是指县人民政府所在地。

建制镇是指经省、自治区、直辖市人民政府批准设立的建制镇。

工矿区是指工商业比较发达,人口比较集中,符合国务院规定的建制镇标准,但尚未设立镇建制的大中型工矿企业所在地。工矿区须经省、自治区、直辖市人民政府批准。

三、关于征税范围的解释

城市的征税范围为市区和郊区。

县城的征税范围为县人民政府所在的城镇。

建制镇的征税范围为镇人民政府所在地。

城市、县城、建制镇、工矿区的具体征税范围,由各省、自治区、直辖市人民政府划定。

四、关于纳税人的确定

土地使用税由拥有土地使用权的单位或个人缴纳。拥有土地使用权的纳税人不在土地所在地的,由代管人或实际使用人纳税;土地使用权未确定或权属纠纷未解决的,由实际使用人纳税;土地使用权共有的,由共有各方分别纳税。

五、关于土地使用权共有的,如何计算缴纳土地使用税

土地使用权共有的各方,应按其实际使用的土地面积占总面积的比例,分别计算缴纳土地使用税。

六、关于纳税人实际占用的土地面积的确定

纳税人实际占用的土地面积,是指由省、自治区、直辖市人民政府确定的单位组织测定的土地面积。尚未组织测量,但纳税人持有政府部门核发的土地使用证书的,以证书确认的土地面积为准;尚未核发土地使用证书的,应由纳税人据实申报土地面积。

七、关于大中小城市的解释

大、中、小城市以公安部门登记在册的非农业正式户口人数为依据,按照国务院颁布的《城市规划条例》中规定的标准划分。现行的划分标准是:市区及郊区非农业人口总计在50万以上的,为大城市;市区及郊区非农业人口总计在20万至50万的,为中等城市;市区及郊区非农业人口总计在20万以下的,为小城市。

八、关于人民团体的解释

人民团体是指经国务院授权的政府部门批准设立或登记备案并由国家拨付行政事业费的各种社会团体。

九、关于由国家财政部门拨付事业经费的单位的解释

由国家财政部门拨付事业经费的单位,是指由国家财政部门拨付经费、实行全额预算管理或差额预算管理的事业单位。不包括实行自收自支、自负盈亏的事业单位。

十、关于免税单位自用土地的解释

国家机关、人民团体、军队自用的土地,是指这些单位本身的办公用地和公务用地。

事业单位自用的土地,是指这些单位本身的业务用地。

宗教寺庙自用的土地,是指举行宗教仪式等的用地和寺庙内的宗教人员生活用地。

公园、名胜古迹自用的土地,是指供公共参观游览的用地及其管理单位的办公用地。

以上单位的生产、营业用地和其他用地,不属于免税范围,应按规定缴纳土地使用税。

十一、关于直接用于农、林、牧、渔业的生产用地的解释

直接用于农、林、牧、渔业的生产用地，是指直接从事于种植、养殖、饲养的专业用地，不包括农副产品加工场地和生活、办公用地。

十二、关于征用的耕地与非耕地的确定

征用的耕地与非耕地，以土地管理机关批准征地的文件为依据确定。

十三、关于开山填海整治的土地和改造的废弃土地及其免税期限的确定

开山填海整治的土地和改造的废弃土地，以土地管理机关出具的证明文件为依据确定；具体免税期限由各省、自治区、直辖市税务局在土地使用税暂行条例规定的期限内自行确定。

十四、关于纳税人使用的土地不属于同一省（自治区、直辖市）管辖范围的，如何确定纳税地点

纳税人使用的土地不属于同一省（自治区、直辖市）管辖范围的，应由纳税人分别向土地所在地的税务机关缴纳土地使用税。

在同一省（自治区、直辖市）管辖范围内，纳税人跨地区使用的土地，如何确定纳税地点，由各省、自治区、直辖市税务局确定。

十五、关于公园、名胜古迹中附设的营业单位使用的土地，应否征收土地使用税。

公园、名胜古迹中附设的营业单位，如影剧院、饮食部、茶社、照相馆等使用的土地，应征收土地使用税。

十六、关于对房管部门经租的公房用地，如何征收土地使用税。

房管部门经租的公房用地，凡土地使用权属于房管部门的，由房管部门缴纳土地使用税

十七、关于企业办的学校、医院、托儿所、幼儿园自用的土地，可否免征土地使用税

企业办的学校、医院、托儿所、幼儿园，其用地能与企业其他用地明确区分的，可以比照由国家财政部门拨付事业经费的单位自用的土地，免征土地使用税。

十八、下列土地的征免税，由省、自治区、直辖市税务局确定：

1. 个人所有的居住房屋及院落用地；
2. 房产管理部门在房租调整改革前经租的居民住房用地；
3. 免税单位职工家属的宿舍用地；
4. 民政部门举办的安置残疾人占一定比例的福利工厂用地；
5. 集体和个人办的各类学校、医院、托儿所、幼儿园用地。

注释：

条款废止。第十七条废止。参见：《国家税务总局关于公布失效废止的税务部门规章和税收规范性文件目录的决定》（国家税务总局令第42号）。

条款废止。第十八条第四项废止。参见：《财政部　国家税务总局关于安置残疾人就业单位城镇土地使用税等政策的通知》（财税〔2010〕121号）。

3 -2 -3

国家税务局关于印发《关于土地使用税若干具体问题的补充规定》的通知

1989 年 12 月 21 日 (89)国税地字第 140 号

(通知略)

关于土地使用税若干具体问题的补充规定

根据《中华人民共和国城镇土地使用税暂行条例》的规定,现将若干具体问题明确如下:

一、关于对免税单位与纳税单位之间无偿使用的土地应否征税问题

对免税单位无偿使用纳税单位的土地(如公安、海关等单位使用铁路、民航等单位的土地),免征土地使用税;对纳税单位无偿使用免税单位的土地,纳税单位应照章缴纳土地使用税。

二、关于对纳税单位与免税单位共同使用多层建筑用地的征税问题

纳税单位与免税单位共同使用共有使用权土地上的多层建筑,对纳税单位可按其占用的建筑面积占建筑总面积的比例计征土地使用税。

三、关于对缴纳农业税的土地应否征税问题

凡在开征范围内的土地,除直接用于农、林、牧、渔业的按规定免予征税以外,不论是否缴纳农业税,均应照章征收土地使用税。

四、关于对基建项目在建期间的用地应否征税问题

对基建项目在建期间使用的土地,原则上应照章征收土地使用税。但对有些基建项目,特别是国家产业政策扶持发展的大型基建项目占地面积大,建设周期长,在建期间又没有经营收入,为照顾其实际情况,对纳税人纳税确有困难的,可由各省、自治区、直辖市税务局根据具体情况予以免征或减征土地使用税;对已经完工或已经使用的建设项目,其用地应照章征收土地使用税。

五、关于对城镇内的集贸市场(农贸市场)用地应否征税问题

城镇内的集贸市场(农贸市场)用地,按规定应征收土地使用税。为了促进集贸市场的发展及照顾各地的不同情况,各省、自治区、直辖市税务局可根据具体情况自行确定对集贸市场用地征收或者免征土地使用税。

六、关于对房地产开发公司建造商品房的用地应否征税问题

房地产开发公司建造商品房的用地,原则上应按规定计征土地使用税。但在商品房出售之前纳税确有困难的,其用地是否给予缓征或减征、免征照顾,可由各省、自治区、直辖市税务局根据从严的原则结合具体情况确定。

七、关于对落实私房政策后已归还产权,但房主尚未能收回的房屋用地,可否给予减免税照顾问题

原房管部门代管的私房,落实政策后,有些私房产权已归还给房主,但由于各种原因,房屋仍由原住户居住,并且住户仍是按照房管部门在房租调整改革之前确定的租金标准向房主交纳租金。对这类房屋用地,房主缴纳土地使用税确有困难的,可由各省、自治区、直辖市税务局根据实际情况,给予定期减征或免征土地使用税的照顾。

八、关于对防火、防爆、防毒等安全防范用地应否征税问题

对于各类危险品仓库、厂房所需的防火、防爆、防毒等安全防范用地,可由各省、自治区、直辖市税务局确定,暂免征收土地使用税;对仓库库区、厂房本身用地,应照章征收土地使用税。

九、关于对关闭、撤销的企业占地应否征税问题

企业关闭、撤销后,其占地未作他用的,经各省、自治区、直辖市税务局批准,可暂免征收土地使用税;如土地转让给其他单位使用或企业重新用于生产经营的,应依照规定征收土地使用税。

十、关于对搬迁企业的用地应如何征税问题

企业搬迁后,其原有场地和新场地都使用的,均应照章征收土地使用税;原有场地不使用的,经各省、自治区、直辖市税务局审批,可暂免征收土地使用税。

十一、关于对企业的铁路专用线、公路等用地应否征税问题

对企业的铁路专用线、公路等用地,除另有规定者外,在企业厂区(包括生产、办公及生活区)以内的,应照章征收土地使用税;在厂区以外、与社会公用地段未加隔离的,暂免征收土地使用税。

十二、关于对企业范围内的荒山、林地、湖泊等占地应否征收土地使用税问题。

对企业范围内的荒山、林地、湖泊等占地,尚未利用的,经各省、自治区、直辖市税务局审批,可暂免征收土地使用税。

十三、关于对企业的绿化用地可否免征土地使用税问题

对企业厂区(包括生产、办公及生活区)以内的绿化用地,应照章征收土地使用税,厂区以外的公共绿化用地和向社会开放的公园用地,暂免征收土地使用税。

注释:

条款废止。第十条废止。参见:《国家税务总局关于公布全文失效废止和部分条款废止的税收规范性文件目录的公告》(国家税务总局公告2016年第34号)。

条款废止。第十二条自2014年1月1日起废止。参见:《财政部　国家税务总局关于企业范围内荒山、林地、湖泊等占地城镇土地使用税有关政策的通知》(财税〔2014〕1号)。

条款废止、失效。第四条、第六条、第九条废止;第十条、第十二条中“经各省、自治区、直辖市税务局审批”的内容失效。参见:《国家税务总局关于公布全文失效废止　部分条款失效废止的税收规范性文件目录的公告》(国家税务总局公告2011年第2号)。

政策调整。第四条和第六条的规定取消。参见:《国家税务总局关于取消部分地方税行政审批项目的通知》(国税函〔2007〕629号)。

条款失效。第九条“企业关闭、撤销后，其占地未作他用的，经各省、自治区、直辖市税务局批准，可暂免征收土地使用税”的规定自2004年7月1日起失效。参见：《财政部 国家税务总局关于调整城镇土地使用税有关减免税政策的通知》（财税〔2004〕180号）。

条款失效。第十条、第十二条中“经各省、自治区、直辖市税务局审批”的内容自2004年7月1日起失效。参见：《国家税务总局关于城镇土地使用税部分行政审批项目取消后加强后续管理工作的通知》（国税函〔2004〕939号）。

※ ※ ※ ※

3-2-4

财政部关于国营企业缴纳土地使用税有关财务处理问题的通知

1988年10月18日 （88）财工字第522号

根据国务院令第17号《中华人民共和国城镇土地使用税暂行条例》规定，从1988年11月1日起，对在城市、县城、建制镇、工矿区范围内使用土地的单位和个人，开征土地使用税。现将国营企业缴纳土地使用税的有关财务问题通知如下：

企业按规定缴纳的土地使用税在企业管理费中列支。

3-2-5

国家税务局对“关于《中华人民共和国城镇土地使用税暂行条例》第六条中‘宗教寺庙’适用范围的请示”的复函

1988年11月18日 （88）国税地字第20号

国务院宗教事务管理局：

你局（88）宗发字386号文收悉。现答复如下：

关于《中华人民共和国城镇土地使用税暂行条例》第六条中的宗教寺庙自用的土地，我局已在（88）国税地字第15号《关于土地使用税若干具体问题的解释和暂行规定》中作了解释，即“宗教寺庙自用的土地，是指举行宗教仪式等的用地和寺庙内的宗教人员生活用地。”这里的“宗教寺庙”包括寺、庙、宫、观、教堂等各种宗教活动场所。

3－2－6

国家土地管理局　国家税务局关于提供土地使用权属资料问题的通知

1988年12月16日　(88)国土〔籍〕字第189号

《中华人民共和国城镇土地使用税暂行条例》(以下简称《条例》)自1988年11月1日起施行。《条例》第十条规定:"土地使用税由土地所在地的税务机关征收,土地管理机关应当向土地所在地的税务机关提供土地使用权属资料。"

为做好此项工作,经国家土地管理局、国家税务局共同研究商定:

1. 为做好城镇土地使用税的征收工作,土地管理部门和税务部门要密切合作。

2. 各级土地管理部门,应根据国家土地管理局(88)国土〔籍〕字100号文件要求,加快土地使用权申报工作及地籍调查、权属审核的步伐,及早向税务部门提供土地使用权属资料。

3. 各级税务部门,对纳税人实际占用土地面积的确定,应根据《条例》规定的精神,以省、自治区、直辖市人民政府组织测量的土地面积为计税依据;尚未组织测量的,以政策部门核发的土地使用证书或土地管理部门提供的土地使用权属资料所确认的土地面积为计税依据;尚未核发土地使用证书或土地管理部门尚未提供土地权属资料的,暂以纳税人(土地使用者)据实申报的土地面积为计税依据。今后随着土地使用权申报、登记、发证和地籍测量工作的进展,再作相应调整。

4. 土地管理部门在审批用地时,必须及时地对用地单位占地情况进行勘测,测定权属界线,计算其占地面积,并按登记手续办理登记、建档。把每年几十万起审批的用地单位的地籍档案建立起来,提供税务部门使用。

3－2－7

国家税务局关于对核工业总公司所属企业征免土地使用税问题的若干规定

1989年1月25日　(89)国税地字第7号

各省、自治区、直辖市税务局,各计划单列市税务局,加发南京、成都市税务局:

根据《中华人民共和国城镇土地使用税暂行条例》的规定,现对核工业总公司所属企业征免土地使用税问题规定如下:

一、对生产核系列产品的厂矿,为照顾其特殊情况,除生活区、办公区用地应依照规定征收土地使用税外,其他用地暂予免征土地使用税。

二、对除生产核系列产品厂矿以外的其他企业,如仪表企业、机械修造企业、建筑安装企业等,应依照规定征收土地使用税。

三、上述企业纳税确有困难要求照顾的，可根据《暂行条例》第七条的规定，由企业向所在地的税务机关提出减免税申请，经省、自治区、直辖市税务局审核后，报我局核批。

四、核工业企业所在地税务机关，应指定专人负责对核工业企业土地使用税的征管工作。有关企业的纳税资料应严格保密，妥善予以保管。

注释：

条款失效。第三条失效。参见：1.《国家税务总局关于公布全文失效废止　部分条款失效废止的税收规范性文件目录的公告》（国家税务总局公告2011年第2号）。2.《国家税务总局关于取消部分地方税行政审批项目的通知》（国税函〔2007〕629号）。3.《国家税务总局关于发布已失效或废止的税收规范性文件目录的通知》（国税发〔2006〕62号）。

3-2-8

国家税务局关于电力行业征免土地使用税问题的规定

1989年2月2日　(89)国税地字第13号

为了便于各地贯彻土地使用税暂行条例，现将电力行业征免土地使用税问题，明确如下：

一、对火电厂厂区围墙内的用地，均应照章征收土地使用税。对厂区围墙外的灰场、输灰管、输油（气）管道、铁路专用线用地，免征土地使用税；厂区围墙外的其他用地，应照章征税。

二、对水电站的发电厂房用地（包括坝内、坝外式厂房），生产、办公、生活用地，照章征收土地使用税；对其他用地给予免税照顾。

三、对供电部门的输电线路用地、变电站用地，免征土地使用税。

3-2-9

国家税务局关于水利设施用地征免土地使用税问题的规定

1989年2月3日　(89)国税地字第14号

为了支持水利事业发展，根据《中华人民共和国城镇土地使用税暂行条例》规定，对水利设施用地征免土地使用税问题，明确如下：

一、对水利设施及其管护用地（如水库库区、大坝、堤防、灌渠、泵站等用地），免征土地使用税；其他用地，如生产、办公、生活用地，应照章征收土地使用税。

二、对兼有发电的水利设施用地征免土地使用税问题，比照电力行业征免土地使用税的有关规定办理。

3－2－10

国家税务局关于对民航机场用地征免土地使用税问题的规定

1989年4月6日　(89)国税地字第32号

根据国务院国发〔1988〕17号《中华人民共和国城镇土地使用税暂行条例》的规定，现对民航机场用地征免土地使用税问题作如下规定：

一、机场飞行区（包括跑道、滑行道、停机坪、安全带、夜航灯光区）用地，场内外通讯导航设施用地和飞行区四周排水防洪设施用地，免征土地使用税。

二、机场道路，区分为场内、场外道路。场外道路用地免征土地使用税；场内道路用地依照规定征收土地使用税。

三、机场工作区（包括办公、生产和维修用地及候机楼、停车场）用地、生活区用地、绿化用地，均须依照规定征收土地使用税。

3－2－11

国家税务局关于中国海洋石油总公司及其所属公司缴纳土地使用税问题的通知

1989年4月10日　(89)国税油字第2号

根据《中华人民共和国城镇土地使用税暂行条例》的规定，现对中国海洋石油总公司及其所属公司缴纳土地使用税的问题，通知如下：

一、中国海洋石油总公司及其所属公司应按照《中华人民共和国城镇土地使用税暂行条例》及其有关规定和公司使用的土地所在地省、自治区、直辖市制定的具体规定，缴纳土地使用税。

二、中国海洋石油总公司及其所属公司的土地使用税，由土地所在地税务机关管理征收。使用的土地在海洋石油税务管理局各分局和直接征收单位所在地的，由分局和直接征收单位管理征收，还是由当地市、县税务机关管理征收，由主管分局和直接征收单位与当地市、县税务局协商确定。

3－2－12

国家税务局对《关于请求再次明确电力行业土地使用税征免范围问题的函》的复函

1989年5月21日　(89)国税地字第44号

能源部：

你部能源经(1989)157号《关于请求再次明确电力行业土地使用税征免范围问题的函》收悉。现函复如下：

一、我局(89)国税地字第13号文第二条规定中的“生产”用地，是指进行工业、副业等生产经营活动的用地；水库库区用地，属于“其他用地”的范围，免征土地使用税。

二、关于火电厂厂区围墙外的煤场用地，不属于免税范围，应照章征税；厂区外的水源用地以及热电厂供热管道用地，可以比照我局(89)国税地字第13号文第一条的有关规定，免征土地使用税。

三、关于电力项目建设期间土地使用税的征免问题，因其他行业也有类似问题，在我局通盘研究另行文作出规定之前，应照章征收土地使用税。纳税有困难的，由省、自治区、直辖市税务局审核后，报国家税务局批准减免。

注释：

条款废止。第三条废止。参见：《国家税务总局关于公布全文失效废止　部分条款失效废止的税收规范性文件目录的公告》(国家税务总局公告2011年第2号)。

政策调整。第三条中“纳税有困难的，由省、自治区、直辖市税务局审核后，报国家税务局批准减免”的规定取消。参见：《国家税务总局关于取消部分地方税行政审批项目的通知》(国税函〔2007〕629号)。

3－2－13

国家税务局关于对煤炭企业用地征免土地使用税问题的规定

1989年8月23日　(89)国税地字第89号

根据《中华人民共和国城镇土地使用税暂行条例》第六条的有关规定，结合煤炭企业用地的特点，现对中国统配煤矿总公司、东北内蒙古煤炭工业联合公司所属的煤炭企业征免土地使用税问题，规定如下：

一、煤炭企业的矸石山、排土场用地，防排水沟用地，矿区办公、生活区以外的公路、铁路专用线及轻便道和输变电线路用地，火炸药库库房外安全区用地，向社会开放的公园及公共绿化带用地，暂免征收土地使用税。

二、煤炭企业的塌陷地、荒山，在未利用之前，暂缓征收土地使用税。

三、煤炭企业的报废矿井占地，经煤炭企业申请，当地税务机关审核，可以暂免征收土地使用税。但利用报废矿井搞工商业生产经营或用于居住的占地，仍应按规定征收土地使用税。

四、除上述各条列举免税的土地外，其他在开征范围内的煤炭生产及办公、生活区用地，均应依照规定征收土地使用税。

五、对于直接用于煤炭生产的占地，在1990年底前，暂按当地规定的适用税额的低限征收土地使用税。对煤炭企业的其他占地，仍按当地规定的适用税额征收土地使用税。

六、煤炭企业依照上述规定缴纳土地使用税，确实仍有困难的，按照《中华人民共和国城镇土地使用税暂行条例》第七条的规定办理。

地方煤炭企业土地使用税的征免划分问题，由各省、自治区、直辖市税务局参照上述规定具体确定。

注释：

条款废止。第二条中煤炭企业的塌陷地在未利用之前暂缓征收土地使用税的规定废止。第三条“煤炭企业的报废矿井占地，经煤炭企业申请，当地税务机关审核，可以暂免征收土地使用税”和第六条“煤炭企业依照上述规定缴纳土地使用税，确实仍有困难的，按照《中华人民共和国城镇土地使用税暂行条例》第七条的规定办理”的规定废止。参见：《国家税务总局关于公布全文失效废止　部分条款失效废止的税收规范性文件目录的公告》（国家税务总局公告2011年第2号）。

政策调整。第三条“煤炭企业的报废矿井占地，经煤炭企业申请，当地税务机关审核，可以暂免征收土地使用税”和第六条“煤炭企业依照上述规定缴纳土地使用税，确实仍有困难，按照《中华人民共和国城镇土地使用税暂行条例》第七条的规定办理”的规定取消。参见：《国家税务总局关于取消部分地方税行政审批项目的通知》（国税函〔2007〕629号）。

条款失效。第二条自2006年9月1日起失效。参见：《财政部　国家税务总局关于煤炭企业未利用塌陷地城镇土地使用税政策的通知》（财税〔2006〕74号）。

政策调整。第五条调整。在1992年内仍按当地适用税额的低限征收土地使用税。参见：《国家税务局关于煤炭企业生产用地适用税额问题的通知》（国税函发〔1992〕1350号）。

政策调整。第五条调整。在1991年内仍继续执行〔1989〕国税地字第89号文件的有关规定。参见：《国家税务局关于煤炭企业生产用地土地使用税税额标准问题的通知》（国税函发〔1991〕484号）。

3 -2 -14

国家税务局关于对矿山企业征免土地使用税问题的通知

1989 年 11 月 10 日 (89)国税地字第 122 号

根据《中华人民共和国城镇土地使用税暂行条例》第六条的规定,现对矿山企业(包括黑色冶金矿和有色金属矿及除煤矿外的其他非金属矿)的用地征免土地使用税问题,通知如下:

一、对矿山的采矿场、排土场、尾矿库、炸药库的安全区、采区运矿及运岩公路、尾矿输送管道及回水系统用地,免征土地使用税。

二、对矿山企业采掘地下矿造成的塌陷地以及荒山占地,在未利用之前,暂免征收土地使用税。

三、除上述规定外,对矿山企业的其他生产用地及办公、生活区用地,应照章征收土地使用税。

3 -2 -15

国家税务局关于对交通部门的港口用地征免土地使用税问题的规定

1989 年 11 月 13 日 (89)国税地字第 123 号

根据《中华人民共和国城镇土地使用税暂行条例》第六条规定,现对交通部门的港口用地征免土地使用税问题,规定如下:

一、对港口的码头(即泊位,包括岸边码头、伸入水中的浮码头、堤岸、堤坝、栈桥等)用地,免征土地使用税。

二、对港口的露天堆货场用地,原则上应征收土地使用税,企业纳税确有困难的,可由省、自治区、直辖市税务局根据其实际情况,给予定期减征或免征土地使用税的照顾。

三、除上述规定外,港口的其他用地,应按规定征收土地使用税。

注释:

政策调整。第二条"对港口的露天堆货场用地,原则上应征收土地使用税,企业纳税确有困难的,可由省、自治区、直辖市税务局根据其实际情况,给予定期减征或免征土地使用税的照顾"的规定取消。参见:《国家税务总局关于取消部分地方税行政审批项目的通知》(国税函〔2007〕629 号)。

3－2－16

国家税务局关于对盐场、盐矿征免城镇土地使用税问题的通知

1989年12月22日　(89)国税地字第141号

根据《中华人民共和国城镇土地使用税暂行条例》第六条规定，经研究，现对盐场、盐矿用地征免土地使用税的问题，规定如下：

一、对盐场、盐矿的生产厂房、办公、生活区用地，应照章征收土地使用税。

二、对盐场的盐滩、盐矿的矿井用地，暂免征收土地使用税。

三、对盐场、盐矿的其他用地，由省、自治区、直辖市税务局根据实际情况，确定征收土地使用税或给予定期减征、免征的照顾。

3－2－17

国家税务局关于建材企业的采石场、排土场等用地征免土地使用税问题的批复

1990年7月20日　国税函发〔1990〕853号

贵州省税务局：

你局(90)黔税政二字第69号《关于对水泥厂等企业征免土地使用税的请示报告》收悉。经研究，同意你局意见，对石灰厂、水泥厂、大理石厂、沙石厂等企业的采石场、排土场用地，炸药库的安全区用地以及采区运岩公路，可以比照我局(89)国税地字第122号《关于对矿山企业征免土地使用税问题的通知》予以免税；对上述企业的其他用地，应予征税。

3－2－18

国家税务局关于外单位使用铁道部所属单位的房地缴纳土地使用税问题的通知

1990年7月28日　国税函发〔1990〕924号

关于“七五”期间铁道部所属单位征免土地使用税问题，我局已以(89)国税地字第61号

下发了通知,现将外单位使用铁道部所属单位的房地缴纳土地使用税问题,再具体通知如下:

一、凡铁道部所属单位的房产出租给铁路系统外的单位使用的,其房屋占地应由出租方(即铁道部所属单位)向土地所在地的税务机关缴纳土地使用税。出租方为铁路系统内非独立核算单位的,则由其所属相对独立核算的站、段、厂以及分局等单位负责缴纳。

二、凡土地使用权属于铁道部所属单位,现在由铁路系统外的单位使用的土地,暂由实际使用人(即铁路系统外的单位)缴纳土地使用税。

3 -2 -19

国家税务局关于房产管理部门经租的居民住房用地在房租调整改革后征收土地使用税问题的批复

1991 年 3 月 9 日　国税函发〔1991〕403 号

山东省税务局:

你局鲁税三〔1991〕42 号文收悉。关于房产管理部门在房租调整改革前经租的居民住房用地,在房租调整改革后是否征收土地使用税的问题,现明确如下:

我局在(88)国税地字第 15 号《关于土地使用税若干具体问题的解释和暂行规定》中,对房产管理部门在房租调整改革前经租的居民住房用地,规定由各省、自治区、直辖市税务局确定征免土地使用税。这样规定,主要是考虑到在房租调整改革前,房产管理部门经租居民住房收取的租金标准一般较低,许多地方纳税确有困难的实际情况而制定的一项临时性照顾措施。房租调整改革后,房产管理部门经租的居民住房用地(不论是何时经租的),都应照章缴纳土地使用税。

至于房租调整改革后,有的房产管理部门按规定缴纳土地使用税还有实际困难的,可按税收管理体制的规定,报经批准后再给予适当的减征或免征土地使用税的照顾。

3 -2 -20

国家税务局关于林业系统征免土地使用税问题的通知

1991 年 11 月 1 日　国税函发〔1991〕1404 号

根据国务院《关于研究解决森工企业困难问题的会议纪要》精神,结合林业系统的实际情况,经研究,现对林业系统征免土地使用税的问题,通知如下:

一、对林区的有林地、运材道、防火道、防火设施用地,免征土地使用税。林业系统的森林公园、自然保护区,可比照公园免征土地使用税。

二、林业系统的林区贮木场、水运码头用地,原则上应按税法规定缴纳土地使用税,考虑到林业系统目前的困难,为扶持其发展,在1991年12月31日前,暂予免征土地使用税。

三、除上述列举免税的土地外,对林业系统的其他生产用地及办公、生活区用地,应照章征收土地使用税。

注释:

条款失效。第二条失效。参见:《国家税务总局关于公布全文失效废止 部分条款失效废止的税收规范性文件目录的公告》(国家税务总局公告2011年第2号)。

政策调整。第二条调整。在1992年内,仍继续执行国税函发〔1991〕1404号文件的有关规定。参见:《国家税务局关于林业系统的林区贮木场、水运码头用地征免土地使用税的通知》(国税函发〔1992〕733号)。

3－2－21

国家税务总局关于城市维护建设税等地方税有关问题的通知

1994年2月25日 国税发〔1994〕35号

关于城市维护建设税和其他地方税种的改革问题,财政部、国家税务总局于1994年元月12日向国务院报送了《关于城乡维护建设税改革的请示》(以下简称《请示》)。《请示》的主要内容包括:

一、由于《中华人民共和国城乡维护建设税暂行条例(草案)》(以下简称《条例》)一时尚不能出台,为保证城乡建设资金的需要,财政部于1993年12月29日下发了《关于城建税征收问题的通知》的明传电报。《请示》中建议,在新《条例》出台之前,请国务院准予暂按财政部1993年12月29日下发的明传电报执行。

二、对城镇土地使用税、房产税、车船使用税等地方税种的改革,在集中精力确保已出台税种顺利实施的前提下,本着积极稳妥,充分考虑各方利益的原则,在深入调查研究的基础上,做到成熟一个,出台一个,使税制改革有计划、按步骤地进行。在新的税收法律、法规未出台前,仍按原税法和税收条例执行。

以上意见已经国务院领导同志批示同意,望各地依照执行。

注释:

条款废止。第一条废止。参见:《国家税务总局关于城市维护建设税征收管理有关事项的公告》(国家税务总局公告2021年第26号)。

3 -2 -22

国家税务总局关于企业内部电厂应征城镇土地使用税问题的批复

1996 年 7 月 11 日　国税函〔1996〕441 号

辽宁省地方税务局：

你局《关于对企业内部电厂应征城镇土地使用税的请示》（辽地税一〔1996〕148 号）收悉。经研究，现批复如下：

一、在我国（89）国税地字第 013 号《关于电力行业免征土地使用税问题的规定》的文件中，规定对火电厂厂区围墙的灰场、输灰管、输油气管道、铁路专线用地，以及供电部门的输电线路、变电站用地免征土地使用税。这里的“电力行业”，主要是指电力系统所属专业生产电产品的企业，不包括其他各类企业自办自备的电厂。

二、对上述电力行业企业的特殊占地在征收土地使用税时给予适应的免税照顾，主要是考虑到这一行业的企业专业生产电产品，主要为了供应社会用电，且输电距离远，线路长，变电站占地面积大，在电价尚未完全到位的情况下，如对其全额征税困难较大，影响电力企业的发展。而企业内部自办的电厂，其生产的电主要用于满足本企业内部的电力供应，不是为社会用电服务，且供电距离较近，这与专业电力行业有很大不同。因此，不能按前述有关文件规定享受免税照顾。

三、请你局接到本批复后，对企业内部自办的电厂根据土地使用税条例的有关规定照章征税，并向有关单位做好政策解释工作。

3 -2 -23

财政部　国家税务总局关于中国信达等 4 家金融资产管理公司税收政策问题的通知

2001 年 2 月 20 日　财税〔2001〕10 号

根据《国务院办公厅转发人民银行、财政部、证监会关于组建中国信达资产管理公司意见的通知》（国办发〔1999〕33 号）和《国务院办公厅转发人民银行、财政部、证监会关于组建中国华融资产管理公司、中国长城资产管理公司和中国东方资产管理公司意见的通知》（国办发〔1999〕66 号）的精神，经国务院批准，现对信达、华融、长城和东方资产管理公司（以下简称“资产公司”）在收购、承接和处置不良资产过程中有关税收政策问题通知如下：

一、享受税收优惠政策的主体为经国务院批准成立的中国信达资产管理公司、中国华融资产管理公司、中国长城资产管理公司和中国东方资产管理公司，及其经批准分设于各地的分支机构。除另有规定者外，资产公司所属、附属企业，不享受资产公司的税收优惠政策。

二、收购、承接不良资产是指资产公司按照国务院规定的范围和额度,对相关国有银行不良资产,以账面价值进行收购,同时继承债权、行使债权主体权利。具体包括资产公司承接、收购相关国有银行的逾期、呆滞、呆账贷款及其相应的抵押品;处置不良资产是指资产公司按照有关法律、法规,为使不良资产的价值得到实现而采取的债权转移的措施。具体包括运用出售、置换、资产重组、债转股、证券化等方法对贷款及其抵押品进行处置。

三、资产公司收购、承接、处置不良资产可享受以下税收优惠政策:

1. 对资产公司接受相关国有银行的不良债权,借款方以货物、不动产、无形资产、有价证券和票据等抵充贷款本息的,免征资产公司销售转让该货物、不动产、无形资产、有价证券、票据以及利用该货物、不动产从事融资租赁业务应缴纳的增值税、营业税。

2. 对资产公司接受相关国有银行的不良债权取得的利息收入,免征营业税。

3. 对资产公司接受相关国有银行的不良债权,借款方以土地使用权、房屋所有权抵充贷款本息的,免征承受土地使用权、房屋所有权应缴纳的契税。

4. 对资产公司成立时设立的资金账簿免征印花税。对资产公司收购、承接和处置不良资产,免征购销合同和产权转移书据应缴纳的印花税。对涉及资产公司资产管理范围内的上市公司国有股权持有人变更的事项,免征印花税参照《国家税务总局关于上市公司国有股权无偿转让证券(股票)交易印花税问题的通知》(国税发〔1999〕124 号)的有关规定执行。

5. 对各公司回收的房地产在未处置前的闲置期间,免征房产税和城镇土地使用税。对资产公司转让房地产取得的收入,免征土地增值税。

6. 资产公司所属的投资咨询类公司,为本公司承接、收购、处置不良资产而提供资产、项目评估和审计服务取得的收入,免征营业税。

四、资产公司除收购、承接、处置不良资产业务外,从事其他经营业务或发生本通知未规定免税的应税行为,应一律依法纳税。

五、本通知自资产公司成立之日起开始执行。此前的规定与本通知有抵触的,以本通知为准。各地财政、税务部门及资产公司要密切关注税收优惠政策的落实情况,及时向财政部、国家税务总局反映执行中出现的问题,确保相关税收优惠政策顺利实施。

3-2-24

国家税务总局关于房改后房产税城镇土地使用税征免问题的批复

2001 年 8 月 23 日　国税函〔2001〕659 号

内蒙古自治区地方税务局:

你局《关于房改后房产税城镇土地使用税征免问题的请示》(内地税字〔2001〕156 号)收悉,经研究,现批复如下:

一、对应税单位依据国家住房制度改革的有关规定，将职工住宅全部产权出售给本单位职工，并按规定核销固定资产帐务，可免征房产税。

二、对应税单位以收取抵押金形式出售职工住房使用权，房屋产权未转移的，可比照财税〔2000〕125号文第一条的规定办理，暂免征收房产税。

三、对应税单位将职工住宅办理了土地使用权过户手续，可免征城镇土地使用税，对未办理土地使用权过户手续的应按规定征收城镇土地使用税。

3－2－25

国家税务总局关于进一步加强城镇土地使用税和土地增值税征收管理工作的通知

2004年8月5日　国税发〔2004〕100号

各省、自治区、直辖市和计划单列市地方税务局：

今年以来，针对国民经济发展中存在的一些行业、地区固定资产投资增长过快问题，党中央、国务院采取了多项宏观调控措施加以解决。其中严格土地管理，制止乱占滥用土地，促进土地合理利用是一项重要内容。为配合国家开展土地市场的治理整顿，发挥税收的调节作用，为国家经济发展大局服务，必须进一步加强城镇土地使用税和土地增值税的征收管理工作。

城镇土地使用税和土地增值税开征以来，征管工作总体情况是好的。特别是去年全国地方税管理工作会议以后，在加强征管和组织收入等方面，各地做了大量工作，取得了一定成效，但仍存在一些问题。主要是一些地方对小税种的征管不够重视，认为征收成本高，部门配合难度大，因而管理上比较粗放，一些地方还存在对减免税控制不严和越权减免税等问题；还有一些地方未能随着城镇的发展变化及时调整土地等级和土地使用税单位税额，致使收入规模长期偏低，未能有效地发挥土地使用税的作用。为认真做好城镇土地使用税和土地增值税的征收管理工作，充分发挥其促进合理利用城镇土地、调节土地级差收入、提高土地使用效益的作用，现就进一步加强城镇土地使用税和土地增值税征收管理工作提出以下要求：

一、要重视和加强城镇土地使用税和土地增值税的征收工作。这两个税种收入规模小，征收难度大，但其在规范和引导土地市场健康、有序发展，贯彻国家产业政策方面具有积极的作用。各地要进一步加强基础征管工作，查找税源管理中的薄弱环节与漏洞，深入挖掘增收的潜力，完善管理办法和操作规程，不断提高这两个税种的征管质量和精细化管理水平。

二、要严格按照减免税的管理权限和减免税审批程序办事。根据国家宏观调控的要求和清理整顿工作重点，认真清理、从严控制各类开发区、各类园区用地和属于国家产业政策限制发展行业用地的减免税。本通知下发后各地要全面清理城镇土地使用税的减免规定，属于越权减免的要立即纠正并恢复征税;除经批准开发建设经济适用房的用地外,对各类房地产开发用地一律不得减免城镇土地使用税。1994 年 1 月 1 日前签订开发及转让合同的房地产免征土地增值税的优惠政策已经到期,对仍未按规定恢复征税的要立即纠正。

三、要针对本地区土地等级划分不合理,城镇土地使用税单位税额偏低,增量不足的状况,借鉴兄弟省市的工作经验,认真调查研究,充分运用城镇土地使用税税源数据库更新后的数据资料,及时、合理地调整土地等级,适当提高单位税额,以充分发挥其调节土地级差收入的作用,增加地方收入。

四、要进一步建立健全土地增值税的税源登记和纳税申报制度,规范房地产转让收入、扣除项目金额的确定和评估管理办法,搞好委托代征,特别要注意完善土地增值税的预征办法,结合各地实际及不同类型房地产开发转让的土地增值收益情况,科学合理地确定预征率,在房地产转让后,要予以清算,多退少补。

五、要加强城镇土地使用税和土地增值税政策执行情况的调研,对政策执行中的有关情况和问题要认真研究、及时反馈、提出建议,以便完善相关政策规定;对征管工作中遇到的新情况、新问题,要及时采取措施,提出解决的意见和办法,进一步规范征收管理。

3－2－26

财政部　国家税务总局关于调整城镇土地使用税有关减免税政策的通知

2004 年 10 月 25 日　财税〔2004〕180 号

各省、自治区、直辖市、计划单列市财政厅(局)、地方税务局,新疆生产建设兵团财务局:

为了规范税收政策,进一步加强城镇土地使用税的征收管理,经研究决定,对《国家税务局关于印发〈关于土地使用税若干具体问题的补充规定〉的通知》(〔89〕国税地字第 140 号)的部分内容做适当修改。即:取消《关于土地使用税若干具体问题的补充规定》中第九条“企业关闭、撤消后,其占地未作他用的,经各省、自治区、直辖市税务局批准,可暂免征收土地使用税”的规定。

本通知自 2004 年 7 月 1 日起执行。

3－2－27

国家税务总局关于填海整治土地免征城镇土地使用税问题的批复

2005 年 10 月 14 日　国税函〔2005〕968 号

青岛市地方税务局:

你局《关于填海土地免征城镇土地使用税问题的请示》(青地税发〔2005〕135 号)收悉。

经研究,现批复如下:

按照《中华人民共和国城镇土地使用税暂行条例》第六条的规定,享受免缴土地使用税5~10年的填海整治的土地,是指纳税人经有关部门批准后自行填海整治的土地,不包括纳税人通过出让、转让、划拨等方式取得的已填海整治的土地。

3-2-28

财政部 国家税务总局关于集体土地城镇土地使用税有关政策的通知

2006年4月30日 财税〔2006〕56号

各省、自治区、直辖市、计划单列市财政厅(局)、地方税务局,新疆生产建设兵团财务局:

根据当前集体土地使用中出现的新情况、新问题,经研究,现将集体土地城镇土地使用税有关政策通知如下:

在城镇土地使用税征税范围内实际使用应税集体所有建设用地、但未办理土地使用权流转手续的,由实际使用集体土地的单位和个人按规定缴纳城镇土地使用税。

本通知自2006年5月1日起执行,此前凡与本通知不一致的政策规定一律以本通知为准。

3-2-29

财政部 国家税务总局关于煤炭企业未利用塌陷地城镇土地使用税政策的通知

2006年8月21日 财税〔2006〕74号

各省、自治区、直辖市、计划单列市财政厅(局)、地方税务局,新疆生产建设兵团财务局:

为促进合理利用土地资源,提高土地使用效益,现将煤炭企业未利用塌陷地城镇土地使用税政策通知如下:

一、对位于城镇土地使用税征收范围内的煤炭企业已取得土地使用权、但未利用的塌陷地,自2006年9月1日起恢复征收城镇土地使用税。

二、《国家税务局关于对煤炭企业用地征免土地使用税问题的规定》(〔89〕国税地字第89号)第二条中煤炭企业的塌陷地在未利用之前暂缓征收土地使用税的规定同时废止。

3－2－30

财政部　国家税务总局关于贯彻落实国务院关于修改《中华人民共和国城镇土地使用税暂行条例》的决定的通知

2007年1月19日　财税〔2007〕9号

各省、自治区、直辖市、计划单列市财政厅（局）、地方税务局，新疆生产建设兵团财务局：

2006年12月31日国务院发布了《关于修改〈中华人民共和国城镇土地使用税暂行条例〉的决定》（国务院令第483号，以下简称《决定》），对1988年制定的《中华人民共和国城镇土地使用税暂行条例》（以下简称原《条例》）的部分内容作了修改，并重新公布。现将贯彻《决定》的有关事项通知如下：

一、抓紧调整税额幅度及标准，扩大征税范围

国务院决定自2007年1月1日起，将城镇土地使用税每平方米年税额在原《条例》规定的基础上提高2倍，即大城市由0.5元至10元提高到1.5元至30元；中等城市由0.4元至8元提高到1.2元至24元；小城市由0.3元至6元提高到0.9元至18元；县城、建制镇、工矿区由0.2元至4元提高到0.6元至12元。同时，将外商投资企业和外国企业（以下简称外资企业）纳入城镇土地使用税的征税范围。

各省、自治区、直辖市财政、地方税务部门要结合本地实际情况，尽快提出切实可行的税额幅度调整方案报省、自治区、直辖市人民政府批准。税额幅度原则上应在2006年实际执行税额幅度的基础上提高2倍。多年未调整税额幅度的地区，调整的力度应大一些。毗邻地区在制定调整方案时，要注意沟通情况；经济发展水平相近的地区，税额幅度不应相差过大。要使税额幅度能够客观地反映本地区经济发展程度和地价水平。

各市、县人民政府要结合本地经济发展水平、土地利用状况和地价水平等，合理划分本地区的土地等级，在省、自治区、直辖市人民政府确定的税额幅度内制定每一等级土地的具体适用税额标准，报省、自治区、直辖市人民政府批准执行。经济发达地区和城市中心区，原则上应按税额幅度的高限确定适用税额标准。经济发达地区如需突破税额幅度上限、进一步提高适用税额标准，须报经财政部、国家税务总局批准。

对外资企业征收城镇土地使用税是一项全新的工作，各地要充分利用土地使用权权属登记、土地使用费征缴等相关信息，通过税务登记、纳税申报、税源普查等多种方式，全面、准确地掌握外资企业的户数和占地情况，逐步建立和完善税源数据库。要严格执行城镇土地使用税政策，对征管过程中遇到的新问题，要认真研究，妥善解决，重大问题要及时上报财政部、国家税务总局。

二、加强管理，严格控制减免税

各地要完善城镇土地使用税的征收管理办法和操作规程，规范征收管理行为，优化征管环境，创新征管方式，不断提高征管质量和管理的精细化水平。要将政策调整与加强征

收管理有机结合起来,充分发挥政策调整的作用。要严格控制减免税,根据国家加强土地管理的有关要求,从严控制各类开发区、各类园区用地和属于国家产业政策限制发展项目用地的减免税。对不符合国家产业政策的项目用地和廉租房、经济适用房以外的房地产开发用地一律不得减免税。要制定完善的减免税审批管理办法。要加强对减免税项目的后续管理。对属于越权减免和不符合减免规定的,要立即纠正,情节严重的,要追究相关人员的责任。

三、加强宣传和辅导,做好信息的沟通和共享

各地要加大宣传力度、拓宽宣传渠道,通过电视、广播、网络、报纸等多种途径宣传调整城镇土地使用税税额幅度和将外资企业纳入征税范围的必要性及相关政策调整内容。要加强对纳税人的辅导,让广大纳税人尤其是外资企业了解城镇土地使用税的政策和征管规定。要主动和土地、房产等管理部门进行沟通,通过信息共享、情况通报、联合办公、联席会议等多种形式沟通情况和信息,加强部门间的协作配合,充分利用有关部门提供的信息,及时发现征管的薄弱环节,有针对性地采取措施,切实把城镇土地使用税的征收管理工作搞好。

《决定》是落实科学发展观的重要举措,有利于加强土地宏观调控、促进节约用地,有利于统一税制、公平税负,有利于拓宽税基、增加地方财政收入。各级财政、地方税务部门要高度重视此项工作,充分认识《决定》的重要意义,加强组织领导,做好贯彻《决定》的动员和部署工作。要主动向党政领导汇报《决定》的内容和贯彻落实《决定》的意见。财政、地方税务部门的主要领导要亲自抓好此项工作,周密部署、合理分工、明确责任,加强协调沟通,确保《决定》及时贯彻落实。

3-2-31

财政部 国家税务总局关于中国石油化工股份有限公司中原油田分公司内蒙采油事业部有关城镇土地使用税政策的通知

2007年2月16日 财税〔2007〕26号

内蒙古自治区财政厅、地方税务局:

近日,中国石油化工股份有限公司要求明确中原油田分公司内蒙采油事业部(以下简称内蒙事业部)有关城镇土地使用税政策。经研究,现明确如下:

一、关于内蒙事业部城镇土地使用税计税面积

根据《中华人民共和国城镇土地使用税暂行条例》(国务院令第17号)规定,城镇土地使用税以纳税人实际占用的土地面积为计税依据。内蒙事业部城镇土地使用税计税面积应为国有土地使用权证标定的面积以及正在申请但尚未取得的国有土地使用权证标定的面积,不应以采矿许可证、探矿许可证标注的土地面积为计税面积。

二、关于内蒙事业部能否继续享受城镇土地使用税优惠政策中原油田原隶属于中国石

油天然气总公司,按照《国务院关于组建中国石油化工集团公司有关问题的批复》(国函〔1998〕58号)的规定,中原油田及其所属单位(含内蒙事业部)可继续享受《国家税务局关于对中国石油天然气总公司所属单位用地征免土地使用税问题的规定》([89]国税地字88号)中明确的有关优惠政策。请遵照执行。

3-2-32

国家税务总局关于做好外资企业城镇土地使用税征管工作的通知

2007年3月15日 国税函〔2007〕321号

各省、自治区、直辖市和计划单列市地方税务局,西藏、宁夏自治区国家税务局:

2006年12月31日,国务院发布了《关于修改〈中华人民共和国城镇土地使用税暂行条例〉的决定》(国务院令第483号),自2007年1月1日起,将外商投资企业纳入城镇土地使用税的征收范围。为做好外商投资企业城镇土地使用税征管工作,现将有关事项通知如下:

一、充分认识将外商投资企业纳入城镇土地使用税征收范围的重要意义

将外商投资企业纳入城镇土地使用税征收范围,符合党的十六届三中全会关于"统一各类企业税收制度"的要求,符合税制改革的方向,有利于平衡内外资企业税负,有利于加强国家对房地产市场的宏观调控,也有利于税收征管。各地要充分认识将外商投资企业纳入城镇土地使用税征收范围的重要意义,认真做好对外商投资企业城镇土地使用税的征收工作,精心组织,狠抓落实,尽快摸清外商投资企业城镇土地使用税的税源及分布情况。

二、加强宣传,做好辅导

对外商投资企业征收城镇土地使用税是一项全新的工作。各级地方税务机关要加大宣传力度,拓宽宣传渠道,通过电视、广播、网络、报纸等多种途径宣传将外商投资企业纳入城镇土地使用税征收范围的必要性和重要意义。要做好对外商投资企业纳税人的辅导工作,通过各种方式让纳税人了解现行城镇土地使用税的政策和征管规定,保证征收工作的顺利进行。

三、积极协调,摸清税源

各级地方税务机关要主动和国土、工商、财政、国税及主管外商投资的商务部门联系,建立信息传递机制,充分利用土地使用权权属登记、工商企业登记、土地使用费征缴及外资企业设立审批和管理等相关信息,与税务机关通过税务登记、纳税申报、税源普查等方式获得的信息进行比对,全面、准确掌握外商投资企业的户数和占地情况,逐步建立和完善城镇土地使用税税源数据库,构建税源监控平台,对外商投资企业城镇土地使用税税源实行动态管理和监控。

四、健全制度,规范管理

各级地方税务机关要制定对外商投资企业征收城镇土地使用税的管理办法和操作规

程。严格执行城镇土地使用税政策，对征管中遇到的新问题，要认真研究，妥善解决，重大问题应及时上报国家税务总局。各地要建立外商投资企业城镇土地使用税税源和征收数据的分级汇总上报制度。各省、自治区、直辖市和计划单列市地方税务局要在2008年1月底前将2007年度外商投资企业城镇土地使用税税源汇总表报国家税务总局（地方税务司）。

附件：年度外资企业城镇土地使用税税源汇总表（编者略）

3－2－33

国家税务总局关于外商投资企业和外国企业征收城镇土地使用税问题的批复

2007年6月1日　国税函〔2007〕596号

厦门市地方税务局：

你局《关于对外资企业开征土地使用税设立过渡期的请示》（厦地税发〔2007〕50号）收悉。经研究，批复如下：

《国务院关于修改〈中华人民共和国城镇土地使用税暂行条例〉的决定》，将外商投资企业和外国企业纳入城镇土地使用税的征收范围，是国家加强土地管理的重要举措，有利于发挥税收的经济杠杆作用，引导各类企业合理、节约利用土地，保护土地资源，公平税收负担。各地对各类企业包括外商投资企业和外国企业，都应严格依照国务院决定和修改后的《中华人民共和国城镇土地使用税暂行条例》的有关规定征收城镇土地使用税。

3－2－34

财政部　国家税务总局关于核电站用地征免城镇土地使用税的通知

2007年9月10日　财税〔2007〕124号

各省、自治区、直辖市、计划单列市财政厅（局）、地方税务局，新疆生产建设兵团财务局：

经研究，现将核电站用地城镇土地使用税政策明确如下：

一、对核电站的核岛、常规岛、辅助厂房和通讯设施用地（不包括地下线路用地），生活、办公用地按规定征收城镇土地使用税，其他用地免征城镇土地使用税。

二、对核电站应税土地在基建期内减半征收城镇土地使用税。

三、本通知自发文之日起执行。

3－2－35

国家税务总局　财政部　国土资源部关于进一步加强土地税收管理工作的通知

2008 年 1 月 23 日　国税发〔2008〕14 号

各省、自治区、直辖市和计划单列市地方税务局、财政厅(局)、国土资源厅(局),新疆生产建设兵团财务局、国土管理局:

《国家税务总局、财政部、国土资源部关于加强土地税收管理的通知》(国税发〔2005〕111 号)下发以后,各级地税、财政和国土资源管理部门通过开展多种形式的信息共享和配合,提高了土地管理和土地税收征管工作的水平。为了进一步发挥部门协作与齐抓共管的优势,更好地贯彻落实《中华人民共和国城镇土地使用税暂行条例》、《中华人民共和国耕地占用税暂行条例》、《中华人民共和国契税暂行条例》和《中华人民共和国土地增值税暂行条例》等税收法规,强化土地税收的征管力度,促进土地集约节约利用,现就有关问题通知如下:

一、开展土地占用情况和土地税收缴纳情况的清查工作

为了堵塞税收征管漏洞,防止税款流失,各级地税部门、负责征收契税等的财政部门(以下称财税部门)和国土资源部门要密切合作,共同组织开展对纳税人土地占用情况及土地税收缴纳情况的清查工作。

(一)各级财税部门要主动联系国土资源部门共同研究制订清查工作的组织和实施方案。各级国土资源部门要加快土地登记进度,扩大登记覆盖面,推进城镇地籍调查和变更登记工作。各级财税部门要根据当地实际情况,合理确定清查范围,将城乡结合部、占地面积大和用地情况不清楚的单位列为重点;对新纳入城镇土地使用税征税范围的外商投资企业和外国企业的占地情况要进行全面清查。财税部门要定期与国土资源部门联系并建立定期沟通的工作制度,对于已开展城镇地籍调查和变更登记且资料完整的地区,各级国土资源部门要及时将相关资料提供给同级财税部门,财税部门要充分利用这些资料,进行数据比对,确定纳税人申报纳税的土地面积与土地登记资料记载面积及实际占用的土地面积是否一致,以进一步核实税源。对于调查和登记资料不完整的地区,国土资源部门要组织开展地籍调查和变更登记工作。

各级国土资源部门要积极配合财税部门做好土地清查的技术、数据、资料等支持工作。各地要因地制宜选择清查方法,组织有资质的单位开展土地清查和地籍调查工作,并根据本地条件充分利用各种有效的科技手段。清查结果验收合格后,要及时应用到土地登记和城镇土地使用税的征管工作中。对清查中发现的纳税人实际占用土地面积与土地使用证登记面积或批准面积不一致的,财税部门按照实际占用面积征收城镇土地使用税和耕地占用税。

(二)各级财税部门要以贯彻国务院修订颁布的《中华人民共和国耕地占用税暂行条

例》为契机，与各级国土资源部门联合对在籍建设用地耕地占用税缴纳情况进行一次摸底和清查。国土资源部门应根据财税部门的要求，提供在籍建设用地的档案及农用地转用审批文件。

二、继续加强部门间的信息交换与共享

各级财税和国土资源部门要在贯彻落实国税发〔2005〕111 号文件的基础之上，细化信息交换的内容、切实做好信息交换工作。

（一）各级财税和国土资源部门在开发税收征管和地籍管理系统工作中，要充分考虑信息共享工作的需要，按照国家统一的数据标准尽可能统一数据项目和数据口径，确保数据共享工作在信息化的基础上有效实施。在采集有关数据指标时，要尽可能根据双方的工作需要，一并采集相关内容。要因地制宜地通过各种形式开展信息交换和共享工作，真正实现准确及时的信息共享。

（二）各级国土资源部门应配合财税部门，根据土地税收征管的具体需求，将每宗土地的权利人名称、土地权属状况等土地登记信息提供给同级财税部门。国土资源部门提供的土地登记资料仅用于征税之目的，各级财税部门要按照有关规定予以保密。

国土资源部门应将建设用地批准文件（涉密的除外）及时抄送征收耕地占用税和城镇土地使用税的同级财税部门；在通知单位或个人办理供地手续时，应同时通知征收耕地占用税和城镇土地使用税的同级财税部门。

市、县国土资源部门要及时更新基准地价，保证当地基准地价的现势性，并定期将更新的基准地价等地价信息提供给财税部门，以满足土地税收征管的需要。各级财税部门要将国土资源部门提供的基准地价等地价信息数据充分应用到土地税收的征管工作中。

各省（区、市）国土资源部门和财税部门要密切配合，加强对评估中介机构及其评估人员涉税土地评估的管理。

（三）各级财税部门在日常的征收管理和税务稽查工作中，发现纳税人存在未办理用地手续或未办理土地登记手续、擅自改变土地用途等各项违法用地行为，应当及时将有关信息，包括用地单位名称、联系方式、具体用地情况等信息提供给相关的国土资源部门。

（四）对通过部门配合获取的信息资料，各地财税和国土资源部门要按照国税发〔2005〕111 号文件的要求，认真做好比对利用等后续管理工作。财税部门要把信息交换、清查工作与日常征收管理工作有机结合起来，制定土地涉税信息资料综合管理办法，建立土地税源档案，将通过各种渠道取得的纳税人应税土地信息进行整合并开展比对分析，做好税源数据库的建设和动态维护工作。

三、认真开展协同控管工作

各级财税部门与国土资源部门要加强沟通、协调，按照国税发〔2005〕111 号文件的要求，在日常管理工作中，共同做好源泉控管和税款征缴工作。

要继续严格执行“先税后证”的政策，没有财税部门发放的契税和土地增值税完税凭证或免税凭证，国土资源部门一律不得办理土地登记手续。为了方便纳税人，各级地方税务部门和国土资源部门要积极协商，创造条件，在土地登记、审批场所设立税收征收窗口，使纳税环节前移，从源头控制税源。

国土资源部门要严格按照《中华人民共和国耕地占用税暂行条例》的要求，在发放建设用地批准书之前,要求申请人提供耕地占用税完税或免税凭证,凡不能提供的,不予发放。在办理手续后,应将完税(或减免税)凭证的一联与有关资料一并归档备查。

国土资源部门在对用地情况进行检查和查处土地违法案件中,发现擅自转让(受让)土地使用权的,涉及未提供相关土地增值税和耕地占用税等完税凭证的,应将有关情况及时通知财税部门。

国土资源部门配合土地税收管理增加的支出,各地要按照国税发〔2005〕111号文件的有关精神予以落实。

各级财税部门和国土资源部门要按照党中央和国务院关于加强土地管理、切实保护耕地的要求,从大局出发,以高度的责任感和使命感,积极配合、主动协商,共同研究制定落实本通知各项要求的办法和工作措施,做好部门配合的组织和落实工作,并建立部门协作配合的长效机制。各省(区、市)财税部门和国土资源部门要及时取得联系,确定部门配合的具体负责单位和联系人,承担部门配合的落实工作;各地要在2008年3月31日前制定下发本地区贯彻落实本通知的具体办法,并报国家税务总局、财政部和国土资源部。

注释:

条款修改。根据《第十三届全国人民代表大会第一次会议关于国务院机构改革方案的决定》等有关规定,税收规范性文件规定的国税地税机关的职责和工作由新的税务机关承担。国家税务总局依据《税收规范性文件制定管理办法》(国家税务总局令第41号公布),对税收规范性文件进行了清理。参见:《国家税务总局关于修改部分税收规范性文件的公告》(国家税务总局公告2018年第31号)。

3-2-36

财政部关于外商投资企业场地使用费征收问题的意见

2008年8月21日　财企〔2008〕166号

广东省财政厅:

你厅《关于外商投资企业场地使用费征收有关问题的请示》(粤财外〔2008〕62号)收悉。经研究,我们意见如下:

一、根据我国现行土地管理法律法规和政策,外商投资企业是否缴纳场地使用费,应当区别以下情况而定:

(一)以划拨方式取得土地使用权的,外商投资企业由于没有支付土地出让金,应当按规定缴纳场地使用费。

(二)以出让方式取得土地使用权的,外商投资企业由于已支付了土地出让金,不再缴纳场地使用费。

(三)以租赁方式取得土地使用权的,如租金计算时已考虑场地开发和土地使用费因素，则不需缴纳场地使用费；如租金中未予考虑场地开发和土地使用费因素，则由承租人即外商投资企业缴纳场地使用费。

（四）在中外合资合作经营中，外商投资企业的中方以土地使用权作价出资或提供合作条件的，应当由中方投资者区别以上情况缴纳场地使用费。

二、外商投资企业缴纳的场地使用费或支付的土地出让金，都作为土地资源的取得成本进行财务处理，同时应当依法缴纳城镇土地使用税。

3-2-37

财政部 国家税务总局关于安置残疾人就业单位城镇土地使用税等政策的通知

2010年12月21日 财税〔2010〕121号

各省、自治区、直辖市、计划单列市财政厅（局）、地方税务局，西藏、青海、宁夏省（自治区）国家税务局，新疆生产建设兵团财务局：

经研究，现将安置残疾人就业单位城镇土地使用税等政策通知如下：

一、关于安置残疾人就业单位的城镇土地使用税问题

对在一个纳税年度内月平均实际安置残疾人就业人数占单位在职职工总数的比例高于25%（含25%）且实际安置残疾人人数高于10人（含10人）的单位，可减征或免征该年度城镇土地使用税。具体减免税比例及管理办法由省、自治区、直辖市财税主管部门确定。

《国家税务局关于土地使用税若干具体问题的解释和暂行规定》（国税地字〔1988〕15号）第十八条第四项同时废止。

二、关于出租房产免收租金期间房产税问题

对出租房产，租赁双方签订的租赁合同约定有免收租金期限的，免收租金期间由产权所有人按照房产原值缴纳房产税。

三、关于将地价计入房产原值征收房产税问题

对按照房产原值计税的房产，无论会计上如何核算，房产原值均应包含地价，包括为取得土地使用权支付的价款、开发土地发生的成本费用等。宗地容积率低于0.5的，按房产建筑面积的2倍计算土地面积并据此确定计入房产原值的地价。

本通知自发文之日起执行。此前规定与本通知不一致的，按本通知执行。各地财税部门要加强对政策执行情况的跟踪了解，对执行中发现的问题，及时上报财政部和国家税务总局。

3－2－38

财政部　国家税务总局关于房改房用地未办理土地使用权过户期间城镇土地使用税政策的通知

2013 年 8 月 2 日　财税〔2013〕44 号

各省、自治区、直辖市、计划单列市财政厅（局）、地方税务局，西藏、宁夏、青海省（自治区）国家税务局，新疆生产建设兵团财务局：

经研究，现就房改房用地未办理土地使用权过户期间的城镇土地使用税政策通知如下：

应税单位按照国家住房制度改革有关规定，将住房出售给职工并按规定进行核销账务处理后，住房用地在未办理土地使用权过户期间的城镇土地使用税征免，比照各省、自治区、直辖市对个人所有住房用地的现行政策执行。

3－2－39

国家税务总局关于下放城镇土地使用税困难减免税审批权限有关事项的公告

2014 年 1 月 8 日　国家税务总局公告 2014 年第 1 号

根据《国务院关于取消和下放一批行政审批项目的决定》（国发〔2013〕44 号）及《国务院关于修改部分行政法规的决定》（国务院令第 645 号），决定把城镇土地使用税困难减免税（以下简称困难减免税）审批权限下放至县以上地方税务机关。现将有关事项公告如下：

一、各省、自治区、直辖市和计划单列市地方税务机关（以下简称省地方税务机关）要根据纳税困难类型、减免税金额大小及本地区管理实际，按照减负提效、放管结合的原则，合理确定省、市、县地方税务机关的审批权限，做到审批严格规范、纳税人办理方便。

二、困难减免税按年审批，纳税人申请困难减免税应在规定时限内向主管税务机关或有权审批的税务机关提交书面申请并报送相关资料。纳税人报送的资料应真实、准确、齐全。

三、申请困难减免税的情形、办理流程、时限及其他事项由省地方税务机关确定。省地方税务机关在确定申请困难减免税情形时要符合国家关于调整产业结构和促进土地节约集约利用的要求。对因风、火、水、地震等造成的严重自然灾害或其他不可抗力因素遭受重大损失、从事国家鼓励和扶持产业或社会公益事业发生严重亏损，缴纳城镇土地使用税确有困难的，可给予定期减免税。对从事国家限制或不鼓励发展的产业不予减免税。

四、省地方税务机关要按照本公告的要求尽快修订并公布本地区困难减免税审批管理办法，明确困难减免税的审批权限、申请困难减免税的情形、办理流程及时限等。同时，要加强困难减免税审批的后续管理和监督，坚决杜绝违法违规审批。要建立健全审批管理和风险防范制度。要加大检查力度，及时发现和解决问题，不断完善本地区困难减免税审批管理办法。

五、负责困难减免税审批的地方税务机关要坚持服务与管理并重的原则，切实做好审批工作。要加强宣传和解释，及时让纳税人知晓申请困难减免税的情形、受理机关、办理流程、需报送的资料等。要优化困难减免税审批流程，简化审批手续，创新审批管理工作方式，推进网上审批。同时，要加强困难减免税审批的事中事后管理，明确各部门、各岗位的职责和权限，严格过错追究。要设立困难减免税审批台账，定期向上级地方税务机关报送困难减免税批准情况。要加强对困难减免税对象的动态管理，对经批准减免税的纳税人进行跟踪评估。对情形发生变化的，要重新进行审核；对骗取减免税的，应及时追缴税款并按规定予以处罚。

六、本公告未涉及的事项，按照《国家税务总局关于印发〈税收减免管理办法（试行）〉的通知》（国税发〔2005〕129 号）及有关规定执行。

本公告自 2014 年 1 月 1 日起施行。《国家税务总局关于下放城镇土地使用税困难减免审批项目管理层级后有关问题的通知》（国税函〔2004〕940 号）同时废止。

特此公告。

注释：

条款修改。根据《第十三届全国人民代表大会第一次会议关于国务院机构改革方案的决定》等有关规定，税收规范性文件规定的国税地税机关的职责和工作由新的税务机关承担。国家税务总局依据《税收规范性文件制定管理办法》（国家税务总局令第 41 号公布），对税收规范性文件进行了清理。参见：《国家税务总局关于修改部分税收规范性文件的公告》（国家税务总局公告 2018 年第 31 号）。

3－2－40

财政部　国家税务总局关于企业范围内荒山　林地　湖泊等占地城镇土地使用税有关政策的通知

2014 年 1 月 20 日　财税〔2014〕1 号

各省、自治区、直辖市、计划单列市财政厅（局）、地方税务局，西藏、宁夏、青海省（自治区）国家税务局，新疆生产建设兵团财务局：

为提高土地利用效率，促进节约集约用地，现将企业范围内的荒山、林地、湖泊等占地城镇土地使用税有关政策通知如下：

对已按规定免征城镇土地使用税的企业范围内荒山、林地、湖泊等占地，自2014年1月1日至2015年12月31日，按应纳税额减半征收城镇土地使用税；自2016年1月1日起，全额征收城镇土地使用税。

《国家税务局关于印发〈关于土地使用税若干具体问题的补充规定〉的通知》（[89]国税地字第140号）第十二条规定，自2014年1月1日起废止。

请遵照执行。

3-2-41

国家税务总局关于通过招拍挂方式取得土地缴纳城镇土地使用税问题的公告

2014年12月31日　国家税务总局公告2014年第74号

对以招标、拍卖、挂牌方式取得土地的城镇土地使用税问题公告如下：

通过招标、拍卖、挂牌方式取得的建设用地，不属于新征用的耕地，纳税人应按照《财政部、国家税务总局关于房产税、城镇土地使用税有关政策的通知》（财税〔2006〕186号）第二条规定，从合同约定交付土地时间的次月起缴纳城镇土地使用税；合同未约定交付土地时间的，从合同签订的次月起缴纳城镇土地使用税。

本公告自发布之日起施行。

特此公告。

3-2-42

财政部　国家税务总局关于石油天然气生产企业城镇土地使用税政策的通知

2015年6月29日　财税〔2015〕76号

各省、自治区、直辖市、计划单列市财政厅（局）、地方税务局，西藏、宁夏自治区国家税务局，新疆生产建设兵团财务局：

经研究，现就石油天然气（含页岩气、煤层气）生产企业用地城镇土地使用税政策通知如下：

一、下列石油天然气生产建设用地暂免征收城镇土地使用税：

1. 地质勘探、钻井、井下作业、油气田地面工程等施工临时用地；

2. 企业厂区以外的铁路专用线、公路及输油（气、水）管道用地；

3. 油气长输管线用地。

二、在城市、县城、建制镇以外工矿区内的消防、防洪排涝、防风、防沙设施用地，暂免征收城镇土地使用税。

三、享受上述税收优惠的用地，用于非税收优惠用途的，不得享受本通知规定的税收优惠。

四、除上述第一条、第二条列举免税的土地外，其他油气生产及办公、生活区用地，依照规定征收城镇土地使用税。

五、地方人民政府应按照城镇土地使用税有关规定，确定工矿区范围。对在工矿区范围内的油气生产、办公、生活用地，其税额标准不得高于相邻的县城、建制镇的适用税额标准。

六、石油天然气生产企业应按照有关税收减免管理规定向主管税务机关备案免税土地情况。

七、本通知自2015年7月1日起执行。原国家税务局《关于对中国石油天然气总公司所属单位用地征免土地使用税问题的通知》[(89)国税地字第088号]、《关于对中国海洋石油总公司及其所属公司用地征免土地使用税问题的规定》[(90)国税油发003号]同时废止。

对(89)国税地字第088号和(90)国税油发003号文件规定免税，但按本通知规定应当征税的土地，自2015年7月1日至2016年12月31日，按应纳税额减半征收城镇土地使用税；自2017年1月1日起，全额征收城镇土地使用税。

3－2－43

财政部　税务总局关于承租集体土地城镇土地使用税有关政策的通知

2017年3月31日　财税〔2017〕29号

各省、自治区、直辖市、计划单列市财政厅(局)、地方税务局，西藏、宁夏自治区国家税务局，新疆生产建设兵团财务局：

经研究，现将承租集体土地城镇土地使用税有关政策通知如下：

在城镇土地使用税征税范围内，承租集体所有建设用地的，由直接从集体经济组织承租土地的单位和个人，缴纳城镇土地使用税。

3-2-44

财政部　税务总局关于继续对城市公交站场道路客运站场　城市轨道交通系统减免城镇土地使用税优惠政策的通知

2019年1月31日　财税〔2019〕11号

各省、自治区、直辖市、计划单列市财政厅(局),国家税务总局各省、自治区、直辖市、计划单列市税务局,新疆生产建设兵团财政局:

为支持公共交通发展,现将城市公交站场、道路客运站场、城市轨道交通系统城镇土地使用税优惠政策通知如下:

一、对城市公交站场、道路客运站场、城市轨道交通系统运营用地,免征城镇土地使用税。

二、城市公交站场运营用地,包括城市公交首末车站、停车场、保养场、站场办公用地、生产辅助用地。

道路客运站场运营用地,包括站前广场、停车场、发车位、站务用地、站场办公用地、生产辅助用地。

城市轨道交通系统运营用地,包括车站(含出入口、通道、公共配套及附属设施)、运营控制中心、车辆基地(含单独的综合维修中心、车辆段)以及线路用地,不包括购物中心、商铺等商业设施用地。

三、城市公交站场、道路客运站场,是指经县级以上(含县级)人民政府交通运输主管部门等批准建设的,为公众及旅客、运输经营者提供站务服务的场所。

城市轨道交通系统,是指依规定批准建设的,采用专用轨道导向运行的城市公共客运交通系统,包括地铁系统、轻轨系统、单轨系统、有轨电车、磁浮系统、自动导向轨道系统、市域快速轨道系统,不包括旅游景区等单位内部为特定人群服务的轨道系统。

四、纳税人享受本通知规定的免税政策,应按规定进行免税申报,并将不动产权属证明、土地用途证明等资料留存备查。

五、本通知执行期限为2019年1月1日至2021年12月31日。

注释:

政策调整。税收优惠政策执行期限延长至2023年12月31日。参见:《财政部　税务总局关于延长部分税收优惠政策执行期限的公告》(财政部　税务总局公告2022年第4号)。

3 -2 -45

财政部　税务总局关于继续实施物流企业大宗商品仓储设施用地城镇土地使用税优惠政策的公告

2023年3月26日　财政部　税务总局公告2023年第5号

为促进物流业健康发展，继续实施物流企业大宗商品仓储设施用地城镇土地使用税优惠政策。现将有关政策公告如下：

一、自2023年1月1日起至2027年12月31日止，对物流企业自有（包括自用和出租）或承租的大宗商品仓储设施用地，减按所属土地等级适用税额标准的50%计征城镇土地使用税。

二、本公告所称物流企业，是指至少从事仓储或运输一种经营业务，为工农业生产、流通、进出口和居民生活提供仓储、配送等第三方物流服务，实行独立核算、独立承担民事责任，并在工商部门注册登记为物流、仓储或运输的专业物流企业。

本公告所称大宗商品仓储设施，是指同一仓储设施占地面积在6000平方米及以上，且主要储存粮食、棉花、油料、糖料、蔬菜、水果、肉类、水产品、化肥、农药、种子、饲料等农产品和农业生产资料，煤炭、焦炭、矿砂、非金属矿产品、原油、成品油、化工原料、木材、橡胶、纸浆及纸制品、钢材、水泥、有色金属、建材、塑料、纺织原料等矿产品和工业原材料的仓储设施。

本公告所称仓储设施用地，包括仓库库区内的各类仓房（含配送中心）、油罐（池）、货场、晒场（堆场）、罩棚等储存设施和铁路专用线、码头、道路、装卸搬运区域等物流作业配套设施的用地。

三、物流企业的办公、生活区用地及其他非直接用于大宗商品仓储的土地，不属于本公告规定的减税范围，应按规定征收城镇土地使用税。

四、本公告印发之日前已缴纳的应予减征的税款，在纳税人以后应缴税款中抵减或者予以退还。

五、纳税人享受本公告规定的减税政策，应按规定进行减免税申报，并将不动产权属证明、土地用途证明、租赁协议等资料留存备查。

3-2-46

财政部　税务总局关于继续实施对城市公交站场、道路客运站场、城市轨道交通系统减免城镇土地使用税优惠政策的公告

2023年9月22日　财政部　税务总局公告2023年第52号

为继续支持公共交通发展，现将城市公交站场、道路客运站场、城市轨道交通系统城镇土地使用税优惠政策公告如下：

一、对城市公交站场、道路客运站场、城市轨道交通系统运营用地，免征城镇土地使用税。

二、城市公交站场运营用地，包括城市公交首末车站、停车场、保养场、站场办公用地、生产辅助用地。

道路客运站场运营用地，包括站前广场、停车场、发车位、站务用地、站场办公用地、生产辅助用地。

城市轨道交通系统运营用地，包括车站（含出入口、通道、公共配套及附属设施）、运营控制中心、车辆基地（含单独的综合维修中心、车辆段）以及线路用地，不包括购物中心、商铺等商业设施用地。

三、城市公交站场、道路客运站场，是指经县级以上（含县级）人民政府交通运输主管部门等批准建设的，为公众及旅客、运输经营者提供站务服务的场所。

城市轨道交通系统，是指依规定批准建设的，采用专用轨道导向运行的城市公共客运交通系统，包括地铁系统、轻轨系统、单轨系统、有轨电车、磁浮系统、自动导向轨道系统、市域快速轨道系统，不包括旅游景区等单位内部为特定人群服务的轨道系统。

四、纳税人享受本公告规定的免税政策，应按规定进行免税申报，并将不动产权属证明、土地用途证明等资料留存备查。

五、本公告执行至2027年12月31日。

特此公告。

3

城市维护建设税

3－3－1

中华人民共和国城市维护建设税法

2020年8月11日第十三届全国人民代表大会常务委员会
第二十一次会议通过　同日中华人民共和国主席令第51号公布

第一条　在中华人民共和国境内缴纳增值税、消费税的单位和个人，为城市维护建设税的纳税人，应当依照本法规定缴纳城市维护建设税。

第二条　城市维护建设税以纳税人依法实际缴纳的增值税、消费税税额为计税依据。

城市维护建设税的计税依据应当按照规定扣除期末留抵退税退还的增值税税额。

城市维护建设税计税依据的具体确定办法，由国务院依据本法和有关税收法律、行政法规规定，报全国人民代表大会常务委员会备案。

第三条　对进口货物或者境外单位和个人向境内销售劳务、服务、无形资产缴纳的增值税、消费税税额，不征收城市维护建设税。

第四条　城市维护建设税税率如下：

（一）纳税人所在地在市区的，税率为百分之七；

（二）纳税人所在地在县城、镇的，税率为百分之五；

（三）纳税人所在地不在市区、县城或者镇的，税率为百分之一。

前款所称纳税人所在地，是指纳税人住所地或者与纳税人生产经营活动相关的其他地点，具体地点由省、自治区、直辖市确定。

第五条　城市维护建设税的应纳税额按照计税依据乘以具体适用税率计算。

第六条　根据国民经济和社会发展的需要，国务院对重大公共基础设施建设、特殊产业和群体以及重大突发事件应对等情形可以规定减征或者免征城市维护建设税，报全国人民代表大会常务委员会备案。

第七条　城市维护建设税的纳税义务发生时间与增值税、消费税的纳税义务发生时间一致，分别与增值税、消费税同时缴纳。

第八条　城市维护建设税的扣缴义务人为负有增值税、消费税扣缴义务的单位和个人，在扣缴增值税、消费税的同时扣缴城市维护建设税。

第九条　城市维护建设税由税务机关依照本法和《中华人民共和国税收征收管理法》的规定征收管理。

第十条　纳税人、税务机关及其工作人员违反本法规定的，依照《中华人民共和国税收征收管理法》和有关法律法规的规定追究法律责任。

第十一条　本法自2021年9月1日起施行。1985年2月8日国务院发布的《中华人民共和国城市维护建设税暂行条例》同时废止。

3 -3 -2

财政部　税务总局关于继续执行的城市维护建设税优惠政策的公告

2021 年 8 月 24 日　财政部　税务总局公告 2021 年第 27 号

《中华人民共和国城市维护建设税法》已由第十三届全国人民代表大会常务委员会第二十一次会议于 2020 年 8 月 11 日通过，自 2021 年 9 月 1 日起施行。为贯彻落实城市维护建设税法，现将税法施行后继续执行的城市维护建设税优惠政策公告如下：

1. 对黄金交易所会员单位通过黄金交易所销售且发生实物交割的标准黄金，免征城市维护建设税。具体操作按照《财政部　国家税务总局关于黄金税收政策问题的通知》（财税〔2002〕142 号）有关规定执行。

2. 对上海期货交易所会员和客户通过上海期货交易所销售且发生实物交割并已出库的标准黄金，免征城市维护建设税。具体操作按照《财政部　国家税务总局关于黄金期货交易有关税收政策的通知》（财税〔2008〕5 号）有关规定执行。

3. 对国家重大水利工程建设基金免征城市维护建设税。具体操作按照《财政部　国家税务总局关于免征国家重大水利工程建设基金的城市维护建设税和教育费附加的通知》（财税〔2010〕44 号）有关规定执行。

4. 自 2019 年 1 月 1 日至 2021 年 12 月 31 日，对增值税小规模纳税人可以在 50% 的税额幅度内减征城市维护建设税。具体操作按照《财政部　税务总局关于实施小微企业普惠性税收减免政策的通知》（财税〔2019〕13 号）有关规定执行。

5. 自 2019 年 1 月 1 日至 2021 年 12 月 31 日，实施扶持自主就业退役士兵创业就业城市维护建设税减免。具体操作按照《财政部　税务总局　退役军人部关于进一步扶持自主就业退役士兵创业就业有关税收政策的通知》（财税〔2019〕21 号）有关规定执行。

6. 自 2019 年 1 月 1 日至 2025 年 12 月 31 日，实施支持和促进重点群体创业就业城市维护建设税减免。具体操作按照《财政部　税务总局　人力资源社会保障部　国务院扶贫办关于进一步支持和促进重点群体创业就业有关税收政策的通知》（财税〔2019〕22 号）、《财政部　税务总局　人力资源社会保障部　国家乡村振兴局关于延长部分扶贫税收优惠政策执行期限的公告》（财政部　税务总局　人力资源社会保障部　国家乡村振兴局公告 2021 年第 18 号）有关规定执行。

特此公告。

3－3－3

国家税务总局关于城市维护建设税征收管理有关事项的公告

2021年8月31日　国家税务总局公告2021年第26号

为贯彻落实中办、国办印发的《关于进一步深化税收征管改革的意见》，进一步规范城市维护建设税（以下简称城建税）征收管理，根据《中华人民共和国城市维护建设税法》《财政部　税务总局关于城市维护建设税计税依据确定办法等事项的公告》（2021年第28号）等相关规定，现就有关事项公告如下：

一、城建税以纳税人依法实际缴纳的增值税、消费税（以下称两税）税额为计税依据。

依法实际缴纳的增值税税额，是指纳税人依照增值税相关法律法规和税收政策规定计算应当缴纳的增值税税额，加上增值税免抵税额，扣除直接减免的增值税税额和期末留抵退税退还的增值税税额（以下简称留抵退税额）后的金额。

依法实际缴纳的消费税税额，是指纳税人依照消费税相关法律法规和税收政策规定计算应当缴纳的消费税税额，扣除直接减免的消费税税额后的金额。

应当缴纳的两税税额，不含因进口货物或境外单位和个人向境内销售劳务、服务、无形资产缴纳的两税税额。

纳税人自收到留抵退税额之日起，应当在下一个纳税申报期从城建税计税依据中扣除。

留抵退税额仅允许在按照增值税一般计税方法确定的城建税计税依据中扣除。当期未扣除完的余额，在以后纳税申报期按规定继续扣除。

二、对于增值税小规模纳税人更正、查补此前按照一般计税方法确定的城建税计税依据，允许扣除尚未扣除完的留抵退税额。

三、对增值税免抵税额征收的城建税，纳税人应在税务机关核准免抵税额的下一个纳税申报期内向主管税务机关申报缴纳。

四、城建税纳税人按所在地在市区、县城、镇和不在上述区域适用不同税率。市区、县城、镇按照行政区划确定。

行政区划变更的，自变更完成当月起适用新行政区划对应的城建税税率，纳税人在变更完成当月的下一个纳税申报期按新税率申报缴纳。

五、城建税的纳税义务发生时间与两税的纳税义务发生时间一致，分别与两税同时缴纳。同时缴纳是指在缴纳两税时，应当在两税同一缴纳地点、同一缴纳期限内，一并缴纳对应的城建税。

采用委托代征、代扣代缴、代收代缴、预缴、补缴等方式缴纳两税的，应当同时缴纳城建税。

前款所述代扣代缴，不含因境外单位和个人向境内销售劳务、服务、无形资产代扣代缴增值税情形。

六、因纳税人多缴发生的两税退税，同时退还已缴纳的城建税。

两税实行先征后返、先征后退、即征即退的，除另有规定外，不予退还随两税附征的城建税。

七、城建税的征收管理等事项，比照两税的有关规定办理。

八、本公告自2021年9月1日起施行。《废止文件及条款清单》(附件)所列文件、条款同时废止。

特此公告。

附件：废止文件及条款清单

附件

废止文件及条款清单

序号	文号	文件名称	备注
1	国税发〔1994〕35号	国家税务总局关于城市维护建设税等地方税有关问题的通知	第一条
2	国税发〔1994〕51号	国家税务总局关于城市维护建设税征收问题的通知	全文
3	国税油发〔1994〕7号	国家税务总局海洋石油税务管理局关于中国海洋石油总公司及其所属公司缴纳城市维护建设税有关问题的通知	全文
4	国税油函〔1994〕12号	国家税务总局海洋石油税务管理局关于中国海洋石油总公司缴纳城市维护建设税和教育费附加的通知	全文
5	国税函〔2002〕338号	国家税务总局关于中国出口信用保险公司纳税地点问题的批复	全文
6	国税函〔2007〕484号	国家税务总局关于调整国家开发银行城市维护建设税和教育费附加缴纳办法的通知	全文
7	国家税务总局公告2010年第31号	国家税务总局关于中外合作开采石油资源适用城市维护建设税教育费附加有关事宜的公告	全文
8	税总发〔2014〕17号	国家税务总局关于中国铁路总公司及其分支机构缴纳城市维护建设税 教育费附加问题的通知	全文

※　※　※　※

3-3-4

财政部关于铁道部缴纳城市维护建设税的特案规定

1985年6月24日　(85)财税字第159号

根据国务院国发〔1985〕19号文件和铁道部提供的资料经研究，对铁道部缴纳城市维护建设税，作如下特案规定：

一、铁道部应缴纳的城市维护建设税，以铁道部实际集中缴纳的营业税税额作为城市维护建设税的计税依据，在集中缴纳营业税的同时，计算缴纳城市维护建设税。

二、城市维护建设税的税率为5%。

三、城市维护建设税的税款，按照我部(85)财预字第2号文件规定，作为中央预算收入，上缴中央财政。

四、本特案规定从1985年1月1日起执行。

以上各点，请按照办理。

3-3-5

财政部　国家税务总局关于做好取消城市维护建设税审批项目后续管理工作的通知

2003年11月10日　财税〔2003〕230号

各省、自治区、直辖市、计划单列市财政厅(局)、地方税务局，新疆生产建设兵团财务局：

为贯彻落实国务院关于行政审批制度改革工作的各项要求，现就国务院已取消的城市维护建设税行政审批项目的后续管理问题通知如下：

财政部《关于城市维护建设税几个具体业务问题的补充规定》(财税字〔1985〕143号)中有关“对个别纳税确有困难的，可由省、自治区、直辖市人民政府酌情予以减免税照顾”的规定，在国务院第二批取消的行政审批项目中已被取消(见国发〔2003〕5号)。

取消此项减免税规定后，各省、自治区、直辖市人民政府不再享有城市维护建设税困难减免税的审批权。除国务院另有规定，或财政部、国家税务总局根据国务院的指示精神确定的减免税外，各级财政、税务机关也不得自行审批决定减免城市维护建设税。

此项规定纳入国家税务总局执法检查的范围。

3-3-6

财政部　国家税务总局关于生产企业出口货物实行免抵退税办法后有关城市维护建设税、教育费附加政策的通知

2005年2月25日　财税〔2005〕25号

各省、自治区、直辖市、计划单列市财政厅(局)、地方税务局，新疆生产建设兵团财务局：

经国务院批准，现就生产企业出口货物全面实行免抵退税办法后，城市维护建设税、教育费附加的政策明确如下：

一、经国家税务局正式审核批准的当期免抵的增值税税额应纳入城市维护建设税和教

育费附加的计征范围,分别按规定的税(费)率征收城市维护建设税和教育费附加。

二、2005 年 1 月 1 日前,已按免抵的增值税税额征收的城市维护建设税和教育费附加不再退还,未征的不再补征。

三、本通知自 2005 年 1 月 1 日起执行。

请遵照执行。

3-3-7

财政部　国家税务总局关于增值税营业税消费税实行先征后返等办法有关城建税和教育费附加政策的通知

2005 年 5 月 25 日　财税〔2005〕72 号

各省、自治区、直辖市、计划单列市财政厅(局)、地方税务局,财政部驻各省、自治区、直辖市、计划单列市财政监察专员办事处:

经研究,现对增值税、营业税、消费税(以下简称"三税")实行先征后返、先征后退、即征即退办法有关的城市维护建设税和教育费附加政策问题明确如下:

对"三税"实行先征后返、先征后退、即征即退办法的,除另有规定外,对随"三税"附征的城市维护建设税和教育费附加,一律不予退(返)还。

3-3-8

财政部　国家税务总局关于免征国家重大水利工程建设基金的城市维护建设税和教育费附加的通知

2010 年 5 月 25 日　财税〔2010〕44 号

各省、自治区、直辖市、计划单列市财政厅(局)、地方税务局,新疆生产建设兵团财务局:

经国务院批准,为支持国家重大水利工程建设,对国家重大水利工程建设基金免征城市维护建设税和教育费附加。

本通知自发文之日起执行。

3－3－9

国务院关于统一内外资企业和个人城市维护建设税和教育费附加制度的通知

2010年10月18日　国发〔2010〕35号

各省、自治区、直辖市人民政府，国务院各部委、各直属机构：

为了进一步统一税制、公平税负，创造平等竞争的外部环境，根据第八届全国人民代表大会常务委员会第五次会议通过的《全国人民代表大会常务委员会关于外商投资企业和外国企业适用增值税、消费税、营业税等税收暂行条例的决定》，国务院决定统一内外资企业和个人城市维护建设税和教育费附加制度，现将有关问题通知如下：

自2010年12月1日起，外商投资企业、外国企业及外籍个人适用国务院1985年发布的《中华人民共和国城市维护建设税暂行条例》和1986年发布的《征收教育费附加的暂行规定》。1985年及1986年以来国务院及国务院财税主管部门发布的有关城市维护建设税和教育费附加的法规、规章、政策同时适用于外商投资企业、外国企业及外籍个人。

凡与本通知相抵触的各项规定同时废止。

3－3－10

财政部　国家税务总局关于对外资企业征收城市维护建设税和教育费附加有关问题的通知

2010年11月4日　财税〔2010〕103号

各省、自治区、直辖市、计划单列市财政厅（局）、国家税务局、地方税务局，新疆生产建设兵团财务局：

根据《国务院关于统一内外资企业和个人城市维护建设税和教育费附加制度的通知》（国发〔2010〕35号）决定，自2010年12月1日起，对外商投资企业、外国企业及外籍个人（以下简称外资企业）征收城市维护建设税和教育费附加。现将有关问题通知如下：

对外资企业2010年12月1日（含）之后发生纳税义务的增值税、消费税、营业税（以下简称“三税”）征收城市维护建设税和教育费附加；对外资企业2010年12月1日之前发生纳税义务的“三税”，不征收城市维护建设税和教育费附加。

各级财政、税务机关要增强服务意识，加强政策宣传，做好征管工作。对政策执行中遇到的问题，要认真研究，妥善解决，重大问题及时上报财政部、国家税务总局。

3－3－11

国家税务总局关于做好统一内外资企业和个人城市维护建设税和教育费附加制度有关工作的通知

2010年11月29日　国税函〔2010〕587号

各省、自治区、直辖市和计划单列市地方税务局：

根据《国务院关于统一内外资企业和个人城市维护建设税和教育费附加制度的通知》（国发〔2010〕35号），自2010年12月1日起，将外商投资企业、外国企业及外籍个人（以下简称外资企业）纳入城市维护建设税和教育费附加的征收范围。为做好对外资企业征收城市维护建设税和教育费附加工作，现将有关事项通知如下：

一、充分认识改革意义，做好贯彻落实工作

对外资企业征收城市维护建设税和教育费附加，符合党的十六届三中全会通过的《中共中央关于完善社会主义市场经济体制若干问题的决定》、《中华人民共和国国民经济和社会发展第十一个五年规划纲要》关于"统一各类企业税收制度"的要求，符合税制改革总体方向，有利于公平内外资企业税费负担，促进企业间公平竞争。各地要充分认识将外资企业纳入城市维护建设税和教育费附加征收范围的重要意义，认真做好对外资企业征收城市维护建设税和教育费附加的各项准备和实施工作，确保此项政策贯彻落实。

二、加强宣传解释，搞好纳税服务

对外资企业征收城市维护建设税和教育费附加是一项重要而全新的工作。各级税务机关要增强纳税服务意识，加强政策宣传和解释，使纳税人充分了解城市维护建设税和教育费附加的现行政策和征管规定，提高纳税人依法纳税遵从度，保证征收工作顺利进行。

三、摸清税源，规范管理

各级地方税务机关要主动和国家税务局、工商管理局和主管外商投资的商务厅（局）等部门加强联系，充分利用各部门掌握的外资企业有关信息，及时做好对外资企业征收城市维护建设税和教育费附加各纳税事项的确认工作，包括纳税人、纳税申报、纳税地点、适用税率等事项的确认，做好税源管理和纳税鉴定工作。各地还要根据本地区征管实际情况，规范管理办法或操作规程，及时调整和完善税收征管系统，确保对外资企业征收城市维护建设税和教育费附加工作顺利施行。

对征管中遇到的问题，各地要认真研究，妥善解决，重大问题应及时上报国家税务总局（财产行为税司）。

3 - 3 - 12

国家税务总局关于撤县建市城市维护建设税适用税率问题的批复

2015 年 9 月 23 日　税总函〔2015〕511 号

贵州省地方税务局：

你局《关于撤县建市城市维护建设税适用税率问题的请示》(黔地税呈〔2015〕45 号)收悉,经研究,批复如下：

《中华人民共和国城市维护建设税暂行条例》对市区、县城、镇分别规定了 7%、5%、1% 的城市维护建设税税率。撤县建市后,城市维护建设税适用税率应为 7%。

3 - 3 - 13

财政部　税务总局关于城市维护建设税计税依据确定办法等事项的公告

2021 年 8 月 24 日　财政部　税务总局公告 2021 年第 28 号

《中华人民共和国城市维护建设税法》已由第十三届全国人民代表大会常务委员会第二十一次会议于 2020 年 8 月 11 日通过,自 2021 年 9 月 1 日起施行。经国务院同意,现将城市维护建设税计税依据确定办法等事项公告如下：

一、城市维护建设税以纳税人依法实际缴纳的增值税、消费税税额(以下简称两税税额)为计税依据。

依法实际缴纳的两税税额,是指纳税人依照增值税、消费税相关法律法规和税收政策规定计算的应当缴纳的两税税额(不含因进口货物或境外单位和个人向境内销售劳务、服务、无形资产缴纳的两税税额),加上增值税免抵税额,扣除直接减免的两税税额和期末留抵退税退还的增值税税额后的金额。

直接减免的两税税额,是指依照增值税、消费税相关法律法规和税收政策规定,直接减征或免征的两税税额,不包括实行先征后返、先征后退、即征即退办法退还的两税税额。

二、教育费附加、地方教育附加计征依据与城市维护建设税计税依据一致,按本公告第一条规定执行。

三、本公告自 2021 年 9 月 1 日起施行。

4

印花税

3 -4 -1

中华人民共和国印花税法

2021 年 6 月 10 日第十三届全国人民代表大会常务委员会
第二十九次会议通过　同日中华人民共和国主席令第 89 号公布

第一条　在中华人民共和国境内书立应税凭证、进行证券交易的单位和个人，为印花税的纳税人，应当依照本法规定缴纳印花税。

在中华人民共和国境外书立在境内使用的应税凭证的单位和个人，应当依照本法规定缴纳印花税。

第二条　本法所称应税凭证，是指本法所附《印花税税目税率表》列明的合同、产权转移书据和营业账簿。

第三条　本法所称证券交易，是指转让在依法设立的证券交易所、国务院批准的其他全国性证券交易场所交易的股票和以股票为基础的存托凭证。

证券交易印花税对证券交易的出让方征收，不对受让方征收。

第四条　印花税的税目、税率，依照本法所附《印花税税目税率表》执行。

第五条　印花税的计税依据如下：

（一）应税合同的计税依据，为合同所列的金额，不包括列明的增值税税款；

（二）应税产权转移书据的计税依据，为产权转移书据所列的金额，不包括列明的增值税税款；

（三）应税营业账簿的计税依据，为账簿记载的实收资本（股本）、资本公积合计金额；

（四）证券交易的计税依据，为成交金额。

第六条　应税合同、产权转移书据未列明金额的，印花税的计税依据按照实际结算的金额确定。

计税依据按照前款规定仍不能确定的，按照书立合同、产权转移书据时的市场价格确定；依法应当执行政府定价或者政府指导价的，按照国家有关规定确定。

第七条　证券交易无转让价格的，按照办理过户登记手续时该证券前一个交易日收盘价计算确定计税依据；无收盘价的，按照证券面值计算确定计税依据。

第八条　印花税的应纳税额按照计税依据乘以适用税率计算。

第九条　同一应税凭证载有两个以上税目事项并分别列明金额的，按照各自适用的税目税率分别计算应纳税额；未分别列明金额的，从高适用税率。

第十条　同一应税凭证由两方以上当事人书立的，按照各自涉及的金额分别计算应纳税额。

第十一条　已缴纳印花税的营业账簿，以后年度记载的实收资本（股本）、资本公积合计金额比已缴纳印花税的实收资本（股本）、资本公积合计金额增加的，按照增加部分计算应纳税额。

第十二条　下列凭证免征印花税：

（一）应税凭证的副本或者抄本；

（二）依照法律规定应当予以免税的外国驻华使馆、领事馆和国际组织驻华代表机构为获得馆舍书立的应税凭证；

（三）中国人民解放军、中国人民武装警察部队书立的应税凭证；

（四）农民、家庭农场、农民专业合作社、农村集体经济组织、村民委员会购买农业生产资料或者销售农产品书立的买卖合同和农业保险合同；

（五）无息或者贴息借款合同、国际金融组织向中国提供优惠贷款书立的借款合同；

（六）财产所有权人将财产赠与政府、学校、社会福利机构、慈善组织书立的产权转移书据；

（七）非营利性医疗卫生机构采购药品或者卫生材料书立的买卖合同；

（八）个人与电子商务经营者订立的电子订单。

根据国民经济和社会发展的需要，国务院对居民住房需求保障、企业改制重组、破产、支持小型微型企业发展等情形可以规定减征或者免征印花税，报全国人民代表大会常务委员会备案。

第十三条　纳税人为单位的，应当向其机构所在地的主管税务机关申报缴纳印花税；纳税人为个人的，应当向应税凭证书立地或者纳税人居住地的主管税务机关申报缴纳印花税。

不动产产权发生转移的，纳税人应当向不动产所在地的主管税务机关申报缴纳印花税。

第十四条　纳税人为境外单位或者个人，在境内有代理人的，以其境内代理人为扣缴义务人；在境内没有代理人的，由纳税人自行申报缴纳印花税，具体办法由国务院税务主管部门规定。

证券登记结算机构为证券交易印花税的扣缴义务人，应当向其机构所在地的主管税务机关申报解缴税款以及银行结算的利息。

第十五条　印花税的纳税义务发生时间为纳税人书立应税凭证或者完成证券交易的当日。

证券交易印花税扣缴义务发生时间为证券交易完成的当日。

第十六条　印花税按季、按年或者按次计征。实行按季、按年计征的，纳税人应当自季度、年度终了之日起十五日内申报缴纳税款；实行按次计征的，纳税人应当自纳税义务发生之日起十五日内申报缴纳税款。

证券交易印花税按周解缴。证券交易印花税扣缴义务人应当自每周终了之日起五日内申报解缴税款以及银行结算的利息。

第十七条　印花税可以采用粘贴印花税票或者由税务机关依法开具其他完税凭证的方式缴纳。

印花税票粘贴在应税凭证上的，由纳税人在每枚税票的骑缝处盖戳注销或者画销。

印花税票由国务院税务主管部门监制。

第十八条　印花税由税务机关依照本法和《中华人民共和国税收征收管理法》的规定征收管理。

第十九条 纳税人、扣缴义务人和税务机关及其工作人员违反本法规定的，依照《中华人民共和国税收征收管理法》和有关法律、行政法规的规定追究法律责任。

第二十条 本法自2022年7月1日起施行。1988年8月6日国务院发布的《中华人民共和国印花税暂行条例》同时废止。

附：

印花税税目税率表

税目		税率	备注
合同（指书面合同）	借款合同	借款金额的万分之零点五	指银行业金融机构、经国务院银行业监督管理机构批准设立的其他金融机构与借款人（不包括同业拆借的借款合同）
	融资租赁合同	租金的万分之零点五	
	买卖合同	价款的万分之三	指动产买卖合同（不包括个人书立的动产买卖合同）
	承揽合同	报酬的万分之三	
	建设工程合同	价款的万分之三	
	运输合同	运输费用的万分之三	指货运合同和多式联运合同（不包括管道运输合同）
	技术合同	价款、报酬或者使用费的万分之三	不包括专利权、专有技术使用权转让书据
	租赁合同	租金的千分之一	
	保管合同	保管费的千分之一	
	仓储合同	仓储费的千分之一	
	财产保险合同	保险费的千分之一	不包括再保险合同
产权转移书据	土地使用权出让书据	价款的万分之五	转让包括买卖（出售）、继承、赠与、互换、分割
	土地使用权、房屋等建筑物和构筑物所有权转让书据（不包括土地承包经营权和土地经营权转移）	价款的万分之五	
	股权转让书据（不包括应缴纳证券交易印花税的）	价款的万分之五	
	商标专用权、著作权、专利权、专有技术使用权转让书据	价款的万分之三	
营业账簿		实收资本（股本）、资本公积合计金额的万分之二点五	
证券交易		成交金额的千分之一	

3－4－2

财政部　税务总局关于印花税若干事项政策执行口径的公告

2022年6月12日　财政部　税务总局公告2022年第22号

为贯彻落实《中华人民共和国印花税法》，现将印花税若干事项政策执行口径公告如下：

一、关于纳税人的具体情形

（一）书立应税凭证的纳税人，为对应税凭证有直接权利义务关系的单位和个人。

（二）采用委托贷款方式书立的借款合同纳税人，为受托人和借款人，不包括委托人。

（三）按买卖合同或者产权转移书据税目缴纳印花税的拍卖成交确认书纳税人，为拍卖标的的产权人和买受人，不包括拍卖人。

二、关于应税凭证的具体情形

（一）在中华人民共和国境外书立在境内使用的应税凭证，应当按规定缴纳印花税。包括以下几种情形：

1. 应税凭证的标的为不动产的，该不动产在境内；

2. 应税凭证的标的为股权的，该股权为中国居民企业的股权；

3. 应税凭证的标的为动产或者商标专用权、著作权、专利权、专有技术使用权的，其销售方或者购买方在境内，但不包括境外单位或者个人向境内单位或者个人销售完全在境外使用的动产或者商标专用权、著作权、专利权、专有技术使用权；

4. 应税凭证的标的为服务的，其提供方或者接受方在境内，但不包括境外单位或者个人向境内单位或者个人提供完全在境外发生的服务。

（二）企业之间书立的确定买卖关系、明确买卖双方权利义务的订单、要货单等单据，且未另外书立买卖合同的，应当按规定缴纳印花税。

（三）发电厂与电网之间、电网与电网之间书立的购售电合同，应当按买卖合同税目缴纳印花税。

（四）下列情形的凭证，不属于印花税征收范围：

1. 人民法院的生效法律文书，仲裁机构的仲裁文书，监察机关的监察文书。

2. 县级以上人民政府及其所属部门按照行政管理权限征收、收回或者补偿安置房地产书立的合同、协议或者行政类文书。

3. 总公司与分公司、分公司与分公司之间书立的作为执行计划使用的凭证。

三、关于计税依据、补税和退税的具体情形

（一）同一应税合同、应税产权转移书据中涉及两方以上纳税人，且未列明纳税人各自涉及金额的，以纳税人平均分摊的应税凭证所列金额（不包括列明的增值税税款）确定计税依据。

（二）应税合同、应税产权转移书据所列的金额与实际结算金额不一致，不变更应税凭证所列金额的，以所列金额为计税依据；变更应税凭证所列金额的，以变更后的所列金额为计税依据。已缴纳印花税的应税凭证，变更后所列金额增加的，纳税人应当就增加部分的金额补缴印花税；变更后所列金额减少的，纳税人可以就减少部分的金额向税务机关申请退还或者抵缴印花税。

（三）纳税人因应税凭证列明的增值税税款计算错误导致应税凭证的计税依据减少或者增加的，纳税人应当按规定调整应税凭证列明的增值税税款，重新确定应税凭证计税依据。已缴纳印花税的应税凭证，调整后计税依据增加的，纳税人应当就增加部分的金额补缴印花税；调整后计税依据减少的，纳税人可以就减少部分的金额向税务机关申请退还或者抵缴印花税。

（四）纳税人转让股权的印花税计税依据，按照产权转移书据所列的金额（不包括列明的认缴后尚未实际出资权益部分）确定。

（五）应税凭证金额为人民币以外的货币的，应当按照凭证书立当日的人民币汇率中间价折合人民币确定计税依据。

（六）境内的货物多式联运，采用在起运地统一结算全程运费的，以全程运费作为运输合同的计税依据，由起运地运费结算双方缴纳印花税；采用分程结算运费的，以分程的运费作为计税依据，分别由办理运费结算的各方缴纳印花税。

（七）未履行的应税合同、产权转移书据，已缴纳的印花税不予退还及抵缴税款。

（八）纳税人多贴的印花税票，不予退税及抵缴税款。

四、关于免税的具体情形

（一）对应税凭证适用印花税减免优惠的，书立该应税凭证的纳税人均可享受印花税减免政策，明确特定纳税人适用印花税减免优惠的除外。

（二）享受印花税免税优惠的家庭农场，具体范围为以家庭为基本经营单元，以农场生产经营为主业，以农场经营收入为家庭主要收入来源，从事农业规模化、标准化、集约化生产经营，纳入全国家庭农场名录系统的家庭农场。

（三）享受印花税免税优惠的学校，具体范围为经县级以上人民政府或者其教育行政部门批准成立的大学、中学、小学、幼儿园，实施学历教育的职业教育学校、特殊教育学校、专门学校，以及经省级人民政府或者其人力资源社会保障行政部门批准成立的技工院校。

（四）享受印花税免税优惠的社会福利机构，具体范围为依法登记的养老服务机构、残疾人服务机构、儿童福利机构、救助管理机构、未成年人救助保护机构。

（五）享受印花税免税优惠的慈善组织，具体范围为依法设立、符合《中华人民共和国慈善法》规定，以面向社会开展慈善活动为宗旨的非营利性组织。

（六）享受印花税免税优惠的非营利性医疗卫生机构，具体范围为经县级以上人民政府卫生健康行政部门批准或者备案设立的非营利性医疗卫生机构。

（七）享受印花税免税优惠的电子商务经营者，具体范围按《中华人民共和国电子商务法》有关规定执行。

本公告自 2022 年 7 月 1 日起施行。

3－4－3

财政部　税务总局关于印花税法实施后有关优惠政策衔接问题的公告

2022年6月27日　财政部　税务总局公告2022年第23号

为贯彻落实《中华人民共和国印花税法》，现将税法实施后有关印花税优惠政策衔接问题公告如下：

一、继续执行本公告附件1中所列文件及相关条款规定的印花税优惠政策。

二、本公告附件2中所列文件及相关条款规定的印花税优惠政策予以废止。相关政策废止后，符合印花税法第十二条规定的免税情形的，纳税人可依法享受相关印花税优惠。

三、本公告附件3中所列文件及相关条款规定的印花税优惠政策予以失效。

四、本公告自2022年7月1日起施行。

特此公告。

附件：1. 继续执行的印花税优惠政策文件及条款目录

2. 废止的印花税优惠政策文件及条款目录

3. 失效的印花税优惠政策文件及条款目录

附件1

继续执行的印花税优惠政策文件及条款目录

序号	文件标题及条款	文号
1	《国家税务局关于印花税若干具体问题的规定》第6条	(1988)国税地字第25号
2	《国家税务局关于对保险公司征收印花税有关问题的通知》第二条	(1988)国税地字第37号
3	《国家税务局关于图书、报刊等征订凭证征免印花税问题的通知》第二条	(1989)国税地字第142号
4	《国家税务总局关于货运凭证征收印花税几个具体问题的通知》第五条第1项、第2项	国税发〔1990〕173号
5	《财政部　国家税务总局关于铁道部所属单位恢复征收印花税问题的补充通知》第二条、第三条、第四条	财税字〔1997〕182号
6	《财政部　国家税务总局关于中国信达等4家金融资产管理公司税收政策问题的通知》第三条第4项中“对资产公司成立时设立的资金账簿免征印花税。对资产公司收购、承接和处置不良资产，免征购销合同和产权转移书据应缴纳的印花税”的政策	财税〔2001〕10号
7	《国家税务总局关于中国石油天然气集团和中国石油化工集团使用的“成品油配置计划表”有关印花税问题的通知》	国税函〔2002〕424号
8	《财政部　国家税务总局关于4家资产管理公司接收资本金项下的资产在办理过户时有关税收政策问题的通知》第一条和第二条中关于印花税的政策	财税〔2003〕21号
9	《财政部　国家税务总局关于全国社会保障基金有关印花税政策的通知》第一条、第二条	财税〔2003〕134号

续表

序号	文件标题及条款	文号
10	《财政部　国家税务总局关于被撤销金融机构有关税收政策问题的通知》第二条第1项	财税〔2003〕141号
11	《财政部　国家税务总局关于企业改制过程中有关印花税政策的通知》第一条第1项、第2项,第二条,第三条	财税〔2003〕183号
12	《财政部　国家税务总局关于中国东方资产管理公司处置港澳国际(集团)有限公司有关资产税收政策问题的通知》第二条第1项、第三条第1项、第四条第1项	财税〔2003〕212号
13	《国家税务总局关于办理上市公司国有股权无偿转让暂不征收证券(股票)交易印花税有关审批事项的通知》第一条	国税函〔2004〕941号
14	《财政部　国家税务总局关于股权分置试点改革有关税收政策问题的通知》第一条	财税〔2005〕103号
15	《财政部　国家税务总局关于信贷资产证券化有关税收政策问题的通知》第一条第(三)、(四)、(五)项	财税〔2006〕5号
16	《财政部　国家税务总局关于证券投资者保护基金有关印花税政策的通知》第一条、第二条、第三条、第四条	财税〔2006〕104号
17	《财政部　国家税务总局关于印花税若干政策的通知》第二条	财税〔2006〕162号
18	《财政部　国家税务总局关于青藏铁路公司运营期间有关税收等政策问题的通知》第二条	财税〔2007〕11号
19	《财政部　国家税务总局关于外国银行分行改制为外商独资银行有关税收问题的通知》第三条	财税〔2007〕45号
20	《财政部　国家税务总局关于廉租住房经济适用住房和住房租赁有关税收政策的通知》第一条第(四)项中关于经济适用住房的印花税政策、第二条第(二)项	财税〔2008〕24号
21	《财政部　国家税务总局关于调整房地产交易环节税收政策的通知》第二条	财税〔2008〕137号
22	《财政部　国家税务总局关于境内证券市场转持部分国有股充实全国社会保障基金有关证券(股票)交易印花税政策的通知》	财税〔2009〕103号
23	《国家税务总局关于中国海洋石油总公司使用的"成品油配置计划表"有关印花税问题的公告》	税务总局公告2012年第58号
24	《财政部　国家税务总局关于棚户区改造有关税收政策的通知》第一条中关于印花税的政策	财税〔2013〕101号
25	《财政部　国家税务总局关于融资租赁合同有关印花税政策的通知》第二条	财税〔2015〕144号
26	《财政部　国家税务总局关于落实降低企业杠杆率税收支持政策的通知》第二条第(七)项中关于印花税的政策	财税〔2016〕125号
27	《财政部　国家税务总局　证监会关于深港股票市场交易互联互通机制试点有关税收政策的通知》第五条	财税〔2016〕127号
28	《财政部　税务总局关于支持农村集体产权制度改革有关税收政策的通知》第二条中关于印花税的政策	财税〔2017〕55号
29	《财政部　税务总局　海关总署关于北京2022年冬奥会和冬残奥会税收政策的通知》第一条第(九)项、第二条第(二)项、第二条第(五)和(六)项中关于印花税的政策、第三条第(四)项	财税〔2017〕60号
30	《财政部　税务总局关于支持小微企业融资有关税收政策的通知》第二条	财税〔2017〕77号
31	《财政部　税务总局关于保险保障基金有关税收政策问题的通知》第二条	财税〔2018〕41号
32	《财政部　税务总局关于全国社会保障基金有关投资业务税收政策的通知》第三条	财税〔2018〕94号

续表

序号	文件标题及条款	文号
33	《财政部　税务总局关于基本养老保险基金有关投资业务税收政策的通知》第三条	财税〔2018〕95 号
34	《财政部　税务总局关于易地扶贫搬迁税收优惠政策的通知》第二条第（一）、（二）、（四）、（五）项中关于印花税的政策	财税〔2018〕135 号
35	《财政部　税务总局关于高校学生公寓房产税印花税政策的通知》第二条	财税〔2019〕14 号
36	《财政部　税务总局　中央宣传部关于继续实施文化体制改革中经营性文化事业单位转制为企业若干税收政策的通知》第一条第（四）项中关于印花税的政策	财税〔2019〕16 号
37	《财政部　人力资源社会保障部　国资委　税务总局　证监会关于全面推开划转部分国有资本充实社保基金工作的通知》第五条第（二十四）项中关于印花税的政策	财资〔2019〕49 号
38	《财政部　税务总局关于公共租赁住房税收优惠政策的公告》第二条和第三条中关于印花税的政策	财政部　税务总局公告 2019 年第 61 号
39	《财政部　税务总局关于继续实行农村饮水安全工程税收优惠政策的公告》第二条	财政部　税务总局公告 2019 年第 67 号
40	《财政部　税务总局　海关总署关于北京 2022 年冬奥会和冬残奥会税收优惠政策的公告》第六条	财政部　税务总局　海关总署公告 2019 年第 92 号
41	《财政部　税务总局　海关总署关于杭州 2022 年亚运会和亚残运会税收政策的公告》第七条、第八条	财政部　税务总局　海关总署公告 2020 年第 18 号
42	《财政部　税务总局　海关总署关于第 18 届世界中学生运动会等三项国际综合运动会税收政策的公告》第七条、第八条	财政部　税务总局　海关总署公告 2020 年第 19 号
43	《财政部　税务总局关于延长部分税收优惠政策执行期限的公告》中关于印花税的政策	财政部　税务总局公告 2021 年第 6 号
44	《财政部　税务总局关于延长部分税收优惠政策执行期限的公告》中关于印花税的政策	财政部　税务总局公告 2022 年第 4 号
45	《财政部　税务总局关于延续执行部分国家商品储备税收优惠政策的公告》第一条	财政部　税务总局公告 2022 年第 8 号
46	《财政部　税务总局关于进一步实施小微企业"六税两费"减免政策的公告》第一条中关于印花税的政策	财政部　税务总局公告 2022 年第 10 号

附件 2

废止的印花税优惠政策文件及条款目录

序号	文件标题及条款	文号
1	《财政部　国家税务总局关于国家开发银行缴纳印花税问题的复函》第一条	财税字〔1995〕47 号
2	《财政部　国家税务总局关于农业发展银行缴纳印花税问题的复函》第一条	财税字〔1996〕55 号
3	《财政部　国家税务总局关于教育税收政策的通知》第二条中关于印花税的政策	财税〔2004〕39 号
4	《财政部　国家税务总局关于对买卖封闭式证券投资基金继续予以免征印花税的通知》	财税〔2004〕173 号
5	《财政部　国家税务总局关于信贷资产证券化有关税收政策问题的通知》第一条第（一）项、第（二）项	财税〔2006〕5 号
6	《财政部　国家税务总局关于农民专业合作社有关税收政策的通知》第四条	财税〔2008〕81 号

续表

序号	文件标题及条款	文号
7	《财政部　国家税务总局　证监会关于内地与香港基金互认有关税收政策的通知》第四条第1项	财税〔2015〕125号
8	《财政部　税务总局关于对营业账簿减免印花税的通知》	财税〔2018〕50号

附件3

失效的印花税优惠政策文件及条款目录

序号	文件标题及条款	文号
1	《国家税务总局关于货运凭证征收印花税几个具体问题的通知》第五条第3项	国税发〔1990〕173号
2	《财政部　国家税务总局关于国家开发银行缴纳印花税问题的复函》第三条	财税字〔1995〕47号
3	《财政部　国家税务总局关于铁道部所属单位恢复征收印花税问题的通知》第三条	财税字〔1997〕56号
4	《财政部　国家税务总局关于铁道部所属单位恢复征收印花税问题的补充通知》第六条	财税字〔1997〕182号
5	《中国人民银行　农业部　国家发展计划委员会　财政部　国家税务总局关于免缴农村信用社接收农村合作基金会财产产权过户税费的通知》中关于印花税的政策	银发〔2000〕21号
6	《财政部　国家税务总局关于免征中国华润总公司有关新增实收资本资本公积印花税的通知》	财税〔2001〕155号
7	《财政部　国家税务总局关于中国对外贸易运输(集团)总公司有关印花税政策的通知》	财税〔2003〕7号
8	《财政部　国家税务总局关于大连证券破产及财产处置过程中有关税收政策问题的通知》第一条	财税〔2003〕88号
9	《财政部　国家税务总局关于香港中银集团重组上市有关税收问题的通知》第六条	财税〔2003〕126号
10	《财政部　国家税务总局关于中国华润总公司资产评估增值有关企业所得税和印花税政策的通知》第二条	财税〔2003〕214号
11	《财政部　国家税务总局关于中国长江电力股份有限公司上市及收购三峡发电资产有关税收问题的通知》第二条中关于印花税的政策	财税〔2003〕235号
12	《财政部　国家税务总局关于明确三峡发电资产有关印花税问题的通知》	财税〔2004〕183号
13	《财政部　国家税务总局关于免征中央汇金投资有限公司资金账簿印花税的通知》	财税〔2005〕16号
14	《财政部　国家税务总局关于国家石油储备基地建设有关税收政策的通知》第一条中关于印花税的政策	财税〔2005〕23号
15	《财政部　国家税务总局关于中国建银投资有限责任公司有关税收政策问题的通知》第二条	财税〔2005〕160号
16	《财政部　国家税务总局关于中国石油化工集团公司受让部分国有股权有关证券(股票)交易印花税政策的通知》	财税〔2006〕31号
17	《财政部　国家税务总局关于大秦铁路改制上市有关税收问题的通知》第三条	财税〔2006〕32号
18	《财政部　国家税务总局关于对美国驻华使馆购买馆员住宅免征印花税的通知》	财税〔2006〕101号
19	《财政部　国家税务总局关于广深铁路股份有限公司改制上市和资产收购有关税收问题的通知》第三条	财税〔2008〕12号

续表

序号	文件标题及条款	文号
20	《财政部　国家税务总局关于北京德国文化中心·歌德学院(中国)在华房产有关契税和印花税问题的通知》中关于印花税的政策	财税〔2009〕159 号
21	《财政部　国家税务总局关于明确中国邮政集团公司邮政速递物流业务重组改制过程中有关契税和印花税政策的通知》第二条、第三条、第四条	财税〔2010〕92 号
22	《财政部　国家税务总局关于中国信达资产管理股份有限公司改制过程中有关契税和印花税问题的通知》第二条	财税〔2011〕2 号
23	《财政部　国家税务总局关于中国联合网络通信集团有限公司转让 CDMA 网及其用户资产企业合并资产整合过程中涉及的增值税　营业税　印花税和土地增值税政策问题的通知》第四条、第五条、第六条、第七条、第八条	财税〔2011〕13 号
24	《财政部　国家税务总局关于全国社会保障基金理事会回拨已转持国有股有关证券(股票)交易印花税问题的通知》	财税〔2011〕65 号
25	《财政部　国家税务总局关于中国中信集团公司重组改制过程中土地增值税等政策的通知》第二条中关于印花税的政策	财税〔2013〕3 号
26	《财政部　国家税务总局关于第二届夏季青年奥林匹克运动会等三项国际综合运动会税收政策的通知》第一条第 7 项、第二条第 3 项	财税〔2013〕11 号
27	《财政部　国家税务总局关于中国邮政储蓄银行改制上市有关税收政策的通知》第五条中关于印花税的政策	财税〔2013〕53 号
28	《财政部　国家税务总局关于铁路发展基金有关税收政策的通知》第二条	财税〔2014〕56 号
29	《财政部　国家税务总局关于组建中国铁路总公司有关印花税政策的通知》	财税〔2015〕57 号
30	《财政部　国家税务总局关于中国华融资产管理股份有限公司改制过程中有关印花税政策的通知》	财税〔2015〕109 号
31	《财政部　税务总局　海关总署关于第七届世界军人运动会税收政策的通知》第二条第(三)项	财税〔2018〕119 号

3 -4 -4

国家税务总局关于实施《中华人民共和国印花税法》等有关事项的公告

2022 年 6 月 28 日　国家税务总局公告 2022 年第 14 号

为落实《中华人民共和国印花税法》(以下简称印花税法),贯彻中办、国办印发的《关于进一步深化税收征管改革的意见》,现就印花税征收管理和纳税服务有关事项及优化土地增值税优惠事项办理方式问题公告如下:

一、印花税征收管理和纳税服务有关事项

(一)纳税人应当根据书立印花税应税合同、产权转移书据和营业账簿情况,填写《印花税税源明细表》(附件 1),进行财产行为税综合申报。

(二)应税合同、产权转移书据未列明金额,在后续实际结算时确定金额的,纳税人应当于书立应税合同、产权转移书据的首个纳税申报期申报应税合同、产权转移书据书立情况,在实际结算后下一个纳税申报期,以实际结算金额计算申报缴纳印花税。

（三）印花税按季、按年或者按次计征。应税合同、产权转移书据印花税可以按季或者按次申报缴纳，应税营业账簿印花税可以按年或者按次申报缴纳，具体纳税期限由各省、自治区、直辖市、计划单列市税务局结合征管实际确定。

境外单位或者个人的应税凭证印花税可以按季、按年或者按次申报缴纳，具体纳税期限由各省、自治区、直辖市、计划单列市税务局结合征管实际确定。

（四）纳税人为境外单位或者个人，在境内有代理人的，以其境内代理人为扣缴义务人。境外单位或者个人的境内代理人应当按规定扣缴印花税，向境内代理人机构所在地（居住地）主管税务机关申报解缴税款。

纳税人为境外单位或者个人，在境内没有代理人的，纳税人应当自行申报缴纳印花税。境外单位或者个人可以向资产交付地、境内服务提供方或者接受方所在地（居住地）、书立应税凭证境内书立人所在地（居住地）主管税务机关申报缴纳；涉及不动产产权转移的，应当向不动产所在地主管税务机关申报缴纳。

（五）印花税法实施后，纳税人享受印花税优惠政策，继续实行"自行判别、申报享受、有关资料留存备查"的办理方式。纳税人对留存备查资料的真实性、完整性和合法性承担法律责任。

（六）税务机关要优化印花税纳税服务。加强培训辅导，重点抓好基层税务管理人员、一线窗口人员和12366话务人员的学习和培训，分类做好纳税人宣传辅导，促进纳税人规范印花税应税凭证管理。坚持问题导向，聚焦纳税人和基层税务人员在税法实施过程中反馈的意见建议，及时完善征管系统和办税流程，不断提升纳税人获得感。

二、优化土地增值税优惠事项办理方式

（一）土地增值税原备案类优惠政策，实行纳税人"自行判别、申报享受、有关资料留存备查"的办理方式。纳税人在土地增值税纳税申报时按规定填写申报表相应减免税栏次即可享受，相关政策规定的材料留存备查。纳税人对留存备查资料的真实性、完整性和合法性承担法律责任。

（二）税务机关应当加强土地增值税纳税辅导工作，畅通政策问题答复渠道，为纳税人及时、准确办理税收优惠事项提供支持和帮助。

本公告自2022年7月1日起施行。《全文废止和部分条款废止的印花税文件目录》（附件2）所列文件或条款同时废止。

特此公告。

附件：1. 印花税税源明细表

2. 全文废止和部分条款废止的印花税文件目录

附件1

印花税税源明细表

纳税人识别号(统一社会信用代码):□□□□□□□□□□□□□□□□□□□□

纳税人(缴费人)名称:

金额单位:人民币元(列至角分)

序号	应税凭证税务编号	应税凭证编号	*应税凭证名称	*申报期限类型	应税凭证数量	*税目	子目	*税款所属期起	*税款所属期止	*应税凭证书立日期	*计税金额	实际结算日期	实际结算金额	*税率	减免性质代码和项目名称	对方书立人信息		
																对方书立人名称	对方书立人纳税人识别号(统一社会信用代码)	对方书立人涉及金额
1																		
2																		
3																		

填表说明:

1. 应税凭证税务编号:纳税人不需填写。

2. 应税凭证编号:选填。填写纳税人书立的应税合同、产权转移书据或者营业账簿的编号,无编号不填写。

3. 应税凭证名称:必填。填写应税凭证的具体名称。

4. 申报期限类型:必填。填写应税凭证申报期限类型,填写按期申报或者按次申报。

5. 应税凭证数量:逐份填写应税凭证时填1,合并汇总填写应税凭证时填写合并汇总应税凭证的数量。合并汇总填写应税凭证时,只能合并适用同一税目且内容高度相似的应税凭证。合并汇总填写应税凭证时,对方书立人信息[对方书立人名称、对方书立人纳税人识别号(统一社会信用代码)、对方书立人涉及金额]不需填写。

6. 税目:必填。可填写项目包括:借款合同、融资租赁合同、买卖合同、承揽合同、建设工程合同、运输合同、技术合同、租赁合同、保管合同、仓储合同、财产保险合同、产权转移书据、营业账簿。

7. 子目:填写对应税目的征收子目,产权转移书据税目对应的子目必填,其他应税合同税目对应子目选填,其中融资租赁合同、买卖合同、保管合同、仓储合同、财产保险合同、营业账簿不需要填写子目。税目与子目对应关系如下:

借款合同:银行业金融机构借款合同、其他金融机构借款合同;

承揽合同:加工合同、定作合同、修理合同、复制合同、测试合同、检验合同;

建设工程合同:工程勘察合同、工程设计合同、工程施工合同;

运输合同:公路货物运输合同、水路货物运输合同、航空货物运输合同、铁路货物运输合同、多式联运合同;

技术合同:技术开发合同、技术许可合同、技术咨询合同、技术服务合同;

租赁合同:房屋租赁合同、其他租赁合同;

产权转移书据:土地使用权出让书据、土地使用权转让书据、房屋等建筑物和构筑物所有权转让书据(不包括土地承包经营权和土地经营权转移)、股权转让书据(不包括应缴纳证券交易印花税的)、商标专用权转让书据、著作权转让书据、专利权转让书据、专有技术使用权转让书据。

8. 税款所属期起:必填。按期申报的,填写所属期的起始时间,应填写具体的年、月、日。按次申报的,为应税凭证书立日期。

9. 税款所属期止:必填。按期申报的,填写所属期的终止时间,应填写具体的年、月、日。按次申报的,为应税凭证书立日期。

10. 应税凭证书立日期:必填。申报借款合同、融资租赁合同、买卖合同、承揽合同、建设工程合同、运输合同、技术合同、租赁合同、保管合同、仓储合同、财产保险合同、产权转移书据、营业账簿等税目的,填写应税凭证书立日期。合并汇总填报应税凭证时,应税凭证书立日期为税款所属期止。

11. 计税金额:必填。填写应税合同、产权转移书据列明的金额(不包括列明的增值税税款);填写应税营业账簿中实收资本(股本)和资本公积合计金额。

12. 实际结算日期:未确定计税金额的应税合同、产权转移书据实际结算时,填写此列(同时填写实际结算金额列)。填写应税合同、产权转移书据实际结算日期。若未确定计税金额的应税合同、产权转移书据多次结算的,可增列(与实际结算金额同时增列)。合并汇总填报时,实际结算日期为税款所属期止。

13. 实际结算金额:未确定计税金额的应税合同、产权转移书据实际结算时,填写此列(同时填写实际结算日期列)。填写应税合同、产权转移书据实际结算金额。若未确定计税金额的应税合同、产权转移书据多次结算的,可增列(与实际结算日期同时增列)。合并汇总填报时,实际结算金额为本税款所属期内所有应税合同、产权转移书据实际结算金额的合计。

14. 税率:必填。按照《中华人民共和国印花税法》规定,填写税目对应的适用税率。

15. 减免性质代码和项目名称:有减免税情况的,必填。按照税务机关最新制发的减免税政策代码表中最细项减免性质代码填写。

16. 对方书立人名称:选填。填写应税合同、产权转移书据所有其他方书立人名称。对方书立人超过 2 人的,可增列[与对方书立人纳税人识别号(统一社会信用代码)、对方书立人涉及金额同时增列]。

17. 对方书立人纳税人识别号(统一社会信用代码):选填。填写应税合同、产权转移书据所有其他方书立人纳税人识别号(统一社会信用代码),自然人填写身份证照号码。对方书立人超过 2 人的,可增列(与对方书立人名称、对方书立人涉及金额同时增列)。

18. 对方书立人涉及金额:选填。填写应税合同、产权转移书据其他方书立人涉及的价款或者报酬。对方书立人超过 2 人的,可增列[与对方书立人名称、对方书立人纳税人识别号(统一社会信用代码)同时增列]。

附件2

全文废止和部分条款废止的印花税文件目录

序号	文号	文件名称	备注
1	(1988)国税地字第28号	国家税务局关于对金融系统营业账簿贴花问题的具体规定	全文
2	(1989)国税地字第41号	国家税务局关于华能集团公司资金账簿贴花问题的复函	全文
3	(1989)国税地字第76号	国家税务局关于由铁道部自行解决工交事业费的单位贴花问题的批复	全文
4	(1989)国税地字第77号	国家税务局关于家庭财产两全保险合同征收印花税问题的批复	全文
5	(1989)国税地字第97号	国家税务局关于对水库水工建筑物原值征收印花税问题的批复	全文
6	(1989)国税地字第110号	国家税务局关于对“拨改贷”借款合同征收印花税问题的复函	全文
7	国税函发〔1990〕433号	国家税务局关于汇总缴纳印花税税额计算问题的通知	全文
8	国税函发〔1990〕428号	国家税务局关于改变保险合同印花税计税办法的通知	全文
9	国税函发〔1990〕508号	国家税务局关于代购、代销“国务院市场调节粮”协议书征免印花税事宜的函	全文
10	国税函发〔1990〕994号	国家税务局关于各种要货单据征收印花税问题的批复	全文
11	国税发〔1990〕173号	国家税务局关于货运凭证征收印花税几个具体问题的通知	第三条
12	国税函发〔1990〕1383号	国家税务局关于中国银行营运资金印花税纳税地点问题的批复	全文
13	国税函发〔1991〕1081号	国家税务局关于借贷业务应纳印花税凭证问题的批复	全文
14	国税函发〔1991〕1187号	国家税务局关于订货会所签合同印花税缴纳地点问题的通知	全文
15	国税发〔1991〕155号	国家税务局关于印花税若干具体问题的解释和规定的通知	全文
16	国税函发〔1991〕1268号	国家税务局关于“集体土地建设用地使用权登记证”贴花问题的批复	全文
17	国税函发〔1991〕1415号	国家税务局关于物资订货合同印花税确定纳税人问题的批复	全文
18	国税函发〔1992〕1145号	国家税务局关于飞机租赁合同征收印花税问题的批复	全文
19	国税函发〔1992〕1431号	国家税务局关于飞机租赁合同征收印花税问题的函	全文
20	国税函发〔1992〕1640号	国家税务局关于批发市场交易合同征收印花税问题的通知	全文
21	国税函发〔1993〕8号	国家税务局关于投资银行系统资金账簿缴纳印花税问题的复函	全文
22	国税函发〔1993〕705号	国家税务局关于中国人民银行向专业银行发放贷款所签合同征免印花税问题的批复	全文
23	国税发〔1994〕25号	国家税务总局关于资金账簿印花税问题的通知	全文
24	国税发〔1994〕95号	国家税务总局关于外商投资企业和外国企业征收印花税有关问题的通知	全文
25	国税发〔1997〕129号	国家税务总局关于加强证券交易印花税征收管理工作的通知	第二、四条
26	国税函〔1997〕505号	国家税务总局关于外商投资企业的订单要货单据征收印花税问题的批复	全文
27	国税函〔2000〕106号	国家税务总局关于国家电力公司及其子公司资金账簿征收印花税有关问题的通知	全文
28	国税函〔2000〕162号	国家税务总局关于中国石油天然气股份有限公司征免印花税问题的通知	全文
29	国税函〔2000〕236号	国家税务总局关于中国移动通信集团公司及其子公司征收印花税有关问题的通知	全文

续表

序号	文号	文件名称	备注
30	国税函〔2000〕394 号	国家税务总局关于中国石油化工集团公司改制后有关资金账簿印花税问题的通知	全文
31	国税函〔2001〕228 号	国家税务总局关于铁道通信信息有限责任公司印花税问题的通知	全文
32	国税函〔2001〕227 号	国家税务总局关于中国电信集团公司及其子公司有关印花税问题的通知	全文
33	国税函〔2001〕361 号	国家税务总局关于国家邮政及所属各级邮政企业资金账簿征收印花税问题的通知	全文
34	国税函〔2001〕766 号	国家税务总局关于中国移动通信集团公司及部分子公司征收印花税有关问题的通知	全文
35	国税函〔2002〕104 号	国家税务总局关于外国银行分行营运资金缴纳印花税问题的批复	全文
36	国税函〔2002〕164 号	国家税务总局关于中国电信集团“两费”返还资金有关印花税问题的通知	全文
37	国税函〔2003〕58 号	国家税务总局关于中国牧工商(集团)总公司接收山丹军马场等7 家企业增加的资金有关印花税问题的通知	全文
38	国税函〔2003〕91 号	国家税务总局关于中国联合通信有限公司重组上市过程中有关印花税问题的通知	全文
39	国税函〔2003〕1027 号	国家税务总局关于中国人民保险公司重组改制过程中有关印花税和契税问题的通知	第一条
40	国税函〔2004〕150 号	国家税务总局关于进一步加强印花税征收管理有关问题的通知	全文
41	国税函〔2004〕272 号	国家税务总局关于中国航空集团公司重组过程中印花税问题的通知	全文
42	国税函〔2004〕315 号	国家税务总局关于中国人寿保险(集团)公司重组过程中印花税问题的通知	全文
43	国税函〔2004〕399 号	国家税务总局关于中国航空工业第二集团公司重组改制过程中印花税问题的通知	全文
44	国税函〔2004〕411 号	国家税务总局关于中国电子产业工程公司重组过程中印花税问题的通知	全文
45	国税函〔2004〕432 号	国家税务总局关于中国电信集团公司重组改制过程中印花税问题的通知	全文
46	国税函〔2004〕429 号	国家税务总局关于中国网络通信集团公司印花税问题的通知	全文
47	国税函〔2004〕913 号	国家税务总局关于中国科学院国有资产经营有限责任公司印花税问题的通知	全文
48	国税函〔2005〕489 号	国家税务总局关于中国电信集团公司湖北等十省(区)电信资产重组改制过程中印花税问题的通知	全文
49	国税函〔2006〕749 号	国家税务总局关于安利(中国)日用品有限公司征收印花税有关问题的通知	全文
50	国税函〔2008〕679 号	国家税务总局关于中国铁道建筑总公司股份制改革过程中有关税收问题的通知	第二条
51	国家税务总局公告 2013 年第 2 号	国家税务总局关于国寿投资控股有限公司相关税收问题的公告	第五条中有关印花税的规定
52	国家税务总局公告 2016 年第 77 号	国家税务总局关于发布《印花税管理规程(试行)》的公告	全文
53	国家税务总局公告 2021 年第 9 号	国家税务总局关于简并税费申报有关事项的公告	附件 2 中《印花税税源明细表》

※ ※ ※ ※

3－4－5

国家税务局关于印花税若干具体问题的规定

1988年12月12日 (88)国税地字第25号

根据《中华人民共和国印花税暂行条例》及其施行细则的规定,结合各地反映的实际情况,现对印花税的若干具体问题规定如下:

1. 对由受托方提供原材料的加工、定作合同,如何贴花?

由受托方提供原材料的加工、定作合同,凡在合同中分别记载加工费金额与原材料金额的,应分别按"加工承揽合同"、"购销合同"计税,两项税额相加数,即为合同应贴印花;合同中不划分加工费金额与原材料金额的,应按全部金额,依照"加工承揽合同"计税贴花。

2. 对商店、门市部的零星加工修理业务开具的修理单,是否贴花?

对商店、门市部的零星加工修理业务开具的修理单,不贴印花。

3. 房地产管理部门与个人订立的租房合同,应否贴印花?

对房地产管理部门与个人订立的租房合同,凡用于生活居住的,暂免贴印花;用于生产经营的,应按规定贴花。

4. 有些技术合同、租赁合同等,在签订时不能计算金额的,如何贴花?

有些合同在签订时无法确定计税金额,如技术转让合同中的转让收入,是按销售收入的一定比例收取或是按实现利润分成的;财产租赁合同,只是规定了月(天)租金标准而却无租赁期限的。对这类合同,可在签订时先按定额五元贴花,以后结算时再按实际金额计税,补贴印花。

5. 对货物运输单、仓储保管单、财产保险单、银行借据等单据,是否贴花?

对货物运输、仓储保管、财产保险、银行借款等,办理一项业务既书立合同,又开立单据的,只就合同贴花;凡不书立合同,只开立单据,以单据作为合同使用的,应按照规定贴花。

6. 运输部门承运快件行李、包裹开具的托运单据,是否贴花?

对铁路、公路、航运、水路承运快件行李、包裹开具的托运单据,暂免贴印花。

7. 不兑现或不按期兑现的合同,是否贴花?

依照印花税暂行条例规定,合同签订时即应贴花,履行完税手续。因此,不论合同是否兑现或能否按期兑现,都一律按照规定贴花。

8. 1988年10月1日开征印花税,以前签订的合同,10月1日以后修改合同增加金额的,是否补贴印花?

凡修改合同增加金额的,应就增加部分补贴印花。对印花税开征前签订的合同,开征后修改合同增加金额的,亦应按增加金额补贴印花。

9. 某些合同履行后,实际结算金额与合同所载金额不一致的,应否补贴印花?

依照印花税暂行条例规定,纳税人应在合同签订时按合同所载金额计税贴花。因此,对已履行并贴花的合同,发现实际结算金额与合同所载金额不一致的,一般不再补贴印花。

10. 企业租赁承包经营合同,是否贴花?

企业与主管部门等签订的租赁承包经营合同,不属于财产租赁合同,不应贴花。

11. 企业、个人出租门店、柜台等签订的合同,是否贴花?

企业、个人出租门店、柜台等签订的合同,属于财产租赁合同,应按照规定贴花。

12. 什么是副本视同正本使用?

纳税人的已缴纳印花税凭证的正本遗失或毁损,而以副本替代的,即为副本视同正本使用,应另贴印花。

13. 如何确定纳税人的自有流动资金?

对纳税人的自有流动资金,应据其所适用的财务会计制度确定。适用国营企业财务会计制度的纳税人,其自有流动资金包括国家拨入的、企业税后利润补充的、其他单位投入以及集资入账形成的流动资金。

适用其他财务会计制度的纳税人,其自有流动资金由各省、自治区、直辖市税务局按照上述原则具体确定。

14. 设置在其他部门、车间的明细分类账,如何贴花?

对采用一级核算形式的,只就财会部门设置的账簿贴花;采用分级核算形式的,除财会部门的账簿应贴花外,财会部门设置在其他部门和车间的明细分类账,亦应按规定贴花。

车间、门市部、仓库设置的不属于会计核算范围或虽属会计核算范围,但不记载金额的登记簿、统计簿、台账等,不贴印花。

15. 对会计核算采用以表代账的,应如何贴花?

对日常用单页表式记载资金活动情况,以表代账的,在未形成账簿(册)前,暂不贴花,待装订成册时,按册贴花。

16. 对记载资金的账簿,启用新账未增加资金的,是否按定额贴花?

凡是记载资金的账簿,启用新账时,资金未增加的,不再按件定额贴花。

17. 对有经营收入的事业单位使用的账簿,应如何贴花?

对有经营收入的事业单位,凡属由国家财政部门拨付事业经费,实行差额预算管理的单位,其记载经营业务的账簿,按其他账簿定额贴花,不记载经营业务的账簿不贴花;凡属经费来源实行自收自支的单位,其营业账簿,应对记载资金的账簿和其他账簿分别按规定贴花。

18. 跨地区经营的分支机构,其营业账簿应如何贴花?

跨地区经营的分支机构使用的营业账簿,应由各分支机构在其所在地缴纳印花税。对上级单位核拨资金的分支机构,其记载资金的账簿按核拨的账面资金数额计税贴花,其他账簿按定额贴花;对上级单位不核拨资金的分支机构,只就其他账簿按定额贴花。为避免对同一资金重复计税贴花,上级单位记载资金的账簿,应按扣除拨给下属机构资金数额后的其余部分计税贴花。

19. 对企业兼并的并入资金是否补贴印花?

经企业主管部门批准的国营、集体企业兼并,对并入单位的资产,凡已按资金总额贴花的,接收单位对并入的资金不再补贴印花。

20. 对微利、亏损企业,可否减免税?

对微利、亏损企业不能减免印花税。但是,对微利、亏损企业记载资金的账簿,第一次贴花数额较大,难以承担的,经当地税务机关批准,可允许在三年内分次贴足印花。

21. 对营业账簿,应在什么位置上贴花?

在营业账簿上贴印花税票,须在账簿首页右上角粘贴,不准粘贴在账夹上。

注释:

条款废止。第十三条废止。参见:《国家税务总局关于公布失效废止的税务部门规章和税收规范性文件目录的决定》(国家税务总局令第42号)。

条款废止。第二十条废止。参见:1.《国家税务总局关于公布全文失效废止 部分条款失效废止的税收规范性文件目录的公告》(国家税务总局公告2011年第2号)。2.《国家税务总局关于取消部分地方税行政审批项目的通知》(国税函〔2007〕629号)。

3-4-6

国家税务局关于对借款合同贴花问题的具体规定

1988年12月12日 (88)国税地字第30号

根据《中华人民共和国印花税暂行条例》及其施行细则的规定,现将借款合同贴花的有关问题规定如下:

一、关于以填开借据方式取得银行借款的借据贴花问题。目前,各地银行办理信贷业务的手续不够统一,有的只签订合同,有的只填开借据,也有的既签订合同又填开借据。为此规定:凡一项信贷业务既签订借款合同又一次或分次填开借据的,只就借款合同按所载借款金额计税贴花;凡只填开借据并作为合同使用的,应按照借据所载借款金额计税,在借据上贴花。

二、关于对流动资金周转性借款合同的贴花问题。借贷双方签订的流动资金周转性借款合同,一般按年(期)签订,规定最高限额,借款人在规定的期限和最高限额内随借随还。为此,在签订流动资金周转借款合同时,应按合同规定的最高借款限额计税贴花。以后,只要在限额内随借随还,不再签新合同的,就不另贴印花。

三、关于对抵押贷款合同的贴花问题。借款方以财产作抵押,与贷款方签订的抵押借款合同,属于资金信贷业务,借贷双方应按"借款合同"计税贴花。因借款方无力偿还借款而将抵押财产转移给贷款方,应就双方书立的产权转移书据,按"产权转移书据"计税贴花。

四、关于对融资租赁合同的贴花问题。银行及其金融机构经营的融资租赁业务,是一种以融物方式达到融资目的的业务,实际上是分期偿还的固定资金借款。因此,对融资租赁合同,可据合同所载的租金总额暂按"借款合同"计税贴花。

五、关于借款合同中既有应税金额又有免税金额的计税贴花问题。有些借款合同,借款总额中既有应免税的金额,也有应纳税的金额。对这类“混合”借款合同,凡合同中能划分免税金额与应税金额的,只就应税金额计税贴花;不能划分清楚的,应按借款总金额计税贴花。

六、关于对借款方与银团“多头”签订借款合同的贴花问题。在有的信贷业务中,贷方是由若干银行组成的银团,银团各方均承担一定的贷款数额,借款合同由借款方与银团各方共同书立,各执一份合同正本。对这类借款合同,借款方与贷款银团各方应分别在所执合同正本上按各自的借贷金额计税贴花。

七、关于对基建贷款中,先签订分合同,后签订总合同的贴花问题。有些基本建设贷款,先按年度用款计划分年签订借款分合同,在最后一年按总概算签订借款总合同,总合同的借款金额中包括各分合同的借款金额。对这类基建借款合同,应按分合同分别贴花,最后签订的总合同,只就借款总额扣除分合同借款金额后的余额计税贴花。

3-4-7

国家税务局关于对保险公司征收印花税有关问题的通知

1988年12月31日 (88)国税地字第37号

根据《中华人民共和国印花税暂行条例》及其施行细则的规定,现将对保险公司征收印花税有关问题,具体明确如下:

一、关于自有流动资金贴花问题。按照保险公司会计制度规定,“保险总准备金”科目反映的资金即为保险公司的自有流动资金。财政拨付的部分,在总公司和省分公司核算,利润中提留的部分,分别在各级公司核算。对保险总准备金,应由各级保险公司按其账面数额计税贴花。

二、关于财产保险合同的贴花问题。目前,保险公司的财产保险分为企业财产保险、机动车辆保险、货物运输保险、家庭财产保险和农牧业保险五大类。为了支持农村保险事业的发展,照顾农牧业生产的负担,除对农林作物、牧业畜类保险合同暂不贴花外,对其他几类财产保险合同均应按照规定计税贴花。其中,家庭财产保险由单位集体办理的,可分别按个人投保金额计税。

三、对责任保险、保证保险和信用保险合同,暂按定额五元贴花。

四、保险公司委托其他单位或者个人代办的保险业务,在与投保方签订保险合同时,应由代办单位或者个人,负责代保险公司办理计税贴花手续。

注释:

条款废止。第三条废止。参见:《国家税务总局关于公布失效废止的税务部门规章和税收规范性文件目录的决定》(国家税务总局令第42号)。

3-4-8

国家税务局关于对技术合同征收印花税问题的通知

1989年4月12日　(89)国税地字第34号

各地在贯彻印花税暂行条例的过程中,对各类技术合同如何计税贴花,提出了一些问题。经研究,现明确如下:

一、关于技术转让合同的适用税目税率问题

技术转让包括:专利权转让、专利申请权转让、专利实施许可和非专利技术转让。为这些不同类型技术转让所书立的凭证,按照印花税税目税率表的规定,分别适用不同的税目、税率。其中,专利申请权转让,非专利技术转让所书立的合同,适用"技术合同"税目;专利权转让、专利实施许可所书立的合同、书据,适用"产权转移书据"税目。

二、关于技术咨询合同的征税范围问题

技术咨询合同是当事人就有关项目的分析、论证、评价、预测和调查订立的技术合同。有关项目包括:1. 有关科学技术与经济、社会协调发展的软科学研究项目;2. 促进科技进步和管理现代化,提高经济效益和社会效益的技术项目;3. 其他专业项目。对属于这些内容的合同,均应按照"技术合同"税目的规定计税贴花。

至于一般的法律、法规、会计、审计等方面的咨询不属于技术咨询,其所立合同不贴印花。

三、关于技术服务合同的征税范围问题

技术服务合同的征税范围包括:技术服务合同、技术培训合同和技术中介合同。

技术服务合同是当事人一方委托另一方就解决有关特定技术问题,如为改进产品结构、改良工艺流程、提高产品质量、降低产品成本、保护资源环境、实现安全操作、提高经济效益等,提出实施方案,进行实施指导所订立的技术合同。以常规手段或者为生产经营目的进行一般加工、修理、修缮、广告、印刷、测绘、标准化测试以及勘察、设计等所书立的合同,不属于技术服务合同。

技术培训合同是当事人一方委托另一方对指定的专业技术人员进行特定项目的技术指导和专业训练所订立的技术合同。对各种职业培训、文化学习、职工业余教育等订立的合同,不属于技术培训合同,不贴印花。

技术中介合同是当事人一方以知识、信息、技术为另一方与第三方订立技术合同进行联系、介绍、组织工业化开发所订立的技术合同。

四、关于计税依据问题

对各类技术合同,应当按合同所载价款、报酬、使用费的金额依率计税。

为鼓励技术研究开发,对技术开发合同,只就合同所载的报酬金额计税,研究开发经费不作为计税依据。但对合同约定按研究开发经费一定比例作为报酬的,应按一定比例的报酬金额计税贴花。

五、关于加强对技术合同征税的管理问题

为加强对技术合同缴纳印花税的征收管理,保证税款及时足额入库,各级税务部门要积极取得科委和技术合同登记、管理机构的支持配合,共同研究解决印花税源泉控制的管理办法,因地制宜建立监督纳税、代征税款、代售印花等管理制度。

3-4-9

国家税务局　国家工商行政管理局关于营业执照、商标注册证粘贴印花税票问题的通知

1989年11月17日　(89)国税地字第113号

根据《中华人民共和国印花税暂行条例》及有关规定,工商行政管理机关核发的各类营业执照正本和商标注册证,应由其领受单位和个人负责贴花,工商行政管理机关在核发上述证照时,应监督纳税人依法履行纳税义务,为保证营业执照和商标注册证粘贴印花税票规范、统一,现就有关问题通知如下:

一、印花税票粘贴位置。营业执照正本贴花,应统一粘贴在其左下角花边框内;商标注册证贴花,应统一粘贴在其内页右上角("使用商品类"右面)边框内。

二、粘贴的印花一律采用5元面值的税票,税票粘贴应端正、清洁,在税票与证照的骑缝处,用钢笔或圆珠笔画两条横线注销,画销笔迹要整齐、清晰(示意图附后)。

三、纳税地点。各级工商行政管理机关在核发营业执照的同时,负责代售印花税票并监督纳税;国家工商行政管理局商标局在核发商标注册证的同时,负责代售印花税票并监督纳税。各地工商行政管理局在向商标注册人收取商标规费的同时,加收5元印花税款,按规定期限一并上交国家工商行政管理局商标局。

四、为便于工商行政管理机关对核发的证照监督纳税,各地税务机关应委托当地工商行政管理机关代售印花税票,并按代售金额5%的比例支付代售手续费。

五、对因各种原因更换营业执照正本和商标注册证的,均视为新领营业执照正本和商标注册证,应按规定纳税。

六、在本通知下达之前,对已贴印花税票的证照,粘贴位置及注销办法不符合本规定要求的,不再揭下重贴,待更换新的证照时,再按本通知规定执行。

以上规定和有关事宜,由各地税务机关与当地工商行政管理机关协商,共同贯彻执行。

附:画线注销示意图

附:

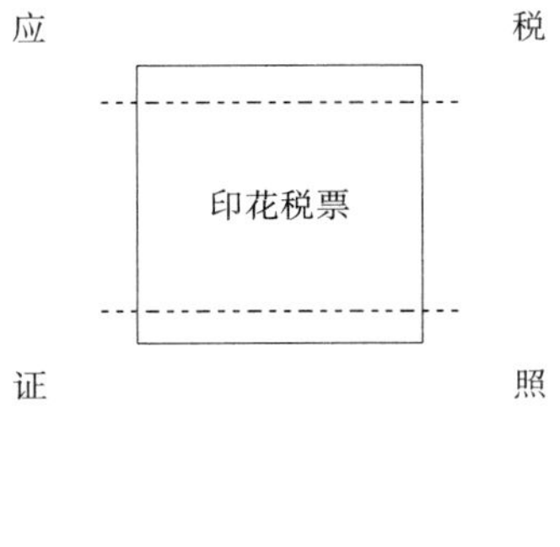

3－4－10

国家税务局关于图书、报刊等征订凭证征免印花税问题的通知

1989年12月31日 (89)国税地字第142号

根据《中华人民共和国印花税暂行条例》及有关规定,图书、报纸、期刊以及音像制品的出版发行业务订立的征订发行合同及其订购单据(实际发生数)属于应纳印花税的经济凭证。最近,一些地区询问,因出版发行业务比较特殊,使用的凭证也较复杂,如何征税不够明确,为此特通知如下:

一、各类出版单位与发行单位之间订立的图书、报纸、期刊以及音像制品的征订凭证(包括订购单、订数单等),应由持证双方按规定纳税。

二、各类发行单位之间,以及发行单位与订阅单位或个人之间书立的征订凭证,暂免征印花税。

三、征订凭证适用印花税"购销合同"税目,计税金额按订购数量及发行单位的进货价格计算。

四、征订凭证发生次数频繁,为简化纳税手续,可由出版发行单位采取按期汇总方式,计算缴纳印花税。实行汇总缴纳以后,购销双方个别订立的协议均不再重复计税贴花。

3－4－11

国家税务局关于货运凭证征收印花税几个具体问题的通知

1990年10月12日 国税发〔1990〕173号

根据各地反映和要求,关于对货运凭证征收印花税的若干政策和征管问题,经研究并征求有关部门的意见,现具体规定如下:

一、关于应税凭证的确定

在货运业务中,凡是明确承、托运双方业务关系的运输单据均属于合同性质的凭证。鉴于目前各类货运业务使用的单据,不够规范统一,不便计税贴花,为了便于征管,现规定以运费结算凭证作为各类货运的应税凭证。

二、关于纳税人的确定

在货运业务中,凡直接办理承、托运运费结算凭证的双方,均为货运凭证印花税的纳税人。

代办承、托运业务的单位负有代理纳税的义务;代办方与委托方之间办理的运费清算单据,不缴纳印花税。

三、关于国内联运凭证的计税和缴纳

对国内各种形式的货物联运,凡在起运地统一结算全程运费的,应以全程运费作为计税依据,由起运地运费结算双方缴纳印花税;凡分程结算运费的,应以分程的运费作为计税依据,分别由办理运费结算的各方缴纳印花税。

四、关于国际货运凭证的征免税划分

1. 由我国运输企业运输的,不论在我国境内、境外起运或中转分程运输,我国运输企业所持的一份运费结算凭证,均按本程运费计算应纳税额;托运方所持的一份运费结算凭证,按全程运费计算应纳税额。

2. 由外国运输企业运输进出口货物的,外国运输企业所持的一份运费结算凭证免纳印花税;托运方所持的一份运费结算凭证应缴纳印花税。

3. 国际货运运费结算凭证在国外办理的,应在凭证转回我国境内时按规定缴纳印花税。

五、关于特殊货运凭证的免税

1. 军事物资运输。凡附有军事运输命令或使用专用的军事物资运费结算凭证,免纳印花税。

2. 抢险救灾物资运输。凡附有县级以上(含县级)人民政府抢险救灾物资运输证明文件的运费结算凭证,免纳印花税。

3. 新建铁路的工程临管线运输。为新建铁路运输施工所需物料,使用工程临管线专用运费结算凭证,免纳印花税。

六、关于代扣汇总缴纳

1. 运费结算付方应缴纳的印花税,应由运费结算收方或其代理方实行代扣汇总缴纳。

2. 运费结算凭证由交通运输管理机关或其指定的单位填开或审核的,当地税务机关应委托凭证填开或审核单位,对运费结算双方应缴纳的印花税,实行代扣汇总缴纳。

3. 在运费结算凭证费别栏目中应增列一项"印花税",将应缴纳的印花税款填入"印花税"项目中。

为了方便代扣汇总缴纳,每份运费结算凭证应纳税额不足0.10元的免税,超过0.10元的按实计缴,计算到分。

4. 代扣印花税时,当地税务机关或代扣单位应在运费结算凭证上,加盖"印花税代扣专用章"(式样略)。专用章由县级以上(含县级)税务机关统一刻制。

七、各省、自治区、直辖市税务局,各计划单列市税务局可依据本文规定并参照(89)国税地字第94号《关于铁路货运凭证汇总缴纳印花税问题的联合通知》,制定具体征收管理办法。

本规定自1990年11月1日起执行。

注释:

条款废止。第三条废止。参见:《国家税务总局关于实施〈中华人民共和国印花税法〉等有关事项的公告》(国家税务总局公告2022年第14号)。

条款失效。第五条第3项失效。参见:《财政部　税务总局关于印花税法实施后有关优惠政策衔接问题的公告》(财政部　税务总局公告2022年第23号)。

3-4-12

国家税务局关于军火武器合同免征印花税问题的通知

1990年11月27日　国税发〔1990〕200号

最近,一些地区和部门询问,对军火武器的研制和供应合同是否征收印花税。经研究,考虑到军火武器的研制、生产和供应具有一定的特殊性,现明确对下列合同免征印花税。

一、国防科工委管辖的军工企业和科研单位,与军队、武警总队、公安、国家安全部门,为研制和供应军火武器(包括指挥、侦察、通讯装备,下同)所签订的合同免征印花税。

二、国防科工委管辖的军工系统内各单位之间,为研制军火武器所签订的合同免征印花税。

本通知自1991年1月1日起执行。

3-4-13

国家税务局关于专利证书印花税代征办法的批复

1991年11月1日　国税函发〔1991〕1405号

北京市税务局:

你局京税三字〔1991〕48号《关于对完税专利证书以加印代扣印花税专用章标记代替贴花问题的请示》和你局所属海淀区分局与中国专利局所立《委托代征印花税协议书》均收悉。现批复如下:

一、根据印花税暂行条例规定,对各种专利证书可以由你局委托中国专利局在核发时统一代征印花税。

二、同意你局自1991年1月1日起,对统一代征印花税的专利证书,在其右上角处加印“中国专利局代扣印花税专用章”戳记,并在其右下角处注明“本证书印花税5元已缴纳”字样,作为完税标志。

三、采取委托代征办法后,由你局负责对专利证书印花税缴纳办法具体解释,并会同中国专利局对完税的专利证书底册及编号进行管理。

3 -4 -14

财政部　国家税务总局关于铁道部所属单位恢复征收印花税问题的通知

1997 年 5 月 13 日　财税字〔1997〕56 号

财政部、国家税务总局《关于铁道部“八五”后两年有关财务税收问题的通知》〔(94)财税字第 5 号〕中有关免征印花税的政策于 1995 年底执行到期。现经国务院批准，对铁道部所属单位征免印花税的问题通知如下：

一、对铁道部所属原执行经济承包方案的铁路运输、工业、供销、建筑施工企业，以及铁道部直属铁路局所办的工副业企业的营业账簿，自 1996 年 7 月 1 日起恢复征收印花税。

根据铁道部系统的核算体制，上述税款分别在铁道部、铁路局和铁路分局三级核算单位缴纳。

二、对铁道部所属原执行经济承包方案的上述单位之间签订的各种应纳印花税的经济合同，自 1996 年 1 月 1 日至 1996 年 6 月 30 日，继续免征印花税，自 1996 年 7 月 1 日起，恢复征收印花税。

三、企业记载资金的账簿一次贴花数额较大的，经主管税务部门批准，可在三年内分次贴足印花。

注释：

条款失效。第三条失效。参见：《财政部　税务总局关于印花税法实施后有关优惠政策衔接问题的公告》（财政部　税务总局公告 2022 年第 23 号）。

3 -4 -15

国家税务总局关于加强证券交易印花税征收管理工作的通知

1997 年 8 月 7 日　国税发〔1997〕129 号

上海、深圳市国家税务局、地方税务局：

为了规范证券交易印花税的征收管理工作，保证税款及时、均衡、足额入库，现就证券交易印花税几个征管问题通知如下：

一、非交易转让股票的证券交易印花税征管问题

鉴于非交易转让股票的印花税征管范围划分不够明确，上海、深圳两地做法不一的情况，现明确规定：凡是在上海、深圳证券登记公司集中托管的股票，在办理法人协议转让和个人继承、赠与等非交易转让时，其证券交易印花税统一由上海、深圳证券登记公司代扣

代缴。

二、证券交易印花税税款的解缴入库期限

根据不同种类股票的交易情况和清算特点,现将证券登记公司代扣印花税税款的解缴期限统一确定为:证券登记公司扣缴的A种股票税款,以一个交易周为解缴期,自期满之日起5日内将税款解缴入库,于次月1日起10日内结清上月代扣的税款;证券登记公司扣缴的B种股票税款,以两个交易周为解缴期,自期满之日起10日内将税款解缴入库,于次月1日起10日内结清上月代扣的税款;证券登记公司扣缴的非交易转让税款,以一个月为解缴期,于次月1日起10日内将税款解缴入库。

三、加强对欠税清理,不准占压拖欠税款

证券登记公司代扣的证券交易印花税是股票交易双方已经缴纳的税款,代扣代缴单位必须严格按照规定的期限及时解缴入库,不得以任何理由拖欠,更不准挪作他用。主管税务机关要加强管理,不得允许代扣代缴单位延期解缴税款,严禁发生拖欠。对于代扣代缴单位已经发生的拖欠,主管税务机关要采取措施,限期追缴入库,并按照《中华人民共和国税收征收管理法》的有关规定加收滞纳金。主管税务机关要将清理欠税的情况每月向国家税务总局报告。

四、建立代扣代缴税款报告制度

为了及时、准确地了解证券交易印花税代扣代缴情况,明确扣缴义务人的责任,代扣代缴证券交易印花税的单位应当按月向主管税务机关报送《代扣代缴证券交易印花税报告表》。《代扣代缴证券交易印花税报告表》式样由国家税务总局统一制定(附后),各地自行印制。

主管税务机关应将代扣代缴单位报送的《代扣代缴证券交易印花税报告表》进行汇总,按月报国家税务总局。

五、建立定期收入分析制度

证券市场行情的变化和波动,直接影响到证券交易印花税的收入。因此,应建立季度和年度收入分析制度。为做好收入分析工作,税务部门要与证券交易所、证券登记公司建立日常的信息联系,掌握市场的交易情况,定期分析市场变化对证券交易印花税收入的影响。除每季定期向国家税务总局报告外,对于对收入产生重大影响的市场变化情况可随时专报。

以上规定自文到之日起执行。

附件:代扣代缴证券交易印花税报告表(编者略)

注释:

条款废止。第二条、第四条废止。参见:《国家税务总局关于实施〈中华人民共和国印花税法〉等有关事项的公告》(国家税务总局公告2022年第14号)。

3-4-16

财政部 国家税务总局关于铁道部所属单位恢复征收印花税问题的补充通知

1997年12月22日 财税字〔1997〕182号

近接部分省、市的反映，要求对铁道部所属单位征收印花税的一些具体问题予以明确。经研究，现通知如下：

一、对铁道部所属原执行经济承包方案的企业的营业账簿，自1996年7月1日起恢复征收印花税，是指自1996年7月1日起按资金账簿账面记载的“实收资本”与“资本公积”两项合计金额计税贴花，并非指按1996年7月1日以后新增加的资金贴花。

二、铁道部层层下达的基建计划，不属应税合同，不应纳税；铁道部所属各建设单位与施工企业之间签订的建筑安装工程承包合同属于应税合同，应按规定纳税；但企业内部签订的有关铁路生产经营设施基建、更新改造、大修、维修的协议或责任书，不在征收范围之内。

三、铁道部所属各企业之间签订的购销合同或作为合同使用的调拨单，应按规定贴花；属于企业内部的物资调拨单，不应贴花。

四、凡在铁路内部无偿调拨的固定资产，其调拨单据不属于产权转移书据，不应贴花。

五、路局、分局所属跨地区的直属单位，其印花税应由直属单位在机构所在地就地缴纳。

六、由铁道部全额拨付事业经费的单位，暂视同由财政部门拨付事业经费的单位，其营业账簿不贴花。

注释：

条款失效。第六条失效。参见：《财政部 税务总局关于印花税法实施后有关优惠政策衔接问题的公告》（财政部 税务总局公告2022年第23号）。

3-4-17

国家税务总局关于明确国家开发银行分行营业账簿和贷款合同印花税缴纳方式的通知

2000年12月20日 国税函〔2000〕1060号

从1999年起，国家开发银行（以下简称开行）陆续成立了包括开行总行营业部在内的28家分行，业务机构建设已基本到位。经研究，鉴于开行各分行的成立时间不同和财政贴息方式的特殊性，现就开行各分行的营业账簿和贷款合同印花税缴纳的问题通知如下：

一、开行各分行启用的营业账簿应缴纳的印花税,在其机构所在地缴纳。其记载资金的账簿,按开行总行核拨的账面资金数额(含资本公积)计税贴花;其他账簿按定额贴花;开行总行的资金账簿按扣除拨给开行各分行资金数额后的其余部分计税贴花。

二、开行各分行签订的贷款合同实行按年汇总缴纳印花税的办法。即年度终了后1个月内,开行各分行向当地地方税务局申报缴纳印花税。同时向税务机关提供财政部《关于核定××××年度基本建设政策性财政贴息预算拨款的通知》和全年贷款合同明细表,经地方税务局对照核实后,对财政贴息的项目贷款合同免征印花税,其余非贴息贷款合同按规定缴纳印花税。

三、实行汇总缴纳的手续,按照《中华人民共和国印花税暂行条例》及其《细则》的有关规定办理。

注释:

条款修改。根据《第十三届全国人民代表大会第一次会议关于国务院机构改革方案的决定》等有关规定,税收规范性文件规定的国税地税机关的职责和工作由新的税务机关承担。国家税务总局依据《税收规范性文件制定管理办法》(国家税务总局令第41号公布),对税收规范性文件进行了清理。参见:《国家税务总局关于修改部分税收规范性文件的公告》(国家税务总局公告2018年第31号)。

3-4-18

国家税务总局关于中国石油天然气集团和中国石油化工集团使用的“成品油配置计划表”有关印花税问题的通知

2002年5月20日　国税函〔2002〕424号

各省、自治区、直辖市和计划单列市地方税务局:

按照中央统一部署和国务院深化石油石化体制改革的要求,中国石油天然气集团和中国石油化工集团(以下简称两大集团)自1999年开始进行了资产重组和改制上市。原有企业的性质、所属关系经过重组改制后发生了很大变化,由此涉及到改制后的两大集团使用的“成品油配置计划表”如何鉴定贴花问题。鉴于两大集团使用的“成品油配置计划表”是根据国家宏观调控要求、落实国家经贸委指标而下达的石油和石油制品配置计划,根据国务院就两大集团重组改制有关税收的指示精神,本着支持企业改革、不增加企业税收负担的原则,经研究,现明确如下:

对两大集团之间、两大集团内部各子公司之间、中国石油天然气股份公司的各子公司之间、中国石油化工股份公司的各子公司之间、中国石油天然气股份公司的分公司与子公司之间、中国石油化工股份公司的分公司与子公司之间互供石油和石油制品所使用的“成品油配置计划表”(或其他名称的表、证、单、书),暂不征收印花税。

3 －4 －19

国家税务总局关于中国信达等四家金融资产管理公司受让或出让上市公司股权免征证券(股票)交易印花税有关问题的通知

2002 年 7 月 23 日　国税发〔2002〕94 号

上海市国家税务局、地方税务局，深圳市国家税务局：

为进一步贯彻落实国务院发布的《金融资产管理公司条例》的有关规定，现就金融资产管理公司(以下简称资产公司)受让或出让上市公司股权行为免征证券(股票)交易印花税有关问题通知如下：

一、资产公司依据财政部、国家税务总局《关于中国信达等四家金融资产管理公司受让或出让上市公司股权免征证券(股票)交易印花税有关问题的通知》(财税〔2001〕10 号)的规定，在其收购、承接和处置的国有银行不良资产范围内的上市公司股权受让或者出让行为，可以报请审核免征证券(股票)交易印花税。

二、资产公司在其收购、承接和处置的国有银行不良资产范围外从事其他经营业务的应税行为，即对不属于第一条范围的股权受让或出让行为，仍应按规定征收证券(股票)交易印花税。

三、办理股权受让或者出让免税事项，由资产公司提交申请报告和所应附的证明文件和材料送国家税务总局审核，经国家税务总局核准下文，由你局送达当地证券登记结算公司执行。

四、资产公司应当在报告中说明从银行不良债权到现有资产形态的形成过程和受让或出让股票的数量、价值金额，并附下列证明文件和材料：

(一)股权受让方、出让方的《企业法人营业执照》副本复印件；

(二)财政部关于股权转让的批复或其他生效的法律文书；

(三)受让方和出让方签订的股权转让协议；

(四)国家税务总局要求提供的其他证明股权资产属于其收购、承接和处置的银行不良资产范围内的相关材料。

本通知自文到之日起执行。

注释：

政策调整。“四家金融资产管理公司受让或出让上市公司股权免征证券交易印花税审核”取消。参见：《国家税务总局关于公布已取消的22项税务非行政许可审批事项的公告》(国家税务总局公告 2015 年第 58 号)。

3－4－20

财政部 国家税务总局关于全国社会保障基金有关印花税政策的通知

2003年7月11日 财税〔2003〕134号

上海、深圳市财政局、国家税务局、地方税务局：

经国务院批准，现对全国社会保障基金理事会（以下简称“社保理事会”）管理的全国社会保障基金（以下简称“社保基金”）的有关证券（股票）交易印花税（以下简称“印花税”）政策通知如下：

一、对社保理事会委托社保基金投资管理人运用社保基金买卖证券应缴纳的印花税实行先征后返。社保理事会定期向财政部、上海市和深圳市财政局提出返还印花税的申请，即按照中央与地方印花税分享比例，属于中央收入部分，向财政部提出申请；属于地方收入部分，向上海市和深圳市财政局提出申请。具体退税程序比照财政部、国家税务总局、中国人民银行《关于税制改革后对某些企业实行“先征后退”有关预算管理问题的暂行规定的通知》〔（94）财预字第55号〕的有关规定办理。

二、对社保基金持有的证券，在社保基金证券账户之间的划拨过户，不属于印花税的征税范围，不征收印花税。

三、本通知自2003年1月1日起执行。

3－4－21

财政部 国家税务总局关于企业改制过程中有关印花税政策的通知

2003年12月8日 财税〔2003〕183号

各省、自治区、直辖市、计划单列市财政厅（局）、地方税务局，新疆生产建设兵团财务局：

为贯彻落实国务院关于支持企业改制的指示精神，规范企业改制过程中有关税收政策，现就经县级以上人民政府及企业主管部门批准改制的企业，在改制过程中涉及的印花税政策通知如下：

一、关于资金账簿的印花税

（一）实行公司制改造的企业在改制过程中成立的新企业（重新办理法人登记的），其新启用的资金账簿记载的资金或因企业建立资本纽带关系而增加的资金，凡原已贴花的部分可不再贴花，未贴花的部分和以后新增加的资金按规定贴花。

公司制改造包括国有企业依《公司法》整体改造成国有独资有限责任公司；企业通过增资扩股或者转让部分产权，实现他人对企业的参股，将企业改造成有限责任公司或股份有限公司；企业以其部分财产和相应债务与他人组建新公司；企业将债务留在原企业，而以其优质财产与他人组建的新公司。

（二）以合并或分立方式成立的新企业，其新启用的资金账簿记载的资金，凡原已贴花的部分可不再贴花，未贴花的部分和以后新增加的资金按规定贴花。

合并包括吸收合并和新设合并。分立包括存续分立和新设分立。

（三）企业债权转股权新增加的资金按规定贴花。

（四）企业改制中经评估增加的资金按规定贴花。

（五）企业其他会计科目记载的资金转为实收资本或资本公积的资金按规定贴花。

二、关于各类应税合同的印花税

企业改制前签订但尚未履行完的各类应税合同，改制后需要变更执行主体的，对仅改变执行主体、其余条款未作变动且改制前已贴花的，不再贴花。

三、关于产权转移书据的印花税

企业因改制签订的产权转移书据免予贴花。

3－4－22

国家税务总局关于国际金融公司免予缴纳印花税问题的通知

2004年3月1日　国税函〔2004〕324号

上海市国家税务局、地方税务局：

近接国际金融公司中国代表处来函，来函称，经我国有关政府部门批准，该公司于2003年3月购买了中国民生银行股份有限公司（以下简称民生银行）1.22%法人股，并与民生银行的股东——东方集团股份有限公司（以下简称东方集团）签署了转让协议。由于民生银行是在上海证券交易所上市的银行，东方集团与国际金融公司签订上述转让协议，需要在中国证券登记结算有限公司上海分公司进行相应的股份转让登记，并且在登记之前，必须支付相关的证券交易印花税。现国际金融公司提出要求，希望根据《国际金融公司协定》第六条第九节的规定，豁免该项交易的印花税。关于国际金融公司提出上述股权交易免予征收印花税问题，现通知如下：

国际金融公司是世界银行集团下属公司，我国为其成员，并且在1984年1月12日发出了对《国际金融公司协议》确认书，同意该协议在我国已被赋予法律效力，承诺对该公司在我国的资产、财产、收益以及公司经营活动和交易，豁免一切税收（包括股权交易印花税）。请你们核实情况，并对有关单位出具免税证明。

3－4－23

国家税务总局关于办理上市公司国有股权无偿转让暂不征收证券(股票)交易印花税有关审批事项的通知

2004年8月2日　国税函〔2004〕941号

上海市国家税务局,深圳市国家税务局:

根据有利于加强税收管理和方便纳税人的原则,现将《国务院关于第三批取消和调整行政审批项目的决定》(国发〔2004〕16号)中列入下放管理层级的“上市公司国有股权无偿转让免征证券(股票)交易印花税的审批项目”实施后,有关政策和审批管理问题通知如下:

一、对经国务院和省级人民政府决定或批准进行的国有(含国有控股)企业改组改制而发生的上市公司国有股权无偿转让行为,暂不征收证券(股票)交易印花税。对不属于上述情况的上市公司国有股权无偿转让行为,仍应征收证券(股票)交易印花税。

二、凡符合暂不征收证券(股票)交易印花税条件的上市公司国有股权无偿转让行为,由转让方或受让方按本通知附件《关于上市公司国有股权无偿转让暂不征收证券(股票)交易印花税申报文件的规定》的要求,报上市公司挂牌交易所所在地的国家税务局审批。

三、上市公司挂牌交易所所在地的国家税务局按规定审批后,应按月将审批文件报国家税务总局备案。在办理上述审批过程中,遇有新情况、发现新问题应及时向国家税务总局报告。

四、国家税务总局将不定期对上市公司挂牌交易所所在地的国家税务局的审批工作进行检查、督导。

五、本规定自2004年7月1日起执行。《国家税务总局关于上市公司国有股权无偿转让征收证券(股票)交易印花税问题的通知》(国税发〔1999〕124号)同时废止。

附件:关于上市公司国有股权无偿转让暂不征收证券(股票)交易印花税申报文件的规定

附件

关于上市公司国有股权无偿转让暂不征收证券(股票)交易印花税申报文件的规定

对上市公司国有股权无偿转让符合本通知第一条规定范围,需要明确暂不征收证券(股票)交易印花税的,须由转让方或受让方按下列要求向上市公司挂牌交易所所在地的国家税务局提出申请报告,具体内容包括:

一、转让方名称、地址、隶属关系、经济性质。

二、受让方名称、地址、隶属关系、经济性质。

三、转让股权的股数和金额、转让形式、批准部门，以及申请暂不征收证券(股票)交易印花税的理由。

四、申请报告应附下列证明文件和材料：

(一)国务院及其授权部门或者省级人民政府关于上市公司国有股权无偿转让的批准文件。

(二)上市公司国有股权无偿转让的可行性研究报告。

(三)受让方的章程。

(四)受让方《企业法人营业执照》副本复印件。

(五)向社会公布的上市公司国有股权无偿转让事宜的预案公告复印件。

注释：

条款修改。根据《第十三届全国人民代表大会第一次会议关于国务院机构改革方案的决定》等有关规定，税收规范性文件规定的国税地税机关的职责和工作由新的税务机关承担。国家税务总局依据《税收规范性文件制定管理办法》(国家税务总局令第 41 号公布)，对税收规范性文件进行了清理。参见：《国家税务总局关于修改部分税收规范性文件的公告》(国家税务总局公告 2018 年第 31 号)。

政策调整。"上市公司国有股权无偿转让免征证券(股票)交易印花税审批"取消。参见：《国家税务总局关于公布已取消的 22 项税务非行政许可审批事项的公告》(国家税务总局公告 2015 年第 58 号)。

3 -4 -24

国家税务总局关于中国信达资产管理公司受让宝硕股份国有股权征免证券(股票)交易印花税问题的通知

2005 年 7 月 22 日 国税函〔2005〕734 号

上海市国家税务局、地方税务局：

近接中国信达资产管理公司《关于免缴宝硕股份股权过户证券交易印花税的申请》(信总报〔2005〕112 号)，现就中国信达资产管理公司受让河北宝硕股份有限公司(以下简称：宝硕股份)股权征收证券(股票)交易印花税问题通知如下：

经审核，中国信达资产管理公司受让河北宝硕集团有限公司持有的宝硕股份 38248296 股国有股权的行为，符合《财政部、国家税务总局关于中国信达等 4 家金融资产管理公司税收政策问题的通知》(财税〔2001〕10 号)和《国家税务总局关于中国信达等四家金融资产管理公司受让或出让上市公司股权免征证券(股票)交易印花税有关问题的通知》(国税发〔2002〕94 号)规定的免税范围，同意对该项股权的受让方中国信达资产管理公司免征证券

(股票)交易印花税。出让方河北宝硕集团有限公司应依法缴纳证券(股票)交易印花税。

3-4-25

国家税务总局关于信达资产管理公司受让金花股份股权过户印花税问题的通知

2005年8月4日　国税函〔2005〕775号

上海市国家税务局、地方税务局：

近接中国信达资产管理公司《关于免缴受让金花股份法人股股权证券交易印花税的请示》(信总报〔2005〕131号)。现就中国信达资产管理公司受让金花股份法人股股权证券(股票)交易印花税的问题通知如下：

经审核,中国信达资产管理公司受让中华巾帼实业开发总公司持有的金花股份557827股法人股股权的行为,已经北京市第一中级人民法院以(2004)一中执字第397-3号民事裁定书裁定,符合《财政部、国家税务总局关于中国信达等4家金融资产管理公司税收政策问题的通知》(财税〔2001〕10号)和《国家税务总局关于中国信达等四家金融资产管理公司受让或出让上市公司股权免征证券(股票)交易印花税有关问题的通知》(国税发〔2002〕94号)规定的免税范围,同意对该项股权的受让方中国信达资产管理公司免征证券(股票)交易印花税。出让方中华巾帼实业开发总公司应依法缴纳证券(股票)交易印花税。

3-4-26

国家税务总局关于信达资产管理公司受让吉林化纤股权过户印花税问题的通知

2005年8月4日　国税函〔2005〕776号

深圳市国家税务局：

近接中国信达资产管理公司《关于免缴受让吉林化纤法人股股权证券交易印花税的请示》(信总报〔2005〕132号)。现就中国信达资产管理公司受让吉林化纤法人股股权证券(股票)交易印花税的问题通知如下：

经审核,中国信达资产管理公司受让吉林建设开发集团公司持有的吉林化纤5100000股法人股股权的行为,已经吉林省长岭县人民法院民事裁定书(2004)长法执字第386-5号裁定,符合《财政部、国家税务总局关于中国信达等4家金融资产管理公司税收政策问题的通知》(财税〔2001〕10号)和《国家税务总局关于中国信达等四家金融资产管理公司受让或出让上市公司股权免征证券(股票)交易印花税有关问题的通知》(国税发〔2002〕94号)规定的免税范围,同意对该项股权的受让方中国信达资产管理公司免征证券(股票)交易印花税。出让方吉林建设开发集团公司应依法缴纳证券(股票)交易印花税。

3－4－27

国家税务总局　铁道部关于铁路货运凭证印花税若干问题的通知

2006年7月12日　国税发〔2006〕101号

各省、自治区、直辖市和计划单列市地方税务局，各铁路局，集装箱、特货公司：

为适应铁路体制改革和铁路网建设的发展变化，有利于铁路货运凭证印花税的征收和管理，现就铁路货运凭证征收印花税有关问题通知如下：

一、纳税人

铁路货运业务中运费结算凭证载明的承、托运双方，均为货运凭证印花税的纳税人。

代办托运业务的代办方在向铁路运输企业交运货物并取得运费结算凭证时，应当代托运方缴纳印花税。代办方与托运方之间办理的运费结算清单，不缴纳印花税。

二、应纳税凭证和计税依据

铁路货运运费结算凭证为印花税应税凭证，包括：

（一）货票（发站发送货物时使用）；

（二）运费杂费收据（到站收取货物运费时使用）；

（三）合资、地方铁路货运运费结算凭证（合资铁路公司、地方铁路单独计算核收本单位管内运费时使用）。

上述凭证中所列运费为印花税的计税依据，包括统一运价运费、特价或加价运费、合资和地方铁路运费、新路均摊费、电力附加费。对分段计费一次核收运费的，以结算凭证所记载的全程运费为计税依据；对分段计费分别核收运费的，以分别核收运费的结算凭证所记载的运费为计税依据。

三、应纳税额的计算和税款代征

以运费金额按万分之五的税率分别计算承、托运双方的应纳税额。税额不足一角的免税，超过一角的四舍五入计算到角。

铁路运输企业在收取货物运杂费的同时必须代征托运方应纳的印花税，并记入运费结算凭证的“印花税”项目内，运费结算凭证不再加盖“印花税代扣专用章”。

四、税款缴纳

铁路运输企业代征的托运方应纳的印花税与铁路运输企业应纳的印花税统一由各铁路运输企业汇总后按下列方式缴入国库。

（一）铁路局（含广铁集团、青藏铁路公司）应纳印花税，依照铁路体制改革前所属原汇总缴纳印花税单位2004年印花税款占铁路局印花税的比例计算（见附表），按季向原汇总缴纳单位所在地的地方税务机关缴纳。对采用异地汇款方式缴纳税款的，原汇总缴纳单位所在地的地方税务机关应通知铁路局将税款直接汇入税务机关在国库开设的“待缴库税款”专户。

（二）集装箱和特货公司货运业务应纳的印花税向总机构所在地税务机关缴纳。

（三）合资铁路公司、地方铁路货运业务应纳的印花税向机构所在地税务机关缴纳。

五、地方税务机关根据国家有关规定，按代征印花税税款金额的5%付给铁路部门代征手续费。手续费由税务机关按规定及时给付，铁路部门不得从代征税款中直接扣除。

六、本通知自2006年8月1日起执行。2006年8月1日以前已经缴纳的税款不再进行调整。《国家税务总局、铁道部关于铁路货运凭证汇总缴纳印花税问题的联合通知》（〔89〕国税地字第94号）、《国家税务总局关于改变铁路国际货运凭证印花税缴纳办法的通知》（国税函发〔1991〕1401号）同时废止。

附件：铁路局货运凭证印花税分配表（编者略）

注释：

条款修改。根据《第十三届全国人民代表大会第一次会议关于国务院机构改革方案的决定》等有关规定，税收规范性文件规定的国税地税机关的职责和工作由新的税务机关承担。国家税务总局依据《税收规范性文件制定管理办法》（国家税务总局令第41号公布），对税收规范性文件进行了清理。参见：《国家税务总局关于修改部分税收规范性文件的公告》（国家税务总局公告2018年第31号）。

3－4－28

财政部　国家税务总局关于证券投资者保护基金有关印花税政策的通知

2006年7月27日　财税〔2006〕104号

各省、自治区、直辖市、计划单列市财政厅（局）、地方税务局，新疆生产建设兵团财务局：

经国务院批准，现对证券投资者保护基金有限责任公司（以下简称保护基金公司）及其管理的证券投资者保护基金（以下简称保护基金）的有关印花税政策通知如下：

一、对保护基金公司新设立的资金账簿免征印花税。

二、对保护基金公司与中国人民银行签订的再贷款合同、与证券公司行政清算机构签订的借款合同，免征印花税。

三、对保护基金公司接收被处置证券公司财产签订的产权转移书据，免征印花税。

四、对保护基金公司以保护基金自有财产和接收的受偿资产与保险公司签订的财产保险合同，免征印花税。

五、对与保护基金公司签订上述应税合同或产权转移书据的其他当事人照章征收印花税。

3 -4 -29

财政部　国家税务总局关于印花税若干政策的通知

2006 年 12 月 27 日　财税〔2006〕162 号

各省、自治区、直辖市、计划单列市财政厅(局)、地方税务局,新疆生产建设兵团财务局:

为适应经济形势发展变化的需要,完善税制,现将印花税有关政策明确如下:

一、对纳税人以电子形式签订的各类应税凭证按规定征收印花税。

二、对发电厂与电网之间、电网与电网之间(国家电网公司系统、南方电网公司系统内部各级电网互供电量除外)签订的购售电合同按购销合同征收印花税。电网与用户之间签订的供用电合同不属于印花税列举征税的凭证,不征收印花税。

三、对土地使用权出让合同、土地使用权转让合同按产权转移书据征收印花税。

四、对商品房销售合同按照产权转移书据征收印花税。

3 -4 -30

国家税务总局关于企业集团内部使用的有关凭证征收印花税问题的通知

2009 年 1 月 5 日　国税函〔2009〕9 号

各省、自治区、直辖市和计划单列市地方税务局:

据有关地区和企业反映,一些企业集团内部在经销和调拨商品物资时使用的各种形式的凭证(表、证、单、书、卡等),既有作为企业集团内部执行计划使用的,又有代替合同使用的。根据《中华人民共和国印花税暂行条例》及有关规定,现将企业集团内部使用的有关凭证如何界定征收印花税的问题通知如下:

对于企业集团内具有平等法律地位的主体之间自愿订立、明确双方购销关系、据以供货和结算、具有合同性质的凭证,应按规定征收印花税。对于企业集团内部执行计划使用的、不具有合同性质的凭证,不征收印花税。

3－4－31

财政部　国家税务总局关于境内证券市场转持部分国有股充实全国社会保障基金有关证券(股票)交易印花税政策的通知

2009年8月10日　财税〔2009〕103号

上海、深圳市财政局、国家税务局、地方税务局:

经国务院批准,对有关国有股东按照《境内证券市场转持部分国有股充实全国社会保障基金实施办法》(财企〔2009〕94号)向全国社会保障基金理事会转持国有股,免征证券(股票)交易印花税。

3－4－32

财政部　国家税务总局关于中国烟草总公司理顺资产管理体制过程中有关印花税问题的通知

2009年10月20日　财税〔2009〕127号

各省、自治区、直辖市、计划单列市财政厅(局)、地方税务局,新疆生产建设兵团财务局:

经国务院批准,现对中国烟草总公司在资产管理体制改革过程中涉及的印花税问题通知如下:

一、根据《财政部、国家税务总局关于企业改制过程中有关印花税政策的通知》(财税〔2003〕183号)规定,对中国烟草总公司下属单位原列为"实收资本"和"资本公积"科目,改制时计入中国烟草总公司和省级公司"资本公积"科目的资金,原已贴花的部分不再贴花。

二、对中国烟草总公司下属单位原列为"盈余公积"和"未分配利润"科目,改制时计入中国烟草总公司和省级公司"资本公积"科目的资金涉及的资金账簿印花税予以免征。

请遵照执行。

3－4－33

国家税务总局关于中国海洋石油总公司使用的“成品油配置计划表”有关印花税问题的公告

2012年12月28日 国家税务总局公告2012年第58号

中国海洋石油总公司（以下简称中国海油集团）与中国石油天然气集团、中国石油化工集团在石油和石油制品的保障和供应上，面临相同的国家宏观调控要求和监管要求，为体现公平原则，现对中国海油集团有关印花税问题公告如下：

中国海油集团与中国石油天然气集团、中国石油化工集团之间，中国海油集团内部各子公司之间，中国海油集团的各分公司和子公司之间互供石油和石油制品所使用的“成品油配置计划表”（或其他名称的表、证、单、书），暂不征收印花税。

本公告自2013年2月1日起施行。本公告生效前尚未处理的可以按本规定执行。

特此公告。

3－4－34

国家税务总局关于证券交易印花税完税凭证有关问题的公告

2014年10月22日 国家税务总局公告2014年第60号

为妥善解决证券市场创新业务带来的证券交易印花税征收管理和税收票证管理问题，方便纳税人办理涉税事宜，保障纳税人对税款缴纳情况的知情权和取得完税凭证，根据《税收票证管理办法》（国家税务总局令第28号）的规定，现将证券交易印花税完税凭证有关问题公告如下：

证券交易场所和证券登记结算机构扣缴证券交易印花税，应当在证券公司给参与集中交易的投资者开具的“成交过户交割凭单”（以下简称交割单）、证券登记结算机构或证券公司给办理非集中交易过户登记的投资者开具的“过户登记确认书”（以下简称确认书）中注明应予扣收税款的计税金额、税率和扣收税款的金额，交割单、确认书应加盖开具单位的相关业务章戳。已注明扣收税款信息的交割单、确认书可以作为纳税人已完税的证明。

纳税人需要另外再开具正式完税凭证的，可以凭交割单或确认书，连同税务登记证副本或纳税人身份证明材料，向证券交易场所和证券登记结算机构所在地的主管税务机关要求开具《税收完税证明》。为保证纳税人依法取得正式完税凭证，证券交易场所和证券登记结算机构应当将扣缴证券交易印花税的纳税人明细信息及时报送主管税务机关。

本公告自2014年12月1日起施行。《国家税务总局关于向纳税人提供证券交易印花税完税凭证有关问题的批复》(国税函〔2008〕983号)同时废止。

特此公告。

3－4－35

国家税务总局关于两项证券(股票)交易印花税非行政许可审批取消后有关管理问题的公告

2015年9月14日　国家税务总局公告2015年第63号

根据《国家税务总局关于公布已取消的22项税务非行政许可审批事项的公告》(国家税务总局公告2015年第58号)规定,现将上市公司国有股权无偿转让免征证券(股票)交易印花税和中国信达等四家金融资产管理公司出让上市公司股权免征证券(股票)交易印花税两项非行政许可审批取消后有关管理问题公告如下:

一、证券市场所在地主管税务机关(北京、上海、深圳市国家税务局)在证券登记结算公司营业部柜台建立《上市公司国有股权无偿转让免征证券(股票)交易印花税股权过户情况登记簿》和《四家金融资产管理公司出让上市公司股权免征证券(股票)交易印花税股权过户情况登记簿》(以下统称《登记簿》,见附件)。

二、具体操作规程

(一)申请人(转让方,下同)负责填写股权变更的相关事项内容;

(二)证券市场所在地主管税务机关委托当地证券登记结算公司对申请人登记填写内容逐笔验证后再办理相关手续;

(三)证券市场所在地主管税务机关定期核对《登记簿》填写的内容;

(四)年度终了后,证券登记结算公司将《登记簿》交由所在地主管税务机关备查。

三、自2015年起,证券市场所在地主管税务机关应当在年度终了后一个月内,按照上述要求对《登记簿》登记的内容进行汇总和分析,并将主要情况书面上报国家税务总局。

本公告自发布之日起施行。

特此公告。

附件:1. 上市公司国有股权无偿转让免征证券(股票)交易印花税股权过户情况登记簿(编者略)

2. 四家金融资产管理公司出让上市公司股权免征证券(股票)交易印花税股权过户情况登记簿(编者略)

注释:

条款修改。根据《第十三届全国人民代表大会第一次会议关于国务院机构改革方案的决定》等有关规定，税收规范性文件规定的国税地税机关的职责和工作由新的税务机关承担。国家税务总局依据《税收规范性文件制定管理办法》（国家税务总局令第41号公布），对税收规范性文件进行了清理。参见：《国家税务总局关于修改部分税收规范性文件的公告》（国家税务总局公告2018年第31号）。

3-4-36

财政部　国家税务总局关于融资租赁合同有关印花税政策的通知

2015年12月24日　财税〔2015〕144号

各省、自治区、直辖市、计划单列市财政厅（局）、地方税务局，西藏、宁夏回族自治区国家税务局，新疆生产建设兵团财务局：

根据《国务院办公厅关于加快融资租赁业发展的指导意见》（国办发〔2015〕68号）有关规定，为促进融资租赁业健康发展，公平税负，现就融资租赁合同有关印花税政策通知如下：

一、对开展融资租赁业务签订的融资租赁合同（含融资性售后回租），统一按照其所载明的租金总额依照“借款合同”税目，按万分之零点五的税率计税贴花。

二、在融资性售后回租业务中，对承租人、出租人因出售租赁资产及购回租赁资产所签订的合同，不征收印花税。

三、本通知自印发之日起执行。此前未处理的事项，按照本通知规定执行。

请遵照执行。

3-4-37

国务院关于调整证券交易印花税中央与地方分享比例的通知

2015年12月31日　国发明电〔2015〕3号

各省、自治区、直辖市人民政府，国务院各部委、各直属机构：

为妥善处理中央与地方的财政分配关系，国务院决定，从2016年1月1日起，将证券交易印花税由现行按中央97%、地方3%比例分享全部调整为中央收入。有关地区和部门要从全局出发，继续做好证券交易印花税的征收管理工作，进一步促进我国证券市场长期稳定健康发展。

3－4－38

财政部　税务总局关于减半征收证券交易印花税的公告

2023年8月27日　财政部　税务总局公告2023年第39号

为活跃资本市场、提振投资者信心，自2023年8月28日起，证券交易印花税实施减半征收。

特此公告。

5

资源税

3－5－1

中华人民共和国资源税法

2019年8月26日第十三届全国人民代表大会常务委员会
第十二次会议通过　同日中华人民共和国主席令第33号公布

第一条　在中华人民共和国领域和中华人民共和国管辖的其他海域开发应税资源的单位和个人，为资源税的纳税人，应当依照本法规定缴纳资源税。

应税资源的具体范围，由本法所附《资源税税目税率表》（以下称《税目税率表》）确定。

第二条　资源税的税目、税率，依照《税目税率表》执行。

《税目税率表》中规定实行幅度税率的，其具体适用税率由省、自治区、直辖市人民政府统筹考虑该应税资源的品位、开采条件以及对生态环境的影响等情况，在《税目税率表》规定的税率幅度内提出，报同级人民代表大会常务委员会决定，并报全国人民代表大会常务委员会和国务院备案。《税目税率表》中规定征税对象为原矿或者选矿的，应当分别确定具体适用税率。

第三条　资源税按照《税目税率表》实行从价计征或者从量计征。

《税目税率表》中规定可以选择实行从价计征或者从量计征的，具体计征方式由省、自治区、直辖市人民政府提出，报同级人民代表大会常务委员会决定，并报全国人民代表大会常务委员会和国务院备案。

实行从价计征的，应纳税额按照应税资源产品（以下称应税产品）的销售额乘以具体适用税率计算。实行从量计征的，应纳税额按照应税产品的销售数量乘以具体适用税率计算。

应税产品为矿产品的，包括原矿和选矿产品。

第四条　纳税人开采或者生产不同税目应税产品的，应当分别核算不同税目应税产品的销售额或者销售数量；未分别核算或者不能准确提供不同税目应税产品的销售额或者销售数量的，从高适用税率。

第五条　纳税人开采或者生产应税产品自用的，应当依照本法规定缴纳资源税；但是，自用于连续生产应税产品的，不缴纳资源税。

第六条　有下列情形之一的，免征资源税：

（一）开采原油以及在油田范围内运输原油过程中用于加热的原油、天然气；

（二）煤炭开采企业因安全生产需要抽采的煤成（层）气。

有下列情形之一的，减征资源税：

（一）从低丰度油气田开采的原油、天然气，减征百分之二十资源税；

（二）高含硫天然气、三次采油和从深水油气田开采的原油、天然气，减征百分之三十资源税；

（三）稠油、高凝油减征百分之四十资源税；

（四）从衰竭期矿山开采的矿产品，减征百分之三十资源税。

根据国民经济和社会发展需要,国务院对有利于促进资源节约集约利用、保护环境等情形可以规定免征或者减征资源税,报全国人民代表大会常务委员会备案。

第七条 有下列情形之一的,省、自治区、直辖市可以决定免征或者减征资源税:

(一)纳税人开采或者生产应税产品过程中,因意外事故或者自然灾害等原因遭受重大损失;

(二)纳税人开采共伴生矿、低品位矿、尾矿。

前款规定的免征或者减征资源税的具体办法,由省、自治区、直辖市人民政府提出,报同级人民代表大会常务委员会决定,并报全国人民代表大会常务委员会和国务院备案。

第八条 纳税人的免税、减税项目,应当单独核算销售额或者销售数量;未单独核算或者不能准确提供销售额或者销售数量的,不予免税或者减税。

第九条 资源税由税务机关依照本法和《中华人民共和国税收征收管理法》的规定征收管理。

税务机关与自然资源等相关部门应当建立工作配合机制,加强资源税征收管理。

第十条 纳税人销售应税产品,纳税义务发生时间为收讫销售款或者取得索取销售款凭据的当日;自用应税产品的,纳税义务发生时间为移送应税产品的当日。

第十一条 纳税人应当向应税产品开采地或者生产地的税务机关申报缴纳资源税。

第十二条 资源税按月或者按季申报缴纳;不能按固定期限计算缴纳的,可以按次申报缴纳。

纳税人按月或者按季申报缴纳的,应当自月度或者季度终了之日起十五日内,向税务机关办理纳税申报并缴纳税款;按次申报缴纳的,应当自纳税义务发生之日起十五日内,向税务机关办理纳税申报并缴纳税款。

第十三条 纳税人、税务机关及其工作人员违反本法规定的,依照《中华人民共和国税收征收管理法》和有关法律法规的规定追究法律责任。

第十四条 国务院根据国民经济和社会发展需要,依照本法的原则,对取用地表水或者地下水的单位和个人试点征收水资源税。征收水资源税的,停止征收水资源费。

水资源税根据当地水资源状况、取用水类型和经济发展等情况实行差别税率。

水资源税试点实施办法由国务院规定,报全国人民代表大会常务委员会备案。

国务院自本法施行之日起五年内,就征收水资源税试点情况向全国人民代表大会常务委员会报告,并及时提出修改法律的建议。

第十五条 中外合作开采陆上、海上石油资源的企业依法缴纳资源税。

2011 年 11 月 1 日前已依法订立中外合作开采陆上、海上石油资源合同的,在该合同有效期内,继续依照国家有关规定缴纳矿区使用费,不缴纳资源税;合同期满后,依法缴纳资源税。

第十六条 本法下列用语的含义是:

(一)低丰度油气田,包括陆上低丰度油田、陆上低丰度气田、海上低丰度油田、海上低丰度气田。陆上低丰度油田是指每平方公里原油可开采储量丰度低于二十五万立方米的油田;陆上低丰度气田是指每平方公里天然气可开采储量丰度低于二亿五千万立方米的气田;海上低丰度油田是指每平方公里原油可开采储量丰度低于六十万立方米的油田;海上低丰度气田是指每平方公里天然气可开采储量丰度低于六亿立方米的气田。

（二）高含硫天然气，是指硫化氢含量在每立方米三十克以上的天然气。

（三）三次采油，是指二次采油后继续以聚合物驱、复合驱、泡沫驱、气水交替驱、二氧化碳驱、微生物驱等方式进行采油。

（四）深水油气田，是指水深超过三百米的油气田。

（五）稠油，是指地层原油粘度大于或等于每秒五十毫帕或原油密度大于或等于每立方厘米零点九二克的原油。

（六）高凝油，是指凝固点高于四十摄氏度的原油。

（七）衰竭期矿山，是指设计开采年限超过十五年，且剩余可开采储量下降到原设计可开采储量的百分之二十以下或者剩余开采年限不超过五年的矿山。衰竭期矿山以开采企业下属的单个矿山为单位确定。

第十七条 本法自2020年9月1日起施行。1993年12月25日国务院发布的《中华人民共和国资源税暂行条例》同时废止。

附：

资源税税目税率表

税目			征税对象	税率
能源矿产	原油		原矿	6%
	天然气、页岩气、天然气水合物		原矿	6%
	煤		原矿或者选矿	2% ~10%
	煤成（层）气		原矿	1% ~2%
	铀、钍		原矿	4%
	油页岩、油砂、天然沥青、石煤		原矿或者选矿	1% ~4%
	地热		原矿	1% ~2%或者每立方米1~30元
金属矿产	黑色金属	铁、锰、铬、钒、钛	原矿或者选矿	1% ~9%
	有色金属	铜、铅、锌、锡、镍、锑、镁、钴、铋、汞	原矿或者选矿	2% ~10%
		铝土矿	原矿或者选矿	2% ~9%
		钨	选矿	6.5%
		钼	选矿	8%
		金、银	原矿或者选矿	2% ~6%
		铂、钯、钌、锇、铱、铑	原矿或者选矿	5% ~10%
		轻稀土	选矿	7% ~12%
		中重稀土	选矿	20%
		铍、锂、锆、锶、铷、铯、铌、钽、锗、镓、铟、铊、铪、铼、镉、硒、碲	原矿或者选矿	2% ~10%

续表

税目			征税对象	税率
非金属矿产	矿物类	高岭土	原矿或者选矿	1% ~6%
		石灰岩	原矿或者选矿	1% ~6% 或者每吨(或者每立方米)1 ~10 元
		磷	原矿或者选矿	3% ~8%
		石墨	原矿或者选矿	3% ~12%
		萤石、硫铁矿、自然硫	原矿或者选矿	1% ~8%
		天然石英砂、脉石英、粉石英、水晶、工业用金刚石、冰洲石、蓝晶石、硅线石(矽线石)、长石、滑石、刚玉、菱镁矿、颜料矿物、天然碱、芒硝、钠硝石、明矾石、砷、硼、碘、溴、膨润土、硅藻土、陶瓷土、耐火粘土、铁矾土、凹凸棒石粘土、海泡石粘土、伊利石粘土、累托石粘土	原矿或者选矿	1% ~12%
		叶蜡石、硅灰石、透辉石、珍珠岩、云母、沸石、重晶石、毒重石、方解石、蛭石、透闪石、工业用电气石、白垩、石棉、蓝石棉、红柱石、石榴子石、石膏	原矿或者选矿	2% ~12%
		其他粘土(铸型用粘土、砖专用粘土、陶粒用粘土、水泥配料用粘土、水泥配料用红土、水泥配料用黄土、水泥配料用泥岩、保温材料用粘土)	原矿或者选矿	1% ~5% 或者每吨(或者每立方米)0.1 ~5 元
	岩石类	水理岩、花岗岩、白云岩、石英岩、砂岩、辉绿岩、安山岩、闪长岩、板岩、玄武岩、片麻岩、角闪岩、页岩、浮石、凝灰岩、黑曜岩、霞石正长岩、蛇纹岩、麦饭石、泥灰岩、含钾岩石、含钾砂页岩、天然油石、橄榄岩、松脂岩、粗面岩、辉长岩、辉石岩、正长岩、火山灰、火山渣、泥炭	原矿或者选矿	1% ~10%
		砂石	原矿或者选矿	1% ~5% 或者每吨(或者每立方米)0.1 ~5 元
	宝玉石类	宝石、玉石、宝石级金刚石、玛瑙、黄玉、碧玺	原矿或者选矿	4% ~20%
水气矿产	二氧化碳气、硫化氢气、氦气、氡气		原矿	2% ~5%
	矿泉水		原矿	1% ~20% 或者每立方米 1 ~30 元
盐	钠盐、钾盐、镁盐、锂盐		选矿	8% ~15%
	天然卤水		原矿	1% ~5% 或者每吨(或者每立方米)1 ~10 元
	海盐			2% ~5%

3－5－2

财政部　税务总局关于继续执行的资源税优惠政策的公告

2020 年 6 月 24 日　财政部　税务总局公告 2020 年第 32 号

《中华人民共和国资源税法》已由第十三届全国人民代表大会常务委员会第十二次会议于 2019 年 8 月 26 日通过，自 2020 年 9 月 1 日起施行。为贯彻落实资源税法，现将税法施行后继续执行的资源税优惠政策公告如下：

1. 对青藏铁路公司及其所属单位运营期间自采自用的砂、石等材料免征资源税。具体操作按《财政部　国家税务总局关于青藏铁路公司运营期间有关税收等政策问题的通知》（财税〔2007〕11 号）第三条规定执行。

2. 自 2018 年 4 月 1 日至 2021 年 3 月 31 日，对页岩气资源税减征 30%。具体操作按《财政部　国家税务总局关于对页岩气减征资源税的通知》（财税〔2018〕26 号）规定执行。

3. 自 2019 年 1 月 1 日至 2021 年 12 月 31 日，对增值税小规模纳税人可以在 50% 的税额幅度内减征资源税。具体操作按《财政部　税务总局关于实施小微企业普惠性税收减免政策的通知》（财税〔2019〕13 号）有关规定执行。

4. 自 2014 年 12 月 1 日至 2023 年 8 月 31 日，对充填开采置换出来的煤炭，资源税减征 50%。

特此公告。

3－5－3

财政部　税务总局关于资源税有关问题执行口径的公告

2020 年 6 月 28 日　财政部　税务总局公告 2020 年第 34 号

为贯彻落实《中华人民共和国资源税法》，现将资源税有关问题执行口径公告如下：

一、资源税应税产品（以下简称应税产品）的销售额，按照纳税人销售应税产品向购买方收取的全部价款确定，不包括增值税税款。

计入销售额中的相关运杂费用，凡取得增值税发票或者其他合法有效凭据的，准予从销售额中扣除。相关运杂费用是指应税产品从坑口或者洗选（加工）地到车站、码头或者购买方指定地点的运输费用、建设基金以及随运销产生的装卸、仓储、港杂费用。

二、纳税人自用应税产品应当缴纳资源税的情形，包括纳税人以应税产品用于非货币性资产交换、捐赠、偿债、赞助、集资、投资、广告、样品、职工福利、利润分配或者连续生产非应税产品等。

三、纳税人申报的应税产品销售额明显偏低且无正当理由的，或者有自用应税产品行为而无销售额的，主管税务机关可以按下列方法和顺序确定其应税产品销售额：

（一）按纳税人最近时期同类产品的平均销售价格确定。

（二）按其他纳税人最近时期同类产品的平均销售价格确定。

（三）按后续加工非应税产品销售价格，减去后续加工环节的成本利润后确定。

（四）按应税产品组成计税价格确定。

组成计税价格 = 成本 ×（1 + 成本利润率）÷（1 – 资源税税率）

上述公式中的成本利润率由省、自治区、直辖市税务机关确定。

（五）按其他合理方法确定。

四、应税产品的销售数量，包括纳税人开采或者生产应税产品的实际销售数量和自用于应当缴纳资源税情形的应税产品数量。

五、纳税人外购应税产品与自采应税产品混合销售或者混合加工为应税产品销售的，在计算应税产品销售额或者销售数量时，准予扣减外购应税产品的购进金额或者购进数量；当期不足扣减的，可结转下期扣减。纳税人应当准确核算外购应税产品的购进金额或者购进数量，未准确核算的，一并计算缴纳资源税。

纳税人核算并扣减当期外购应税产品购进金额、购进数量，应当依据外购应税产品的增值税发票、海关进口增值税专用缴款书或者其他合法有效凭据。

六、纳税人开采或者生产同一税目下适用不同税率应税产品的，应当分别核算不同税率应税产品的销售额或者销售数量；未分别核算或者不能准确提供不同税率应税产品的销售额或者销售数量的，从高适用税率。

七、纳税人以自采原矿（经过采矿过程采出后未进行选矿或者加工的矿石）直接销售，或者自用于应当缴纳资源税情形的，按照原矿计征资源税。

纳税人以自采原矿洗选加工为选矿产品（通过破碎、切割、洗选、筛分、磨矿、分级、提纯、脱水、干燥等过程形成的产品，包括富集的精矿和研磨成粉、粒级成型、切割成型的原矿加工品）销售，或者将选矿产品自用于应当缴纳资源税情形的，按照选矿产品计征资源税，在原矿移送环节不缴纳资源税。对于无法区分原生岩石矿种的粒级成型砂石颗粒，按照砂石税目征收资源税。

八、纳税人开采或者生产同一应税产品，其中既有享受减免税政策的，又有不享受减免税政策的，按照免税、减税项目的产量占比等方法分别核算确定免税、减税项目的销售额或者销售数量。

九、纳税人开采或者生产同一应税产品同时符合两项或者两项以上减征资源税优惠政策的，除另有规定外，只能选择其中一项执行。

十、纳税人应当在矿产品的开采地或者海盐的生产地缴纳资源税。

十一、海上开采的原油和天然气资源税由海洋石油税务管理机构征收管理。

十二、本公告自2020年9月1日起施行。《财政部　国家税务总局关于实施煤炭资源税改革的通知》（财税〔2014〕72号）、《财政部　国家税务总局关于调整原油天然气资源税有关政策的通知》（财税〔2014〕73号）、《财政部　国家税务总局关于实施稀土钨钼资源税从价计征改革的通知》（财税〔2015〕52号）、《财政部　国家税务总局关于全面推进资源税改革的通知》(财税〔2016〕53号)、《财政部　国家税务总局关于资源税改革具体政策问题的通知》(财税〔2016〕54号)同时废止。

3－5－4

国家税务总局关于资源税征收管理若干问题的公告

2020年8月28日　国家税务总局公告2020年第14号

为规范资源税征收管理,根据《中华人民共和国资源税法》《中华人民共和国税收征收管理法》及其实施细则、《财政部　税务总局关于资源税有关问题执行口径的公告》(2020年第34号)等相关规定,现就有关事项公告如下:

一、纳税人以外购原矿与自采原矿混合为原矿销售,或者以外购选矿产品与自产选矿产品混合为选矿产品销售的,在计算应税产品销售额或者销售数量时,直接扣减外购原矿或者外购选矿产品的购进金额或者购进数量。

纳税人以外购原矿与自采原矿混合洗选加工为选矿产品销售的,在计算应税产品销售额或者销售数量时,按照下列方法进行扣减:

准予扣减的外购应税产品购进金额(数量)＝外购原矿购进金额(数量)×(本地区原矿适用税率÷本地区选矿产品适用税率)

不能按照上述方法计算扣减的,按照主管税务机关确定的其他合理方法进行扣减。

二、纳税人申报资源税时,应当填报《资源税纳税申报表》(见附件)。

三、纳税人享受资源税优惠政策,实行"自行判别、申报享受、有关资料留存备查"的办理方式,另有规定的除外。纳税人对资源税优惠事项留存材料的真实性和合法性承担法律责任。

四、本公告自2020年9月1日起施行。《国家税务总局关于发布修订后的〈资源税若干问题的规定〉的公告》(2011年第63号),《国家税务总局关于发布〈中外合作及海上自营油气田资源税纳税申报表〉的公告》(2012年第3号),《国家税务总局　国家能源局关于落实煤炭资源税优惠政策若干事项的公告》(2015年第21号,国家税务总局公告2018年第31号修改),《国家税务总局关于发布修订后的〈资源税纳税申报表〉的公告》(2016年第38号)附件2、附件3、附件4,《国家税务总局　自然资源部关于落实资源税改革优惠政策若干事项的公告》(2017年第2号,国家税务总局公告2018年第31号修改),《国家税务总局关于发布〈资源税征收管理规程〉的公告》(2018年第13号),《国家税务总局关于增值税小规模纳税人地方税种和相关附加减征政策有关征管问题的公告》(2019年第5号)发布的资源税纳税申报表同时废止。

特此公告。

附件:资源税纳税申报表(编者略)

注释:

条款废止。附件自2021年6月1日起废止。参见:《国家税务总局关于简并税费申报有关事项的公告》(国家税务总局公告2021年第9号)。

※　　※　　※　　※

3－5－5

财政部　国家税务总局　水利部关于印发《水资源税改革试点暂行办法》的通知

2016年5月9日　财税〔2016〕55号

河北省人民政府：

根据党中央、国务院决策部署，自2016年7月1日起在你省实施水资源税改革试点。现将《水资源税改革试点暂行办法》印发给你省，请遵照执行。

请你省按照本通知要求，切实做好水资源税改革试点工作，建立健全工作机制，及时制定实施方案和配套政策，精心组织、周密安排，确保改革试点顺利进行。对试点中出现的新情况新问题，要研究采取适当措施妥善加以解决。重大政策问题及时向财政部、国家税务总局、水利部报告。

附件

水资源税改革试点暂行办法

第一条　为促进水资源节约、保护和合理利用，根据党中央、国务院决策部署，制定本办法。

第二条　本办法适用于河北省。

第三条　利用取水工程或者设施直接从江河、湖泊（含水库）和地下取用地表水、地下水的单位和个人，为水资源税纳税人。

纳税人应按《中华人民共和国水法》、《取水许可和水资源费征收管理条例》等规定申领取水许可证。

第四条　水资源税的征税对象为地表水和地下水。

地表水是陆地表面上动态水和静态水的总称，包括江、河、湖泊（含水库）、雪山融水等水资源。

地下水是埋藏在地表以下各种形式的水资源。

第五条　水资源税实行从量计征。应纳税额计算公式：

应纳税额＝取水口所在地税额标准×实际取用水量。

水力发电和火力发电贯流式取用水量按照实际发电量确定。

第六条　按地表水和地下水分类确定水资源税适用税额标准。

地表水分为农业、工商业、城镇公共供水、水力发电、火力发电贯流式、特种行业及其他取用地表水。地下水分为农业、工商业、城镇公共供水、特种行业及其他取用地下水。

特种行业取用水包括洗车、洗浴、高尔夫球场、滑雪场等取用水。

河北省可以在上述分类基础上，结合本地区水资源状况、产业结构和调整方向等进行细化分类。

第七条 对水力发电和火力发电贯流式以外的取用水设置最低税额标准，地表水平均不低于每立方米 0.4 元，地下水平均不低于每立方米 1.5 元。

水力发电和火力发电贯流式取用水的税额标准为每千瓦小时 0.005 元。

具体取用水分类及适用税额标准由河北省人民政府提出建议，报财政部会同有关部门确定核准。

第八条 对取用地下水从高制定税额标准。

对同一类型取用水，地下水水资源税税额标准要高于地表水，水资源紧缺地区地下水水资源税税额标准要大幅高于地表水。

超采地区的地下水水资源税税额标准要高于非超采地区，严重超采地区的地下水水资源税税额标准要大幅高于非超采地区。在超采地区和严重超采地区取用地下水（不含农业生产取用水和城镇公共供水取水）的具体适用税额标准，由河北省人民政府在非超采地区税额标准 2 ~5 倍幅度内提出建议，报财政部会同有关部门确定核准；超过 5 倍的，报国务院备案。

城镇公共供水管网覆盖范围内取用地下水的，水资源税税额标准要高于公共供水管网未覆盖地区，原则上要高于当地同类用途的城市供水价格。

第九条 对特种行业取用水，从高制定税额标准。

第十条 对超计划或者超定额取用水，从高制定税额标准。除水力发电、城镇公共供水取用水外，取用水单位和个人超过水行政主管部门批准的计划（定额）取用水量，在原税额标准基础上加征 1 ~3 倍，具体办法由河北省人民政府提出建议，报财政部会同有关部门确定核准；加征超过 3 倍的，报国务院备案。

第十一条 对超过规定限额的农业生产取用水，以及主要供农村人口生活用水的集中式饮水工程取用水，从低制定税额标准。

农业生产取用水包括种植业、畜牧业、水产养殖业、林业取用水。

第十二条 对企业回收利用的采矿排水（疏干排水）和地温空调回用水，从低制定税额标准。

第十三条 对下列取用水减免征收水资源税：

（一）对规定限额内的农业生产取用水，免征水资源税。

（二）对取用污水处理回用水、再生水等非常规水源，免征水资源税。

（三）财政部、国家税务总局规定的其他减税和免税情形。

第十四条 水资源税由地方税务机关依照《中华人民共和国税收征收管理法》和本办法有关规定征收管理。

第十五条 水资源税的纳税义务发生时间为纳税人取用水资源的当日。

第十六条 水资源税按季或者按月征收，由主管税务机关根据实际情况确定。不能按固定期限计算纳税的，可以按次申报纳税。

第十七条 在河北省区域内取用水的，水资源税由取水审批部门所在地的地方税务机关征收。其中，由流域管理机构审批取用水的，水资源税由取水口所在地的地方税务机关征收。

在河北省内纳税地点需要调整的，由省级地方税务机关决定。

第十八条 按照国务院或其授权部门批准的跨省、自治区、直辖市水量分配方案调度的水资源，水资源税由调入区域取水审批部门所在地的地方税务机关征收。

第十九条 建立地方税务机关与水行政主管部门协作征税机制。

水行政主管部门应当定期向地方税务机关提供取水许可情况和超计划（定额）取用水量，并协助地方税务机关审核纳税人实际取用水的申报信息。

纳税人根据水行政主管部门核准的实际取用水量向地方税务机关申报纳税，地方税务机关将纳税人相关申报信息与水行政主管部门核准的信息进行比对，并根据核实后的信息征税。

水资源税征管过程中发现问题的，地方税务机关和水行政主管部门联合进行核查。

第二十条 河北省开征水资源税后，将水资源费征收标准降为零。

第二十一条 水资源税改革试点期间，水行政主管部门相关经费支出由同级财政预算统筹安排和保障。对原有水资源费征管人员，由地方政府统筹做好安排。

第二十二条 河北省人民政府根据本办法制定具体实施办法，报国务院备案。

第二十三条 水资源税改革试点期间涉及的有关政策，由财政部、国家税务总局研究确定。

第二十四条 本办法自2016年7月1日起实施。

3－5－6

财政部　国家税务总局　水利部关于
河北省水资源税改革试点有关政策的通知

2016年12月1日　财税〔2016〕130号

河北省财政厅、地方税务局、水利厅：

为确保河北省水资源税改革试点工作顺利进行，根据《财政部　国家税务总局　水利部关于印发〈水资源税改革试点暂行办法〉的通知》（财税〔2016〕55号）有关规定，现就水资源税改革试点有关政策问题明确如下：

一、关于火力发电征税问题

对火力发电贯流式冷却取用水，按照实际发电量和适用税额标准征收水资源税；对火力发电循环式冷却取用水，按照实际取用水量和适用税额标准征收水资源税。

火力发电贯流式冷却取用水，是指发电厂从江河、湖泊（含水库）等水源取水，并对机组冷却后将水直接排入水源的取用水方式。

火力发电循环式冷却取用水，是指发电厂从江河、湖泊（含水库）、地下取水并引入自建冷却水塔，对机组冷却后返回冷却水塔循环利用的取用水方式。

二、关于农村生活集中式饮水工程征税范围问题

供水规模在1000立方米/天或供水对象1万人以上的农村生活集中式供水工程，为农村生活集中式饮水工程征税范围。

三、关于疏干排水征税问题

对疏干排水按排水量征收水资源税。疏干排水是指在采矿和工程建设过程中，为保障地下工程施工和生产安全，将地下涌水排出的行为。

四、关于免税政策问题

对军队、武警部队通过自备井取用地下水暂免征收水资源税。对抽水蓄能发电取用水暂免征收水资源税。

五、关于城镇公共供水企业水资源税计入供水成本问题

为保证城镇公共供水企业正常运营，城镇公共供水企业缴纳的水资源税应计入供水成本。具体由你省相关部门协调做好相关工作。

六、其他问题

对改革试点中涉及的有关具体操作和执行问题，包括省内跨行政区收入分配、开发区和产业园区适用税额标准、划定城镇公共供水管网覆盖范围、预交水资源费处理、水利部门经费保障等，由你省相关部门协商提出处理意见，报省人民政府核准后实施。

请遵照执行。

3-5-7

财政部　税务总局　水利部关于印发《扩大水资源税改革试点实施办法》的通知

2017年11月24日　财税〔2017〕80号

北京市、天津市、山西省、内蒙古自治区、山东省、河南省、四川省、陕西省、宁夏回族自治区人民政府：

为全面贯彻落实党的十九大精神，推进资源全面节约和循环利用，推动形成绿色发展方式和生活方式，按照党中央、国务院决策部署，自2017年12月1日起在北京、天津、山西、内蒙古、山东、河南、四川、陕西、宁夏等9个省（自治区、直辖市）扩大水资源税改革试点。现将《扩大水资源税改革试点实施办法》印发给你们，请遵照执行。

请你们加强对水资源税改革试点工作的领导，结合实际及时制定具体实施方案，落实工作任务和责任，精心组织、周密安排，确保试点工作顺利进行。要积极探索创新，研究重大政策问题，及时向财政部、税务总局、水利部报告试点工作进展情况。

附件：扩大水资源税改革试点实施办法

附件

扩大水资源税改革试点实施办法

第一条 为全面贯彻落实党的十九大精神，按照党中央、国务院决策部署，加强水资源管理和保护，促进水资源节约与合理开发利用，制定本办法。

第二条 本办法适用于北京市、天津市、山西省、内蒙古自治区、河南省、山东省、四川省、陕西省、宁夏回族自治区（以下简称试点省份）的水资源税征收管理。

第三条 除本办法第四条规定的情形外，其他直接取用地表水、地下水的单位和个人，为水资源税纳税人，应当按照本办法规定缴纳水资源税。

相关纳税人应当按照《中华人民共和国水法》、《取水许可和水资源费征收管理条例》等规定申领取水许可证。

第四条 下列情形，不缴纳水资源税：

（一）农村集体经济组织及其成员从本集体经济组织的水塘、水库中取用水的；

（二）家庭生活和零星散养、圈养畜禽饮用等少量取用水的；

（三）水利工程管理单位为配置或者调度水资源取水的；

（四）为保障矿井等地下工程施工安全和生产安全必须进行临时应急取用（排）水的；

（五）为消除对公共安全或者公共利益的危害临时应急取水的；

（六）为农业抗旱和维护生态与环境必须临时应急取水的。

第五条 水资源税的征税对象为地表水和地下水。

地表水是陆地表面上动态水和静态水的总称，包括江、河、湖泊（含水库）等水资源。

地下水是埋藏在地表以下各种形式的水资源。

第六条 水资源税实行从量计征，除本办法第七条规定的情形外，应纳税额的计算公式为：

应纳税额 = 实际取用水量 × 适用税额

城镇公共供水企业实际取用水量应当考虑合理损耗因素。

疏干排水的实际取用水量按照排水量确定。疏干排水是指在采矿和工程建设过程中破坏地下水层、发生地下涌水的活动。

第七条 水力发电和火力发电贯流式（不含循环式）冷却取用水应纳税额的计算公式为：

应纳税额 = 实际发电量 × 适用税额

火力发电贯流式冷却取用水，是指火力发电企业从江河、湖泊（含水库）等水源取水，并对机组冷却后将水直接排入水源的取用水方式。火力发电循环式冷却取用水，是指火力发电企业从江河、湖泊（含水库）、地下等水源取水并引入自建冷却水塔，对机组冷却后返回冷却水塔循环利用的取用水方式。

第八条 本办法第六条、第七条所称适用税额，是指取水口所在地的适用税额。

第九条 除中央直属和跨省（区、市）水力发电取用水外，由试点省份省级人民政府统筹考虑本地区水资源状况、经济社会发展水平和水资源节约保护要求，在本办法所附《试点省份水资源税最低平均税额表》规定的最低平均税额基础上，分类确定具体适用税额。

试点省份的中央直属和跨省(区、市)水力发电取用水税额为每千瓦时 0.005 元。跨省(区、市)界河水电站水力发电取用水水资源税税额，与涉及的非试点省份水资源费征收标准不一致的，按较高一方标准执行。

第十条 严格控制地下水过量开采。对取用地下水从高确定税额，同一类型取用水，地下水税额要高于地表水，水资源紧缺地区地下水税额要大幅高于地表水。

超采地区的地下水税额要高于非超采地区，严重超采地区的地下水税额要大幅高于非超采地区。在超采地区和严重超采地区取用地下水的具体适用税额，由试点省份省级人民政府按照非超采地区税额的 2—5 倍确定。

在城镇公共供水管网覆盖地区取用地下水的，其税额要高于城镇公共供水管网未覆盖地区，原则上要高于当地同类用途的城镇公共供水价格。

除特种行业和农业生产取用水外，对其他取用地下水的纳税人，原则上应当统一税额。试点省份可根据实际情况分步实施到位。

第十一条 对特种行业取用水，从高确定税额。特种行业取用水，是指洗车、洗浴、高尔夫球场、滑雪场等取用水。

第十二条 对超计划(定额)取用水，从高确定税额。

纳税人超过水行政主管部门规定的计划(定额)取用水量，在原税额基础上加征 1—3 倍，具体办法由试点省份省级人民政府确定。

第十三条 对超过规定限额的农业生产取用水，以及主要供农村人口生活用水的集中式饮水工程取用水，从低确定税额。

农业生产取用水，是指种植业、畜牧业、水产养殖业、林业等取用水。

供农村人口生活用水的集中式饮水工程，是指供水规模在 1000 立方米/天或者供水对象 1 万人以上，并由企事业单位运营的农村人口生活用水供水工程。

第十四条 对回收利用的疏干排水和地源热泵取用水，从低确定税额。

第十五条 下列情形，予以免征或者减征水资源税：

(一)规定限额内的农业生产取用水，免征水资源税；

(二)取用污水处理再生水，免征水资源税；

(三)除接入城镇公共供水管网以外，军队、武警部队通过其他方式取用水的，免征水资源税；

(四)抽水蓄能发电取用水，免征水资源税；

(五)采油排水经分离净化后在封闭管道回注的，免征水资源税；

(六)财政部、税务总局规定的其他免征或者减征水资源税情形。

第十六条 水资源税由税务机关依照《中华人民共和国税收征收管理法》和本办法有关规定征收管理。

第十七条 水资源税的纳税义务发生时间为纳税人取用水资源的当日。

第十八条 除农业生产取用水外，水资源税按季或者按月征收，由主管税务机关根据实际情况确定。对超过规定限额的农业生产取用水水资源税可按年征收。不能按固定期限计算纳税的，可以按次申报纳税。

纳税人应当自纳税期满或者纳税义务发生之日起15日内申报纳税。

第十九条 除本办法第二十一条规定的情形外,纳税人应当向生产经营所在地的税务机关申报缴纳水资源税。

在试点省份内取用水,其纳税地点需要调整的,由省级财政、税务部门决定。

第二十条 跨省(区、市)调度的水资源,由调入区域所在地的税务机关征收水资源税。

第二十一条 跨省(区、市)水力发电取用水的水资源税在相关省份之间的分配比例,比照《财政部关于跨省区水电项目税收分配的指导意见》(财预〔2008〕84号)明确的增值税、企业所得税等税收分配办法确定。

试点省份主管税务机关应当按照前款规定比例分配的水力发电量和税额,分别向跨省(区、市)水电站征收水资源税。

跨省(区、市)水力发电取用水涉及非试点省份水资源费征收和分配的,比照试点省份水资源税管理办法执行。

第二十二条 建立税务机关与水行政主管部门协作征税机制。

水行政主管部门应当将取用水单位和个人的取水许可、实际取用水量、超计划(定额)取用水量、违法取水处罚等水资源管理相关信息,定期送交税务机关。

纳税人根据水行政主管部门核定的实际取用水量向税务机关申报纳税。税务机关应当按照核定的实际取用水量征收水资源税,并将纳税人的申报纳税等信息定期送交水行政主管部门。

税务机关定期将纳税人申报信息与水行政主管部门送交的信息进行分析比对。征管过程中发现问题的,由税务机关与水行政主管部门联合进行核查。

第二十三条 纳税人应当安装取用水计量设施。纳税人未按规定安装取用水计量设施或者计量设施不能准确计量取用水量的,按照最大取水(排水)能力或者省级财政、税务、水行政主管部门确定的其他方法核定取用水量。

第二十四条 纳税人和税务机关、水行政主管部门及其工作人员违反本办法规定的,依照《中华人民共和国税收征收管理法》、《中华人民共和国水法》等有关法律法规规定追究法律责任。

第二十五条 试点省份开征水资源税后,应当将水资源费征收标准降为零。

第二十六条 水资源税改革试点期间,可按税费平移原则对城镇公共供水征收水资源税,不增加居民生活用水和城镇公共供水企业负担。

第二十七条 水资源税改革试点期间,水资源税收入全部归属试点省份。

第二十八条 水资源税改革试点期间,水行政主管部门相关经费支出由同级财政预算统筹安排和保障。对原有水资源费征管人员,由地方人民政府统筹做好安排。

第二十九条 试点省份省级人民政府根据本办法制定具体实施办法,报财政部、税务总局和水利部备案。

第三十条 水资源税改革试点期间涉及的有关政策,由财政部会同税务总局、水利部等部门研究确定。

第三十一条 本办法自2017年12月1日起实施。

附:试点省份水资源税最低平均税额表

附：

试点省份水资源税最低平均税额表

单位:元/立方米

省(区、市)	地表水最低平均税额	地下水最低平均税额
北京	1.6	4
天津	0.8	4
山西	0.5	2
内蒙古	0.5	2
山东	0.4	1.5
河南	0.4	1.5
四川	0.1	0.2
陕西	0.3	0.7
宁夏	0.3	0.7

3-5-8

财政部　税务总局关于对页岩气减征资源税的通知

2018年3月29日　财税〔2018〕26号

各省、自治区、直辖市、计划单列市财政厅(局)、国家税务局、地方税务局,新疆生产建设兵团财政局:

为促进页岩气开发利用,有效增加天然气供给,经国务院同意,自2018年4月1日至2021年3月31日,对页岩气资源税(按6%的规定税率)减征30%。

请遵照执行。

注释:

政策调整。税收优惠政策于2021年3月31日到期后,执行期限延长至2023年12月31日。参见:《财政部　税务总局关于延长部分税收优惠政策执行期限的公告》(财政部　税务总局公告2021年第6号)。

3-5-9

财政部　税务总局关于延续对充填开采置换出来的煤炭减征资源税优惠政策的公告

2023年8月21日　财政部　税务总局公告2023年第36号

为了鼓励煤炭资源集约开采利用，自2023年9月1日至2027年12月31日，对充填开采置换出来的煤炭，资源税减征50%。

特此公告。

3-5-10

财政部　税务总局关于继续实施页岩气减征资源税优惠政策的公告

2023年9月20日　财政部　税务总局公告2023年第46号

为促进页岩气开发利用，有效增加天然气供给，在2027年12月31日之前，继续对页岩气资源税（按6%的规定税率）减征30%。

特此公告。

6

土地增值税

3－6－1

中华人民共和国土地增值税暂行条例

1993年12月13日中华人民共和国国务院令第138号发布
2011年1月8日中华人民共和国国务院令第588号修订

第一条 为了规范土地、房地产市场交易秩序，合理调节土地增值收益，维护国家权益，制定本条例。

第二条 转让国有土地使用权、地上的建筑物及其附着物（以下简称转让房地产）并取得收入的单位和个人，为土地增值税的纳税义务人（以下简称纳税人），应当依照本条例缴纳土地增值税。

第三条 土地增值税按照纳税人转让房地产所取得的增值额和本条例第七条规定的税率计算征收。

第四条 纳税人转让房地产所取得的收入减除本条例第六条规定扣除项目金额后的余额，为增值额。

第五条 纳税人转让房地产所取得的收入，包括货币收入、实物收入和其他收入。

第六条 计算增值额的扣除项目：

（一）取得土地使用权所支付的金额；

（二）开发土地的成本、费用；

（三）新建房及配套设施的成本、费用，或者旧房及建筑物的评估价格；

（四）与转让房地产有关的税金；

（五）财政部规定的其他扣除项目。

第七条 土地增值税实行四级超率累进税率：

增值额未超过扣除项目金额50%的部分，税率为30%。

增值额超过扣除项目金额50%、未超过扣除项目金额100%的部分，税率为40%。

增值额超过扣除项目金额100%、未超过扣除项目金额200%的部分，税率为50%。

增值额超过扣除项目金额200%的部分，税率为60%。

第八条 有下列情形之一的，免征土地增值税：

（一）纳税人建造普通标准住宅出售，增值额未超过扣除项目金额20%的；

（二）因国家建设需要依法征收、收回的房地产。

第九条 纳税人有下列情形之一的，按照房地产评估价格计算征收：

（一）隐瞒、虚报房地产成交价格的；

（二）提供扣除项目金额不实的；

（三）转让房地产的成交价格低于房地产评估价格，又无正当理由的。

第十条 纳税人应当自转让房地产合同签订之日起七日内向房地产所在地主管税务机关办理纳税申报，并在税务机关核定的期限内缴纳土地增值税。

第十一条 土地增值税由税务机关征收。土地管理部门、房产管理部门应当向税务机关提供有关资料,并协助税务机关依法征收土地增值税。

第十二条 纳税人未按照本条例缴纳土地增值税的,土地管理部门、房产管理部门不得办理有关的权属变更手续。

第十三条 土地增值税的征收管理,依据《中华人民共和国税收征收管理法》及本条例有关规定执行。

第十四条 本条例由财政部负责解释,实施细则由财政部制定。

第十五条 本条例自一九九四年一月一日起施行。各地区的土地增值费征收办法,与本条例相抵触的,同时停止执行。

3-6-2

中华人民共和国土地增值税暂行条例实施细则

1995年1月27日 财法字〔1995〕6号

第一条 根据《中华人民共和国土地增值税暂行条例》(以下简称条例)第十四条规定,制定本细则。

第二条 条例第二条所称的转让国有土地使用权、地上的建筑物及其附着物并取得收入,是指以出售或者其他方式有偿转让房地产的行为。不包括以继承、赠与方式无偿转让房地产的行为。

第三条 条例第二条所称的国有土地,是指按国家法律规定属于国家所有的土地。

第四条 条例第二条所称的地上的建筑物,是指建于土地上的一切建筑物,包括地上地下的各种附属设施。

条例第二条所称的附着物,是指附着于土地上的不能移动,一经移动即遭损坏的物品。

第五条 条例第二条所称的收入,包括转让房地产的全部价款及有关的经济收益。

第六条 条例第二条所称的单位,是指各类企业单位、事业单位、国家机关和社会团体及其他组织。

条例第二条所称个人,包括个体经营者。

第七条 条例第六条所列的计算增值额的扣除项目,具体为:

(一)取得土地使用权所支付的金额,是指纳税人为取得土地使用权所支付的地价款和按国家统一规定交纳的有关费用。

(二)开发土地和新建房及配套设施(以下简称房增开发)的成本,是指纳税人房地产开发项目实际发生的成本(以下简称房增开发成本),包括土地征用及拆迁补偿费、前期工程费、建筑安装工程费、基础设施费、公共配套设施费、开发间接费用。

土地征用及拆迁补偿费,包括土地征用费、耕地占用税、劳动力安置费及有关地上、地下附着物拆迁补偿的净支出、安置动迁用房支出等。

前期工程费,包括规划、设计、项目可行性研究和水文、地质、勘察、测绘、“三通一平”等支出。

建筑安装工程费,是指以出包方式支付给承包单位的建筑安装工程费,以自营方式发生的建筑安装工程费。

基础设施费，包括开发小区内道路、供水、供电、供气、排污、排洪、通讯、照明、环卫、绿化等工程发生的支出。

公共配套设施费，包括不能有偿转让的开发小区内公共配套设施发生的支出。

开发间接费用，是指直接组织、管理开发项目发生的费用，包括工资、职工福利费、折旧费、修理费、办公费、水电费、劳动保护费、周转房摊销等。

（三）开发土地和新建房及配套设施的费用（以下简称房地产开发费用），是指与房地产开发项目有关的销售费用、管理费用、财务费用。

财务费用中的利息支出，凡能够按转让房地产项目计算分摊并提供金融机构证明的，允许据实扣除，但最高不能超过按商业银行同类同期贷款利率计算的金额。其他房地产开发费用，按本条（一）、（二）项规定计算的金额之和的5%以内计算扣除。

凡不能按转让房地产项目计算分摊利息支出或不能提供金融机构证明的，房地产开发费用按本条（一）、（二）项规定计算的金额之和的10%以内计算扣除。

上述计算扣除的具体比例，由各省、自治区、直辖市人民政府规定。

（四）旧房及建筑物的评估价格，是指在转让已使用的房屋及建筑物时，由政府批准设立的房地产评估机构评定的重置成本价乘以成新度折扣率后的价格。评估价格须经当地税务机关确认。

（五）与转让房地产有关的税金，是指在转让房地产时缴纳的营业税、城市维护建设税、印花税。因转让房地产交纳的教育费附加，也可视同税金予以扣除。

（六）根据条例第六条（五）项规定，对从事房地产开发的纳税人可按本条（一）、（二）项规定计算的金额之和，加计20%的扣除。

第八条 土地增值税以纳税人房地产成本核算的最基本的核算项目或核算对象为单位计算。

第九条 纳税人成片受让土地使用权后，分期分批开发、转让房地产的，其扣除项目金额的确定，可按转让土地使用权的面积占总面积的比例计算分摊，或按建筑面积计算分摊，也可按税务机关确认的其他方式计算分摊。

第十条 条例第七条所列四级超率累进税率，每级“增值额未超过扣除项目金额”的比例，均包括本比例数。

计算土地增值税税额，可按增值额乘以适用的税率减去扣除项目金额乘以速算扣除系数的简便方法计算，具体公式如下：

（一）增值额未超过扣除项目金额50%

土地增值税税额＝增值额×30%

（二）增值额超过扣除项目金额50%，未超过100%的

土地增值税税额＝增值额×40%－扣除项目金额×5%

（三）增值额超过扣除项目金额100%，未超过200%的

土地增值税税额＝增值额×50%－扣除项目金额×15%

（四）增值额超过扣除项目金额200%

土地增值税税额＝增值额×60%－扣除项目金额×35%

公式中的5%,15%,35%为速算扣除系数。

第十一条 条例第八条(一)项所称的普通标准住宅,是指按所在地一般民用住宅标准建造的居住用住宅。高级公寓、别墅、度假村等不属于普通标准住宅。普通标准住宅与其他住宅的具体划分界限由各省、自治区、直辖市人民政府规定。

纳税人建造普通标准住宅出售,增值额未超过本细则第七条(一)、(二)、(三)、(五)、(六)项扣除项目金额之和20%的,免征土地增值税;增值额超过扣除项目金额之和20%的,应就其全部增值额按规定计税。

条例第八条(二)项所称的因国家建设需要依法征用、收回的房地产,是指因城市实施规划、国家建设的需要而被政府批准征用的房产或收回的土地使用权。

因城市实施规划、国家建设的需要而搬迁,由纳税人自行转让原房地产的,比照本规定免征土地增值税。

符合上述免税规定的单位和个人,须向房地产所在地税务机关提出免税申请,经税务机关审核后,免予征收土地增值税。

第十二条 个人因工作调动或改善居住条件而转让原自用住房,经向税务机关申报核准,凡居住满五年或五年以上的,免予征收土地增值税;居住满三年未满五年的,减半征收土地增值税。居住未满三年的,按规定计征土地增值税。

第十三条 条例第九条所称的房地产评估价格,是指由政府批准设立的房地产评估机构根据相同地段、同类房地产进行综合评定的价格。评估价格须经当地税务机关确认。

第十四条 条例第九条(一)项所称的隐瞒、虚报房地产成交价格,是指纳税人不报或有意低报转让土地使用权、地上建筑物及其附着物价款的行为。

条例第九条(二)项所称的提供扣除项目金额不实的,是指纳税人在纳税申报时不据实提供扣除项目金额的行为。

条例第九条(三)项所称的转让房地产的成交价格低于房地产评估价格,又无正当理由,是指纳税人申报的转让房地产的实际成交价低于房地产评估机构评定的交易价,纳税人又不能提供凭据或无正当理由的行为。

隐瞒、虚报房地产成交价格,应由评估机构参照同类房地产的市场交易价格进行评估。税务机关根据评估价格确定转让房地产的收入。

提供扣除项目金额不实的,应由评估机构按照房屋重置成本价乘以成新度折扣率计算的房屋成本价和取得土地使用权时的基准地价进行评估。税务机关根据评估价格确定扣除项目金额。

转让房地产的成交价格低于房地产评估价格,又无正当理由的,由税务机关参照房地产评估价格确定转让房地产的收入。

第十五条 根据条例第十条的规定,纳税人应按照下列程序办理纳税手续:

(一)纳税人应在转让房地产合同签订后的七日内,到房地产所在地主管税务机关办理纳税申报,并向税务机关提交房屋及建筑物产权、土地使用权证书,土地转让、房产买卖合同,房地产评估报告及其他与转让房地产有关的资料。

纳税人因经常发生房地产转让而难以在每次转让后申报的,经税务机关审核同意后,可以定期进行纳税申报,具体期限由税务机关根据情况确定。

（二）纳税人按照税务机关核定的税额及规定的期限缴纳土地增值税。

第十六条　纳税人在项目全部竣工结算前转让房地产取得的收入，由于涉及成本确定或其他原因，而无法据以计算土地增值税的，可以预征土地增值税，待该项目全部竣工、办理结算后再进行清算，多退少补。具体办法由各省、自治区、直辖市地方税务局根据当地情况制定。

第十七条　条例第十条所称的房地产所在地，是指房地产的座落地。纳税人转让房地产座落在两个或两个以上地区的，应按房地产所在地分别申报纳税。

第十八条　条例第十一条所称的土地管理部门、房产管理部门应当向税务机关提供有关资料，是指向房地产所在地主管税务机关提供有关房屋及建筑物产权、土地使用权、土地出让金数额、土地基准地价、房地产市场交易价格及权属变更等方面的资料。

第十九条　纳税人未按规定提供房屋及建筑物产权、土地使用权证书，土地转让、房产买卖合同，房地产评估报告及其他与转让房地产有关资料的，按照《中华人民共和国税收征收管理法》（以下简称《征管法》）第三十九条的规定进行处理。

纳税人不如实申报房地产交易额及规定扣除项目金额造成少缴或未缴税款的，按照《征管法》第四十条的规定进行处理。

第二十条　土地增值税以人民币为计算单位。转让房地产所取得的收入为外国货币的，以取得收入当天或当月1日国家公布的市场汇价折合成人民币，据以计算应纳土地增值税税额。

第二十一条　条例第十五条所称的各地区的土地增值费征收办法是指与本条例规定的计征对象相同的土地增值费、土地收益金等征收办法。

第二十二条　本细则由财政部解释，或者由国家税务总局解释。

第二十三条　本细则自发布之日起施行。

第二十四条　1994年1月1日至本细则发布之日期间的土地增值税参照本细则的规定计算征收。

注释：

政策调整。第十五条第一款对土地增值税纳税人因经常发生房地产转让而难以在每次转让后申报的，定期进行纳税申报须经税务机关审核同意的规定取消。参见：《国家税务总局关于加强土地增值税管理工作的通知》（国税函〔2004〕938号）。

※　　※　　※　　※

3－6－3

国家税务总局关于印发《土地增值税宣传提纲》的通知

1995年3月16日　国税函发〔1995〕110号

各省、自治区、直辖市和计划单列市国家税务局、地方税务局，扬州培训中心，长春税务学院：

1993 年 12 月 13 日国务院发布了《中华人民共和国土地增值税暂行条例》，财政部于 1995 年 1 月 27 日颁布了《中华人民共和国土地增值税暂行条例实施细则》。为了做好土地增值税的宣传解释工作，我们拟定了《土地增值税宣传提纲》，现发给你们。为使纳税单位和个人充分了解土地增值税的有关规定和缴纳方式，增强依法纳税的观念。请你们结合本地情况，采取多种形式广为宣传。

土地增值税宣传提纲

一、什么是土地增值税？

土地增值税是以纳税人转让国有土地使用权、地上的建筑物及其附着物（以下简称转让房地产）所取得的增值额为征税对象，依照规定税率征收的一种税。国务院在 1993 年 12 月 13 日发布了《中华人民共和国土地增值税暂行条例》（以下简称《条例》），财政部于 1995 年 1 月 27 日颁布了《中华人民共和国土地增值税暂行条例实施细则》（以下简称《细则》）。土地增值税从 1994 年 1 月 1 日起在全国开征。

二、为什么要开征土地增值税？

开征土地增值税，主要是国家运用税收杠杆引导房地产经营的方向，规范房地产市场的交易秩序，合理调节土地增值收益分配，维护国家权益，促进房地产开发的健康发展。具体为：

（一）开征土地增值税，是适应我国社会主义市场经济发展的新形势，增强国家对房地产开发和房地产交易市场调控的需要。改革开放前，我国土地管理制度一直采取行政划拨方式，土地实行无偿无限期使用，但不允许买卖土地。实践证明，这种土地使用管理制度不利于提高土地资源的使用效益。自 1987 年我国对土地使用制度进行改革。实行国有土地使用权的有偿出让和转让后，极大地促进了我国房地产业发展和房地产市场的建立，对提高土地使用效益，增加国家财政收入，改善城市基础设施和人民生活居住条件，以及带动国民经济相关产业的发展都产生了积极作用。

但是，由于有关土地管理的各项制度滞后，以及行政管理上的偏差，在房地产业发展中也出现了一些问题。特别是 1992 年及 1993 年上半年，我国部分地区出现的房地产持续高温，炒买炒卖房地产情况严重，使得很多资金流向了房地产，极大地浪费了国家的资源和财力，国家土地资金收益大量流失，严重冲击和危害了国民经济的协调健康发展。为扭转这一局面，国家采取了一系列宏观调控措施，其中一项就是开征土地增值税，这也是社会主义市场经济发展的客观需要。

（二）对土地增值税课税，其主要目的是为了抑制炒买炒卖土地获取暴利的行为，以保护正当房地产开发的发展。土地增值主要是两方面原因，一是自然增值，由于土地资源是有限的，随着社会经济的发展，生产和生活建设用地扩大，土地资源相对发生紧缺或改善了投资环境，导致土地价格上升。二是投资增值，把“生地”变为“熟地”，建成各种生产、生活、商业设施，形成土地增值。土地属国家所有，建国以来，国家在城市建设方面投入了大量资金，搞了许多基础设施建设，这是土地增值的一个重要因素。对这部分土地增值收益，国家理应参与土地增值收益分配，并取得较大份额。征收土地增值税有利于减少国家土地资源增值收益的流失，同时，对投资房地产开发的合理收益给予保护，使其能够得到一定的回报，以促进房地产业的正常发展。但对炒买炒卖房地产获取暴利者，则要用高税率进行调节。这样就可以起到保护正当房地产开发的发展、遏制投机者牟取暴利的行为，维护国家整体利益的作用。

（三）规范国家参与土地增值收益的分配方式，增加国家财政收入，为经济建设积累资金。目前，我国涉及到房地产交易市场的税收，主要有营业税、企业所得税、个人所得税、契税等。这些税对转让房地产收益只起一般的调节作用，对房地产交易因土地增值所获得的过高收入起不到特殊的调节作用。开征土地增值税能对土地增值的过高收入进行调节，并为增加国家财政收入开辟新税源。土地增值收入属于地方财政收入，地方可集中财力用于地方经济建设，同时，开征土地增值税可以规范土地增值收益的分配制度，统一各地土地增值收益收费标准。

总之，开征土地增值税对于维护国家利益，合理分配国家土地资源收入，促进房地产业和房地产市场健康发展都会产生积极作用。

三、制定土地增值税所遵循的原则是什么？

根据社会主义市场经济发展的客观需要，和国家对房地产市场和房地产开发进行调控的要求，在研究制定土地增值税时遵循了以下三个原则：

（一）要有效的抑制炒买炒卖“地皮”、“楼花”等牟取暴利的投机行为，防止扰乱房地产开发和房地产市场发展的行为。土地增值税以转让房地产的增值额为计税依据，并实行四级超率累进税率，对增值率高的多征税，增值率低的少征税，充分体现对过高增值收益进行有效调节的作用。

（二）维护国家权益，防止国家土地增值收益流失，增加国家财政收入，土地资源属国家所有，国家为整治和开发国土投入了巨额资金，国家理应参与土地增值收益分配，增加国家财政收入，用于国家经济建设。

（三）保护从事正当房地产开发者的合法利益，使其得到一定的投资回报，促进房地产开发结构的调整。制定的土地增值税政策，对正当房地产开发者从事房地产开发的投资回报率和通胀因素是有照顾的，以区别于房地产交易的投机行为，这样一方面制约和抑制了房地产的投机和炒卖；另一方面又保护了正常的房地产开发，引导房地产业健康稳定地发展。

四、土地增值税的征收范围是如何规定的？

根据《条例》的规定，凡转让国有土地使用权、地上的建筑物及其附着物并取得收入的行为都应缴纳土地增值税。这样界定有三层含义：一是土地增值税仅对转让国有土地使用权的征收，对转让集体土地使用权的不征税。这是因为，根据《中华人民共和国土地管理法》的规定，国家为了公共利益，可以依照法律规定对集体土地实行征用，依法被征用后的土地属于国家所有。未经国家征用的集体土地不得转让。如要自行转让是一种违法行为。对这种违法行为应由有关部门依照相关法律来处理，而不应纳入土地增值税的征税范围。二是只对转让的房地产征收土地增值税，不转让的不征税。如房地产的出租，虽然取得了收入，但没有发生房地产的产权转让，不应属于土地增值税的征收范围。三是对转让房地产并取得收入的征税，对发生转让行为，而未取得收入的不征税。如通过继承、赠与方式转让房地产的,虽然发生了转让行为,但未取得收入,就不能征收土地增值税。

五、土地增值税的征税对象是什么?

土地增值税的征税对象是转让国有土地使用权、地上的建筑物及其附着物所取得的增值额。增值额为纳税人转让房地产的收入减除《条例》规定的扣除项目金额后的余额。

计算增值额需要把握两个关键:一是转让房地产的收入,二是扣除项目金额。转让房地产的收入包括货币收入、实物收入和其他收入,即与转让房地产有关的经济利益。对纳税人申报的转让房地产的收入,税务机关要进行核实,对隐瞒收入等情况要按评估价格确定其转让收入。扣除项目按《条例》及《细则》规定有下列几项:

(一)取得土地使用权所支付的金额。包括纳税人为取得土地使用权所支付的地价款和按国家统一规定交纳的有关费用。具体为:以出让方式取得土地使用权的,为支付的土地出让金;以行政划拨方式取得土地使用权的,为转让土地使用权时按规定补交的出让金;以转让方式取得土地使用权的,为支付的地价款。

(二)开发土地和新建房及配套设施的成本(以下简称房地产开发成本)。包括土地征用及拆迁补偿费、前期工程费、建筑安装工程费、基础设施费、公共设施配套费、开发间接费用。这些成本允许按实际发生额扣除。

(三)开发土地和新建房及配套设施的费用(以下简称房地产开发费用)是指销售费用、管理费用、财务费用。根据新会计制度规定,与房地产开发有关的费用直接计入当年损益,不按房地产项目进行归集或分摊。为了便于计算操作,《细则》规定,财务费用中的利息支出,凡能够按转让房地产项目计算分摊,并提供金融机构证明的,允许据实扣除,但最高不能超过按商业银行同类同期贷款利率计算的金额。房地产开发费用按取得土地使用权所支付的金额及房地产开发成本之和的5%以内予以扣除。凡不能提供金融机构证明的,利息不单独扣除,三项费用的扣除按取得土地使用权所支付的金额及房地产开发成本的10%以内计算扣除。

(四)旧房及建筑物的评估价格。是指在转让已使用的房屋及建筑物时,由政府批准设立的房地产评估机构评定的重置成本价乘以成新度折扣率后的价值,并由当地税务机关参考评估机构的评估而确认的价格。

(五)与转让房地产有关的税金。这是指在转让房地产时缴纳的营业税、城市维护建设税、印花税。因转让房地产交纳的教育费附加,也可视同税金予以扣除。

(六)加计扣除。对从事房地产开发的纳税人,可按取得土地使用权所支付的金额与房地产开发成本之和加计20%的扣除。

六、具体计算增值额时应注意什么?

在具体计算增值额时,要区分以下几种情况进行处理:

(一)对取得土地或房地产使用权后,未进行开发即转让的,计算其增值额时,只允许扣除取得土地使用权时支付的地价款、交纳的有关费用,以及在转让环节缴纳的税金。这样规定,其目的主要是抑制“炒”买“炒”卖地皮的行为。

(二)对取得土地使用权后投入资金,将“生地”变为“熟地”转让的,计算其增值额时,允许扣除取得土地使用权时支付的地价款、交纳的有关费用,和开发土地所需成本再加计开发成本的20%以及在转让环节缴纳的税金。这样规定,是鼓励投资者将更多的资金投向房地产开发。

（三）对取得土地使用权后进行房地产开发建造的，在计算其增值额时，允许扣除取得土地使用权时支付的地价款和有关费用、开发土地和新建房及配套设施的成本和规定的费用、转让房地产有关的税金，并允许加计 20% 的扣除。这可以使从事房地产开发的纳税人有一个基本的投资回报，以调动其从事正常房地产开发的积极性。

（四）转让旧房及建筑物的，在计算其增值额时，允许扣除由税务机关参照评估价格确定的扣除项目金额（即房屋及建筑物的重置成本价乘以成新度折扣率后的价值），以及在转让时交纳的有关税金。这主要是考虑到如果按原成本价作为扣除项目金额，不尽合理。而采用评估的重置成本价能够相对消除通货膨胀因素的影响，比较合理。

七、土地增值税的纳税义务人都包括哪些？

土地增值税的纳税义务人是有偿转让国有土地使用权、地上的建筑物及其附着物的单位和个人。包括各类企业单位、事业单位、机关、社会团体、个体工商业户以及其他单位和个人。根据《国务院关于外商投资企业和外国企业适用增值税、消费税、营业税等税收暂行条例的有关问题的通知》的规定，土地增值税也同样适用于涉外企业、单位和个人。因此，外商投资企业、外国企业、外国驻华机构、外国公民、华侨，以及港澳台同胞等，只要转让房地产并取得收入，就是土地增值税的纳税义务人，均应按《条例》的规定照章纳税。

八、土地增值税的税率是如何规定的？

土地增值税采用四级超率累进税率，最低税率为 30%，最高税率为 60%。超率累进税率是以征税对象数额的相对率为累进依据，按超累方式计算和确定适用税率。在确定适用税率时，首先需要确定征税对象数额的相对率。即以增值额与扣除项目金额的比率（增值率）从低到高划分为 4 个级次：即增值额未超过扣除项目金额 50% 的部分；增值额超过扣除项目金额 50%，未超过 100% 的部分；增值额超过扣除项目金额 100%，未超过 200% 的部分；增值额超过扣除项目金额 200% 的部分，并分别适用 30%、40%、50%、60% 的税率。

土地增值税四级超率累进税率中每级增值额未超过扣除项目金额的比例，均包括本比例数。如增值额未超过项目金额 50% 的部分，包括 50% 在内，均适用 30% 的税率。

九、土地增值税的减免税政策规定有哪些？

按照《条例》和《细则》的规定，土地增值税减免税共有四条：

（一）纳税人建造普通标准住宅出售，增值额未超过扣除项目金额 20% 的（含 20%），免征土地增值税。但增值额超过扣除项目金额 20% 的，应对其全部增值额计税（包括未超过扣除项目金额 20% 的部分）。这是考虑到我国人民居住条件仍然较差，对建造普通标准住宅而增值较低的予以免税。而对增值较高的就全部增值额征税，有利于控制普通标准住宅售价，促进和保证其健康发展。

（二）因国家建设需要依法征用、收回的房地产，免征土地增值税。这是因为，政府在进行城市建设和改造时需要收回一些土地使用权或征用一些房产，国家要给予纳税人适当的经济补偿，免予征收土地增值税是应该的。

（三）因城市市政规划、国家建设的需要而搬迁，由纳税人自行转让原房地产而取得的收入，免征土地增值税。根据城市规划，污染、扰民企业（主要是指企业产生的过量废气、废水、废渣和噪音，使城市居民生活受到一定的危害）需要陆续搬迁到城外，有些企业因国家建设需要也要进行搬迁。这些企业要搬迁不是以盈利为目的，而是为城市规划需要，存在许多困难，如人员安置、搬迁资金不足等；而且大都是一些老企业，这个问题就更突出。为了使这些企业能够易地重建或重购房地产，对其自行转让原有房地产的增值收益，给予免征土地增值税是必要的。

（四）为促进我国住房制度的改革，鼓励个人买房，对个人因工作调动或改善居住条件而转让原自住房，凡居住满5年或5年以上的，经向税务机关申报批准，免予征收土地增值税；居住满3年未满5年的，减半征收土地增值税；居住未满3年，按规定计征土地增值税。

十、怎样计算土地增值税应纳税额？

应纳土地增值税税额等于增值额乘以适用税率

如果增值额超过扣除项目金额50%以上，在计算增值额时，需要分别用各级增值额乘以适用税率，得出各级税额，然后再将各级税额相加，得出总税额。在实际征收中，为了方便计算，可按增值额乘以适用税率减去扣除项目金额乘以速算扣除系数的简便方法计算土地增值税税额，具体计算公式如下：

（一）增值额未超过扣除项目金额50%的土地增值税税额等于增值额乘以30%

（二）增值额超过扣除项目金额50%，未超过100%的土地增值税税额等于增值额乘以40%减去扣除项目金额乘以5%

（三）增值额超过扣除项目金额100%，未超过200%的土地增值税税额等于增值额乘以50%减去扣除项目金额乘以15%

（四）增值额超过扣除项目金额200%的土地增值税税额等于增值额乘以60%减去扣除项目金额乘以35%

十一、房地产评估的计税事项是什么？

在征税中，对发生下列情况的，需要进行房地产评估：

（一）出售旧房及建筑物的；

（二）隐瞒、虚报房地产成交价格的；

（三）提供扣除项目金额不实的；

（四）转让房地产的成交价格低于房地产评估价格，又无正当理由的。

房地产评估价格，是指由政府批准设立的房地产评估机构根据相同地段、同类房地产进行综合评定的价格，税务机关根据评估价格，确定其转让房地产的收入、扣除项目金额等，及计算房地产转让时所要缴纳的土地增值税。对评估价与市场交易价差距较大的转让项目，税务机关有权不予确认，要求其重新评估。纳税人交纳的评估费用，允许作为扣除项目金额予以扣除。采用评估办法，符合市场经济的原则，有利于维护税收法纪，加强征管。

十二、土地增值税的征收管理都有哪些规定？

（一）转让房地产并取得收入的纳税人，应当按下列程序办理纳税手续：

1. 纳税人在转让房地产合同签订后7日内，到房地产所在地税务机关办理纳税申报，并向税务机关提交房屋及建筑物产权、土地使用权证书、土地转让、房产买卖合同、房地产评估报告及其他与转让房地产有关的资料。

对因经常发生房地产转让而难以在每次转让后申报的纳税人，经税务机关审核同意后，可以定期进行纳税申报，具体期限由税务机关根据情况确定。

对预售商品房的纳税人，在签订预售合同7日内，也须到税务机关备案，并提供有关资料。

2. 税务机关根据纳税人的申报，核定应纳税额并规定纳税期限。对有些需要进行评估的，要求纳税人先进行评估，然后再根据评估结果确认评估价格。

3. 纳税人按照税务机关核定的税额及规定的期限缴纳土地增值税。

（二）对纳税人在项目全部竣工结算前转让房地产取得的收入，税务机关可以预征土地增值税。纳税人应按照税务机关规定的期限和税额预缴土地增值税。

（三）土地管理和房产管理等部门应当协助税务机关依法征收土地增值税，向税务机关提供有关房屋及建筑物产权、土地使用权、土地出让金数额、土地基准地价、房地产市场交易价格以及权属变更等方面的资料。积极支持税务部门搞好土地增值税的征收管理工作。

注释：

条款失效。第九条第四项自2008年11月1日起失效。参见：《财政部　国家税务总局关于调整房地产交易环节税收政策的通知》（财税〔2008〕137号）。

3－6－4

财政部　国家税务总局关于土地增值税一些具体问题规定的通知

1995年5月25日　财税字〔1995〕48号

按照《中华人民共和国土地增值税暂行条例》（以下简称条例）和《中华人民共和国土地增值税暂行条例实施细则》（以下简称细则）的规定，现对土地增值税一些具体问题规定如下：

一、关于以房地产进行投资、联营的征免税问题

对于以房地产进行投资、联营的，投资、联营的一方以土地（房地产）作价入股进行投资或作为联营条件，将房地产转让到所投资、联营的企业中时，暂免征收土地增值税。对投资、联营企业将上述房地产再转让的，应征收土地增值税。

二、关于合作建房的征免税问题

对于一方出地，一方出资金，双方合作建房，建成后按比例分房自用的，暂免征收土地增值税；建成后转让的，应征收土地增值税。

三、关于企业兼并转让房地产的征免税问题

在企业兼并中，对被兼并企业将房地产转让到兼并企业中的，暂免征收土地增值税。

四、关于细则中“赠与”所包括的范围问题

细则所称的“赠与”是指如下情况：

（一）房产所有人、土地使用权所有人将房屋产权、土地使用权赠与直系亲属或承担直接赡养义务人的。

（二）房产所有人、土地使用权所有人通过中国境内非营利的社会团体、国家机关将房

屋产权、土地使用权赠与教育、民政和其他社会福利、公益事业的。

上述社会团体是指中国青少年发展基金会、希望工程基金会、宋庆龄基金会、减灾委员会、中国红十字会、中国残疾人联合会、全国老年基金会、老区促进会以及经民政部门批准成立的其他非营利的公益性组织。

五、关于个人互换住房的征免税问题

对个人之间互换自有居住用房地产的，经当地税务机关核实，可以免征土地增值税。

六、关于地方政府要求房地产开发企业代收的费用如何计征土地增值税的问题

对于县级及县级以上人民政府要求房地产开发企业在售房时代收的各项费用，如果代收费用是计入房价中向购买方一并收取的，可作为转让房地产所取得的收入计税；如果代收费用未计入房价中，而是在房价之外单独收取的，可以不作为转让房地产的收入。

对于代收费用作为转让收入计税的，在计算扣除项目金额时，可予以扣除，但不允许作为加计20%扣除的基数；对于代收费用未作为转让房地产的收入计税的，在计算增值额时不允许扣除代收费用。

七、关于新建房与旧房的界定问题

新建房是指建成后未使用的房产。凡是已使用一定时间或达到一定磨损程度的房产均属旧房。使用时间和磨损程度标准可由各省、自治区、直辖市财政厅（局）和地方税务局具体规定。

八、关于扣除项目金额中的利息支出如何计算问题

（一）利息的上浮幅度按国家的有关规定执行，超过上浮幅度的部分不允许扣除；

（二）对于超过贷款期限的利息部分和加罚的利息不允许扣除。

九、关于计算增值额时扣除已缴纳印花税的问题

细则中规定允许扣除的印花税，是指在转让房地产时缴纳的印花税。房地产开发企业按照《施工、房地产开发企业财务制度》的有关规定，其缴纳的印花税列入管理费用，已相应予以扣除。其他的土地增值税纳税义务人在计算土地增值税时允许扣除在转让时缴纳的印花税。

十、关于转让旧房如何确定扣除项目金额的问题

转让旧房的，应按房屋及建筑物的评估价格、取得土地使用权所支付的地价款和按国家统一规定交纳的有关费用以及在转让环节缴纳的税金作为扣除项目金额计征土地增值税。对取得土地使用权时未支付地价款或不能提供已支付的地价款凭据的，不允许扣除取得土地使用权所支付的金额。

十一、关于已缴纳的契税可否在计税时扣除的问题

对于个人购入房地产再转让的，其在购入时已缴纳的契税，在旧房及建筑物的评估价中已包括了此项因素，在计征土地增值税时，不另作为“与转让房地产有关的税金”予以扣除。

十二、关于评估费用可否在计算增值额时扣除的问题

纳税人转让旧房及建筑物时因计算纳税的需要而对房地产进行评估，其支付的评估费用允许在计算增值额时予以扣除。对条例第九条规定的纳税人隐瞒、虚报房地产成交价格等情形而按房地产评估价格计算征收土地增值税所发生的评估费用，不允许在计算土地增值税时予以扣除。

十三、关于既建普通标准住宅又搞其他类型房地产开发的如何计税的问题

对纳税人既建普通标准住宅又搞其他房地产开发的，应分别核算增值额。不分别核算增值额或不能准确核算增值额的，其建造的普通标准住宅不能适用条例第八条（一）项的免税规定。

十四、关于预售房地产所取得的收入是否申报纳税的问题

根据细则的规定，对纳税人在项目全部竣工结算前转让房地产取得的收入可以预征土地增值税。具体办法由各省、自治区、直辖市地方税务局根据当地情况制定。因此，对纳税人预售房地产所取得的收入，当地税务机关规定预征土地增值税的，纳税人应当到主管税务机关办理纳税申报，并按规定比例预交，待办理决算后，多退少补；当地税务机关规定不预征土地增值税的，也应在取得收入时先到税务机关登记或备案。

十五、关于分期收款的外币收入如何折合人民币的问题

对于取得的收入为外国货币的，依照细则规定，以取得收入当天或当月 1 日国家公布的市场汇价折合人民币，据以计算土地增值税税额。对于以分期收款形式取得的外币收入，也应按实际收款日或收款当月 1 日国家公布的市场汇价折合人民币。

十六、关于纳税期限的问题

根据条例第十条、第十二条和细则第十五条的规定，税务机关核定的纳税期限，应在纳税人签订房地产转让合同之后、办理房地产权属转让（即过户及登记）手续之前。

十七、关于财政部、国家税务总局《关于对 1994 年 1 月 1 日前签订开发及转让合同的房地产征免土地增值税的通知》（财法字〔1995〕7 号）适用范围的问题。

该通知规定的适用范围，限于房地产开发企业转让新建房地产的行为，非房地产开发企业或房地产开发企业转让存量房地产的，不适用此规定。

注释：

条款废止。第一条、第三条废止。参见：《财政部　国家税务总局关于企业改制重组有关土地增值税政策的通知》（财税〔2015〕5 号）。

3 -6 -5

财政部　国家税务总局　国家国有资产管理局关于转让国有房地产征收土地增值税中有关房地产价格评估问题的通知

1995 年 6 月 23 日　财税字〔1995〕61 号

为了加强土地增值税的征收管理，促进对国有房地产转让价格评估的管理，维护国有资产权益，现根据《中华人民共和国土地增值税暂行条例》（以下简称《条例》）及《中华人民共和国土地增值税暂行条例实施细则》（以下简称《细则》）和《国有资产评估管理办法》的有关规定，对国有房地产转让中有关价格评估等问题通知如下：

一、凡转让国有土地使用权、地上建筑物及其附属物(以下简称房地产)的纳税人,按照土地增值税的有关规定,需要根据房地产的评估价格计税的,可委托经政府批准设立,并按照《国有资产评估管理办法》规定的由省以上国有资产管理部门授予评估资格的资产评估事务所、会计师事务所等各类资产评估机构受理有关转让房地产的评估业务。

二、对于涉及土地增值税的国有房地产价格评估,各评估机构必须严格按照《条例》和《细则》中规定的方法进行应纳税房地产的价格评估。其评估结果经同级国有资产管理部门审核验证后作为房地产转让的底价,并按税务部门的要求按期报送房地产所在地主管税务机关,作为确认计税依据的参考。

房地产所在地主管税务机关要求从事房地产评估的资产评估机构提供与房地产评估有关的评估资料的,资产评估机构应无偿提供,不得以任何借口予以拒绝。

房地产所在地主管税务机关应根据《条例》和《细则》的有关规定,对应纳税房地产的评估结果进行严格审核及确认,对不符合实际情况的评估结果不予采用。

三、房地产评估机构在执业过程中必须遵守职业道德,坚持独立、客观、公正的原则,对评估结果的真实性、合理性负法律责任。任何房地产评估机构在房地产转让的评估过程中有隐瞒事实,提供虚假评估结果,或与有关当事人串通作弊等违法行为,一经发现坚决取消执业资格。

房地产评估机构因不向主管税务机关提供有关的、真实的房地产评估资料,或有意提供虚假评估结果,造成纳税人不缴或少缴土地增值税的,房地产评估机构应承担相应的法律和经济责任;对因上述行为而造成国家税收和国有资产严重流失的,要提请司法机关追究有关当事人的刑事责任。

四、各级财政、税务和国有资产管理部门要密切配合、相互协作,加强土地增值税的各项征收管理工作。为此,各有关部门应对各房地产评估机构进一步加强监督管理,使房地产评估为保证国家税收收入和维护国有资产权益发挥应有的作用。

3-6-6

国家税务总局　国家土地管理局
关于土地增值税若干征管问题的通知

1996年1月10日　国税发〔1996〕4号

为了完善土地增值税的征收管理工作,防止国家税收流失,加强税务部门与土地管理部门的工作配合,现根据《中华人民共和国土地增值税暂行条例》(以下简称条例)及《中华人民共和国土地增值税暂行条例实施细则》(以下简称细则)和《中华人民共和国土地管理法》、《中华人民共和国城市房地产管理法》、《中华人民共和国城镇国有土地使用权出让和转让暂行条例》等规定,特对土地增值税征管中的有关问题通知如下:

一、土地增值税是国家为了规范土地、房产市场交易秩序,合理调节土地增值收益,维护国家权益而开征的税种。各地税务主管部门应根据国家法规和本通知的规定,结合当地实际情况建立一整套土地增值税的征收管理制度。各级土地管理部门要予以积极支持和配合，根据征收土地增值税的需要，完善相应的土地评估和地价管理制度，协助当地税务主管部门做好土地增值税的征收管理工作。

二、各级土地管理部门要根据国家土地管理局的统一部署，尽快完成城镇地籍调查，土地登记和基准地价评估等初始地籍工作，同时做好土地使用权的变更登记、地价评估和管理等日常工作，为税务部门征收土地增值税提供所需土地使用权的权属以及土地出让、转让交易的时间、土地出让金数额及土地使用权转让价格等征税资料。

对于已经完成城镇基准地价评估工作的地区，土地管理部门要根据社会经济发展的状况，定期更新基准地价成果，使之能够及时反映地产市场水平，满足土地增值税的征收管理需要；少数未完成城镇基准地价评估的地区，土地管理部门可采取现有宗地评估方法直接评估，以满足征收土地增值税的需要。

三、各级税务部门和土地管理部门要共同做好土地使用权的产权管理与土地增值税征管的衔接工作。

凡是转让国有土地使用权、地上建筑物及其附属物（以下简称房地产）的纳税人，在向土地管理部门申请办理土地变更登记，提交土地估价报告，申报交易成交价的同时，应根据土地增值税的有关规定，在规定的期限内到主管税务机关办理土地增值税的纳税申报手续。土地管理部门在对纳税人转让行为的合法性、估价报告及申报交易价格进行确认后，应及时通知税务部门。纳税人的纳税申报经主管税务机关审核后，应按照规定的期限缴纳土地增值税。对于已经完税的，由主管税务机关发给完税证明；对于免税的，由主管税务机关发给免税证明。

土地管理部门凭税务部门出具的土地增值税完税（或免税）证明，办理土地使用权的权属变更登记，更换《国有土地使用证》。凡未取得主管税务部门发放的完税（或免税）证明的，土地管理机关不予办理土地使用权的登记及过户手续，也不发放《国有土地使用证》。

四、按照土地评估价格计税的纳税人，可委托经省级以上土地管理部门授予评估资格的土地评估机构进行有关的评估。各土地评估机构必须严格按照条例和细则中规定的方法进行应纳税土地的价格评估。其评估结果应按税务部门的要求及时告房地产所在地税务机关，作为确认计税依据的参考。房地产所在地税务机关应根据条例和细则的有关规定，对应纳税土地的评估结果进行严格审核及确认，对不符合实际情况的评估结果不予采用，并将此评估结果抄送土地管理部门备案。

对于房地产所在地税务机关要求从事应纳税土地价格评估的评估机构提供与应税土地评估有关的评估资料的，土地评估机构应无偿提供，不得以任何借口予以拒绝。各级税务部门对于土地管理部门提供的土地登记和基准地价等资料应严格保密，不得转让或公开引用。

土地价格评估机构在执业过程中必须严守职业道德，按照国家有关的法律、法规的规定，坚持独立、客观、公平、公正、公开的原则，对评估结果的真实性、合法性负法律责任。各级税务机关应当会同土地管理部门定期对土地评估机构所承担的土地增值税评估业务进行指导、监督和检查。

对土地评估机构不向税务机关提供与应纳税土地有关的真实土地评估资料，或有意提供虚假评估结果，造成纳税人不缴或少缴土地增值税的，一经发现要取消其应纳税土地的评估资格，对由于上述行为造成国家税收严重流失的，还要提请司法机关追究其应承担的经济责任和有关当事人的刑事责任。

五、各级税务部门和土地管理部门要积极配合、密切协作，加强土地增值税的各项征收管理工作，规范房地产市场交易行为。土地管理部门要深入持久地进行土地隐形市场的清理工作，对于非法进入市场的集体土地使用权和划拨国有土地使用权，应按照有关法律规定进行处理；对于土地增值税开征之后出现的将房地产转让归避成租赁等逃避土地增值税行为的，各地土地管理部门应当协助税务部门审核、把关，税务主管部门也应按照《中华人民共和国税收征收管理法》等规定严格予以查处。

以上通知，望各地迅速遵照执行。

3 -6 -7

国家税务总局　建设部关于土地增值税征收管理有关问题的通知

1996 年 4 月 5 日　国税发〔1996〕48 号

为了加强税务部门与建设行政主管部门、房地产管理部门的工作配合，搞好土地增值税的征收管理工作，根据《中华人民共和国土地增值税暂行条例》（以下简称《条例》）及《中华人民共和国土地增值税暂行条例实施细则》（以下简称《细则》）和《中华人民共和国城市房地产管理法》、建设部 45 号令《城市房地产转让管理规定》等法律、法规规定，现对土地增值税征管的有关问题通知如下：

一、土地增值税是国家为了规范土地、房地产市场交易秩序，合理调节土地增值收益，维护国家权益而开征的税种。各地税务主管部门应当在当地建设、房地产管理等有关部门的支持和配合下，根据当地实际情况，建立起一套完善的土地增值税的征收管理制度。

二、各级房地产管理部门要根据建设部的统一部署，依照《中华人民共和国城市房地产管理法》的规定，做好房地产交易管理和权属登记工作，根据需要向税务部门提供全面准确的房地产权属及转让时间、价格等征税资料，并按照有关规定严格核算房地产的开发成本和费用，配合税务部门做好土地增值税扣除项目金额的审查工作，防止由于成本费用不实等原因造成土地增值税的流失。

三、凡是转让房地产的纳税人，应当根据土地增值税的有关规定，在规定的期限内到主管税务机关办理土地增值税的纳税登记和申报手续，经主管税务机关审核后，按照规定的期限缴纳土地增值税。对于已经完税的纳税人，由主管税务机关发给完税证明；对于不属于征税范围或应予免税的，由主管税务机关发给免税证明。凡没有取得主管税务部门发放的完税（或免税）证明的，房地产管理机关不予办理有关的权属变更手续，不予发放房地产权属证书。

四、各省、自治区、直辖市、计划单列市地方税务部门可根据本地实际情况，对房地产市场管理机构比较健全，且各项管理制度比较完善、具备土地增值税代征能力的地区，从有利于税收征管、减少税款流失出发，按照税务机关征收为主的原则，把一些不易于税务机关直接征收、且应纳税款较易计算的纳税事项，委托房地产管理部门进行代征。具体办法由各省、自治区、直辖市、计划单列市地方税务局制定，报省、自治区、直辖市、计划单列市人民政府批准后执行，并报国家税务总局备案。

五、凡转让房地产的纳税人，按照土地增值税的有关规定，需要根据房地产评估价格计税的，可委托经省以上房地产管理部门确认评估资格并报税务部门备案的房地产评估机构受理有关转让房地产的评估业务。

有条件的地方，应当将涉及土地增值税的房地产评估与现有房地产转让管理过程中的价格申报及其价格评估结合起来，以防止因重复评估而加大成本，增加纳税人负担的情况。

接受委托的各房地产评估机构，在按税务部门要求按期将评估结果报送房地产所在地税务机关，作为确认计税依据参考的同时，应将评估结果报当地政府设立的事业性房地产估价管理机构审核。

对于房地产所在地税务机关要求受委托的房地产评估机构提供与房地产评估有关的资料的，评估机构应当无偿提供，不得以任何借口予以拒绝。

凡涉及征收土地增值税的房地产评估报告，由取得建设部、人事部共同认定并经注册登记的"房地产估价师"签署；或者由三名以上（含三名）取得各省、自治区建委（建设厅）、直辖市房地产管理局统一颁发的《房地产估价人员岗位合格证书》的房地产估价员联合签署。

接受委托的房地产评估机构，必须严格按照《条例》和《细则》中规定的方法进行应纳税房地产的价格评估。房地产所在地税务机关应当根据《条例》和《细则》的有关规定，对应纳税房地产的评估结果进行严格审核及确认，对不符合实际情况的评估结果不予采用。

六、房地产评估机构在执业过程中必须严守职业道德，按照国家有关的法律、法规的规定，坚持独立、客观、公平、公正、公开的原则，对评估结果的真实性、合理性负法律责任。对房地产评估机构因不向税务机关提供真实的房地产评估资料，或有意提供虚假评估结果，造成纳税人不缴或少缴土地增值税的，房地产评估机构应当承担相应的法律和经济责任。对由于上述行为造成国家税收严重流失的，提请司法机关追究有关当事人的刑事责任。

七、各级税务部门和房地产管理部门要密切配合、相互协作，加强土地增值税的各项征收管理工作，规范房地产交易行为。对于土地增值税开征之后出现的将房地产转让归避成房屋租赁或其他交易方式等逃避土地增值税的行为，各地房地产市场管理部门在办理房地产交易手续时，应当认真执行建设部 42 号令《城市房屋租赁管理办法》和 45 号令《城市房地产转让管理规定》，严格把关，主管税务部门也应当按照《中华人民共和国税收征收管理法》等规定予以严肃查处。

以上通知，望各地迅速贯彻落实，并遵照执行。

注释：

条款修改。根据《第十三届全国人民代表大会第一次会议关于国务院机构改革方案的决定》等有关规定，税收规范性文件规定的国税地税机关的职责和工作由新的税务机关承担。国家税务总局依据《税收规范性文件制定管理办法》（国家税务总局令第 41 号公布），对税收规范性文件进行了清理。参见:《国家税务总局关于修改部分税收规范性文件的公告》(国家税务总局公告2018年第31号)。

3-6-8

国家税务总局关于认真做好土地增值税征收管理工作的通知

2002年7月10日　国税函〔2002〕615号

各省、自治区、直辖市和计划单列市地方税务局:

土地增值税自开征以来,经各级地方税务局共同努力,在加强征收管理和组织收入方面做了大量的工作,并且取得了一定成效。但由于房地产开发与转让周期较长,造成土地增值税征管难度大,一些地区对土地增值税征收管理产生畏难情绪,还有一些地区误信土地增值税要停征,而放松了征管工作,造成应收税款的流失。为保证税收任务的完成,认真做好土地增值税的征收管理工作,现通知如下:

一、要进一步完善土地增值税的征收管理制度和操作规程,建立健全土地增值税的纳税申报制度、房地产评估规程、委托代征办法等。

二、对在1994年1月1日以前已签订房地产开发合同或立项并已按规定投入资金进行开发,其首次转让房地产的,免征土地增值税的税收优惠政策已到期,应按规定恢复征税。

三、针对当前房地产市场逐步规范,房地产投资商的投资回报趋于正常情况,各地要进一步完善土地增值税的预征办法,预征率的确定要科学、合理。对已经实行预征办法的地区,可根据实际情况,适当调减预征率。

四、要继续加强与房地产有关部门的配合。要严格按照财政部、国家税务总局、国家国有资产管理局《关于转让国有房地产征收土地增值税中有关房地产价格评估问题的通知》(财税字〔1995〕61号)、国家税务总局和国家土地管理局《关于土地增值税若干征管问题的通知》(国税发〔1996〕4号)、国家税务总局、建设部《关于土地增值税征收管理有关问题的通知》(国税发〔1996〕48号)等联合发文的要求,加强部门之间的配合和协作,共同搞好土地增值税的征收管理。

3-6-9

国家税务总局关于加强土地增值税管理工作的通知

2004年8月2日　国税函〔2004〕938号

各省、自治区、直辖市和计划单列市地方税务局:

为了简化行政审批手续,进一步方便纳税人和加强税收管理,经研究,现对土地增值税纳税人定期进行纳税申报的问题做如下解释和规定：

一、取消《中华人民共和国土地增值税暂行条例实施细则》第十五条第一款对土地增值税纳税人因经常发生房地产转让而难以在每次转让后申报的，定期进行纳税申报须经税务机关审核同意的规定。

二、纳税人因经常发生房地产转让而难以在每次转让后申报，是指房地产开发企业开发建造的房地产、因分次转让而频繁发生纳税义务、难以在每次转让后申报纳税的情况，土地增值税可按月或按各省、自治区、直辖市和计划单列市地方税务局规定的期限申报缴纳。

三、纳税人选择定期申报方式的，应向纳税所在地的地方税务机关备案。定期申报方式确定后，一年之内不得变更。

四、各省、自治区、直辖市和计划单列市地方税务局应根据本通知精神，结合本地的实际情况，制定具体的操作办法，并告知土地增值税纳税人。

五、各地地方税务机关要加强土地增值税的宣传解释、纳税辅导及纳税检查等工作。采取有效措施，做好土地增值税按次或定期申报纳税、预征和税款结算等征收管理工作。

六、本通知自2004年7月1日起执行。

注释：

条款修改。根据《第十三届全国人民代表大会第一次会议关于国务院机构改革方案的决定》等有关规定，税收规范性文件规定的国税地税机关的职责和工作由新的税务机关承担。国家税务总局依据《税收规范性文件制定管理办法》（国家税务总局令第41号公布），对税收规范性文件进行了清理。参见：《国家税务总局关于修改部分税收规范性文件的公告》（国家税务总局公告2018年第31号）。

3－6－10

财政部　国家税务总局关于土地增值税若干问题的通知

2006年3月2日　财税〔2006〕21号

各省、自治区、直辖市、计划单列市财政厅（局）、地方税务局，新疆生产建设兵团财务局：

根据《中华人民共和国土地增值税暂行条例》（以下简称《条例》）及其实施细则和有关规定精神，现将土地增值税有关问题明确如下：

一、关于纳税人建造普通标准住宅出售和居民个人转让普通住宅的征免税问题

《条例》第八条中“普通标准住宅”和《财政部、国家税务总局关于调整房地产市场若干税收政策的通知》（财税字〔1999〕210号）第三条中“普通住宅”的认定，一律按各省、自治区、直辖市人民政府根据《国务院办公厅转发建设部等部门关于做好稳定住房价格工作意见的通知》（国办发〔2005〕26号）制定并对社会公布的“中小套型、中低价位普通住房”的标

准执行。纳税人既建造普通住宅，又建造其他商品房的，应分别核算土地增值额。

在本文件发布之日前已向房地产所在地地方税务机关提出免税申请，并经税务机关按各省、自治区、直辖市人民政府原来确定的普通标准住宅的标准审核确定，免征土地增值税的普通标准住宅，不做追溯调整。

二、关于转让旧房准予扣除项目的计算问题

纳税人转让旧房及建筑物，凡不能取得评估价格，但能提供购房发票的，经当地税务部门确认，《条例》第六条第（一）、（三）项规定的扣除项目的金额，可按发票所载金额并从购买年度起至转让年度止每年加计5%计算。对纳税人购房时缴纳的契税，凡能提供契税完税凭证的，准予作为“与转让房地产有关的税金”予以扣除，但不作为加计5%的基数。

对于转让旧房及建筑物，既没有评估价格，又不能提供购房发票的，地方税务机关可以根据《中华人民共和国税收征收管理法》（以下简称《税收征管法》）第35条的规定，实行核定征收。

三、关于土地增值税的预征和清算问题

各地要进一步完善土地增值税预征办法，根据本地区房地产业增值水平和市场发展情况，区别普通住房、非普通住房和商用房等不同类型，科学合理地确定预征率，并适时调整。工程项目竣工结算后，应及时进行清算，多退少补。

对未按预征规定期限预缴税款的，应根据《税收征管法》及其实施细则的有关规定，从限定的缴纳税款期限届满的次日起，加收滞纳金。

对已竣工验收的房地产项目，凡转让的房地产的建筑面积占整个项目可售建筑面积的比例在85%以上的，税务机关可以要求纳税人按照转让房地产的收入与扣除项目金额配比的原则，对已转让的房地产进行土地增值税的清算。具体清算办法由各省、自治区、直辖市和计划单列市地方税务局规定。

四、关于因城市实施规划、国家建设需要而搬迁，纳税人自行转让房地产的征免税问题

《中华人民共和国土地增值税暂行条例实施细则》第十一条第四款所称：因“城市实施规划”而搬迁，是指因旧城改造或因企业污染、扰民（指产生过量废气、废水、废渣和噪音，使城市居民生活受到一定危害），而由政府或政府有关主管部门根据已审批通过的城市规划确定进行搬迁的情况；因“国家建设的需要”而搬迁，是指因实施国务院、省级人民政府、国务院有关部委批准的建设项目而进行搬迁的情况。

五、关于以房地产进行投资或联营的征免税问题

对于以土地（房地产）作价入股进行投资或联营的，凡所投资、联营的企业从事房地产开发的，或者房地产开发企业以其建造的商品房进行投资和联营的，均不适用《财政部、国家税务总局关于土地增值税一些具体问题规定的通知》（财税字〔1995〕48号）第一条暂免征收土地增值税的规定。

六、本文自2006年3月2日起执行。

注释：

条款废止。第五条废止。参见：《财政部　国家税务总局关于企业改制重组有关土地增值税政策的通知》（财税〔2015〕5号）。

3－6－11

财政部　国家税务总局关于土地增值税普通标准住宅有关政策的通知

2006年10月20日　财税〔2006〕141号

各省、自治区、直辖市、计划单列市财政厅(局)、地方税务局,新疆生产建设兵团财务局:

为贯彻落实《国务院办公厅转发建设部等部门关于调整住房供应结构稳定住房价格意见的通知》(国办发〔2006〕37号)精神,进一步促进调整住房供应结构,增加中小套型、中低价位普通商品住房供应,现将《中华人民共和国土地增值税暂行条例》第八条中"普通标准住宅"的认定问题通知如下:

"普通标准住宅"的认定,可在各省、自治区、直辖市人民政府根据《国务院办公厅转发建设部等部门关于做好稳定住房价格工作意见的通知》(国办发〔2005〕26号)制定的"普通住房标准"的范围内从严掌握。

请遵照执行。

3－6－12

国家税务总局关于房地产开发企业土地增值税清算管理有关问题的通知

2006年12月28日　国税发〔2006〕187号

各省、自治区、直辖市和计划单列市地方税务局,西藏、宁夏自治区国家税务局:

为进一步加强房地产开发企业土地增值税清算管理工作,根据《中华人民共和国税收征收管理法》、《中华人民共和国土地增值税暂行条例》及有关规定,现就有关问题通知如下:

一、土地增值税的清算单位

土地增值税以国家有关部门审批的房地产开发项目为单位进行清算,对于分期开发的项目,以分期项目为单位清算。

开发项目中同时包含普通住宅和非普通住宅的,应分别计算增值额。

二、土地增值税的清算条件

(一)符合下列情形之一的,纳税人应进行土地增值税的清算:

1. 房地产开发项目全部竣工、完成销售的;

2. 整体转让未竣工决算房地产开发项目的;

3. 直接转让土地使用权的。

(二)符合下列情形之一的,主管税务机关可要求纳税人进行土地增值税清算:

1. 已竣工验收的房地产开发项目,已转让的房地产建筑面积占整个项目可售建筑面积的比例在85%以上，或该比例虽未超过85%，但剩余的可售建筑面积已经出租或自用的；

2. 取得销售（预售）许可证满三年仍未销售完毕的；

3. 纳税人申请注销税务登记但未办理土地增值税清算手续的；

4. 省税务机关规定的其他情况。

三、非直接销售和自用房地产的收入确定

（一）房地产开发企业将开发产品用于职工福利、奖励、对外投资、分配给股东或投资人、抵偿债务、换取其他单位和个人的非货币性资产等，发生所有权转移时应视同销售房地产，其收入按下列方法和顺序确认：

1. 按本企业在同一地区、同一年度销售的同类房地产的平均价格确定；

2. 由主管税务机关参照当地当年、同类房地产的市场价格或评估价值确定。

（二）房地产开发企业将开发的部分房地产转为企业自用或用于出租等商业用途时，如果产权未发生转移，不征收土地增值税，在税款清算时不列收入，不扣除相应的成本和费用。

四、土地增值税的扣除项目

（一）房地产开发企业办理土地增值税清算时计算与清算项目有关的扣除项目金额，应根据土地增值税暂行条例第六条及其实施细则第七条的规定执行。除另有规定外，扣除取得土地使用权所支付的金额、房地产开发成本、费用及与转让房地产有关税金，须提供合法有效凭证；不能提供合法有效凭证的，不予扣除。

（二）房地产开发企业办理土地增值税清算所附送的前期工程费、建筑安装工程费、基础设施费、开发间接费用的凭证或资料不符合清算要求或不实的，地方税务机关可参照当地建设工程造价管理部门公布的建安造价定额资料，结合房屋结构、用途、区位等因素，核定上述四项开发成本的单位面积金额标准，并据以计算扣除。具体核定方法由省税务机关确定。

（三）房地产开发企业开发建造的与清算项目配套的居委会和派出所用房、会所、停车场（库）、物业管理场所、变电站、热力站、水厂、文体场馆、学校、幼儿园、托儿所、医院、邮电通讯等公共设施，按以下原则处理：

1. 建成后产权属于全体业主所有的，其成本、费用可以扣除；

2. 建成后无偿移交给政府、公用事业单位用于非营利性社会公共事业的，其成本、费用可以扣除；

3. 建成后有偿转让的，应计算收入，并准予扣除成本、费用。

（四）房地产开发企业销售已装修的房屋，其装修费用可以计入房地产开发成本。

房地产开发企业的预提费用，除另有规定外，不得扣除。

（五）属于多个房地产项目共同的成本费用，应按清算项目可售建筑面积占多个项目可售总建筑面积的比例或其他合理的方法，计算确定清算项目的扣除金额。

五、土地增值税清算应报送的资料

符合本通知第二条第（一）项规定的纳税人，须在满足清算条件之日起90日内到主管税务机关办理清算手续；符合本通知第二条第（二）项规定的纳税人，须在主管税务机关限定的期限内办理清算手续。

纳税人办理土地增值税清算应报送以下资料：

（一）房地产开发企业清算土地增值税书面申请、土地增值税纳税申报表；

（二）项目竣工决算报表、取得土地使用权所支付的地价款凭证、国有土地使用权出让合同、银行贷款利息结算通知单、项目工程合同结算单、商品房购销合同统计表等与转让房地产的收入、成本和费用有关的证明资料；

（三）主管税务机关要求报送的其他与土地增值税清算有关的证明资料等。

纳税人委托税务中介机构审核鉴证的清算项目，还应报送中介机构出具的《土地增值税清算税款鉴证报告》。

六、土地增值税清算项目的审核鉴证

税务中介机构受托对清算项目审核鉴证时，应按税务机关规定的格式对审核鉴证情况出具鉴证报告。对符合要求的鉴证报告，税务机关可以采信。

税务机关要对从事土地增值税清算鉴证工作的税务中介机构在准入条件、工作程序、鉴证内容、法律责任等方面提出明确要求，并做好必要的指导和管理工作。

七、土地增值税的核定征收

房地产开发企业有下列情形之一的，税务机关可以参照与其开发规模和收入水平相近的当地企业的土地增值税税负情况，按不低于预征率的征收率核定征收土地增值税：

（一）依照法律、行政法规的规定应当设置但未设置账簿的；

（二）擅自销毁账簿或者拒不提供纳税资料的；

（三）虽设置账簿，但账目混乱或者成本资料、收入凭证、费用凭证残缺不全，难以确定转让收入或扣除项目金额的；

（四）符合土地增值税清算条件，未按照规定的期限办理清算手续，经税务机关责令限期清算，逾期仍不清算的；

（五）申报的计税依据明显偏低，又无正当理由的。

八、清算后再转让房地产的处理

在土地增值税清算时未转让的房地产，清算后销售或有偿转让的，纳税人应按规定进行土地增值税的纳税申报，扣除项目金额按清算时的单位建筑面积成本费用乘以销售或转让面积计算。

单位建筑面积成本费用＝清算时的扣除项目总金额÷清算的总建筑面积

本通知自2007年2月1日起执行。各省税务机关可依据本通知的规定并结合当地实际情况制定具体清算管理办法。

注释：

条款修改。根据《第十三届全国人民代表大会第一次会议关于国务院机构改革方案的决定》等有关规定，税收规范性文件规定的国税地税机关的职责和工作由新的税务机关承担。国家税务总局依据《税收规范性文件制定管理办法》（国家税务总局令第41号公布），对税收规范性文件进行了清理。参见：《国家税务总局关于修改部分税收规范性文件的公告》（国家税务总局公告2018年第31号）。

3－6－13

国家税务总局关于印发《土地增值税清算鉴证业务准则》的通知

2007年12月29日　国税发〔2007〕132号

各省、自治区、直辖市和计划单列市国家税务局、地方税务局：

现将《土地增值税清算鉴证业务准则》印发给你们，请你们依此监督指导税务师事务所和注册税务师开展土地增值税清算鉴证业务，执行过程中如有问题，请及时上报税务总局（注册税务师管理中心）。

本准则自2008年1月1日起施行。

附件：1. 涉税鉴证业务约定书（参考文本）（编者略）

2. 土地增值税清算税款鉴证报告（参考文本）（适用于无保留意见的鉴证报告）（编者略）

3. 土地增值税清算税款鉴证报告（参考文本）（适用于保留意见的鉴证报告）（编者略）

4. 土地增值税清算税款鉴证报告（参考文本）（适用于无法表明意见的鉴证报告）（编者略）

5. 土地增值税清算税款鉴证报告（参考文本）（适用于否定意见的鉴证报告）（编者略）

6. 企业基本情况和土地增值税清算税款申报审核事项说明及有关附表（编者略）

土地增值税清算鉴证业务准则

第一章　总　　则

第一条　为了规范土地增值税清算鉴证业务，根据《中华人民共和国土地增值税暂行条例》及其实施细则和《国家税务总局关于房地产开发企业土地增值税清算管理有关问题的通知》（国税发〔2006〕187号）以及《注册税务师管理暂行办法》及其他有关规定，制定本准则。

第二条　本准则所称土地增值税清算鉴证，是指税务师事务所接受委托对纳税人土地增值税清算税款申报的信息实施必要审核程序，提出鉴证结论或鉴证意见，并出具鉴证报告，增强税务机关对该项信息信任程度的一种鉴证业务。

第三条　纳入税务机关行政监管并通过年检的税务师事务所，均可从事土地增值税清算鉴证工作。

第四条 在接受委托前,税务师事务所应当初步了解业务环境。业务环境包括:业务约定事项、鉴证对象特征、使用的标准、预期使用者的需求、责任方及其环境的相关特征,以及可能对鉴证业务产生重大影响的事项、交易、条件和惯例及其他事项。

第五条 承接土地增值税清算鉴证业务,应当具备下列条件:

(一)接受委托的清算项目符合土地增值税的清算条件。

(二)税务师事务所符合独立性和专业胜任能力等相关专业知识和职业道德规范的要求。

(三)税务师事务所能够获取充分、适当、真实的证据以支持其结论并出具书面鉴证报告。

(四)与委托人协商签订涉税鉴证业务约定书(见附件1)。

第六条 土地增值税清算鉴证的鉴证对象,是指与土地增值税纳税申报相关的会计资料和纳税资料等可以收集、识别和评价的证据及信息。具体包括:企业会计资料及会计处理、财务状况及财务报表、纳税资料及税务处理、有关文件及证明材料等。

第七条 税务师事务所运用职业判断对鉴证对象作出合理一致的评价或计量时,应当符合适当的标准。适当的评价标准应当具备相关性、完整性、可靠性、中立性和可理解性等特征。

第八条 税务师事务所从事土地增值税清算鉴证业务,应当以职业怀疑态度、有计划地实施必要的审核程序,获取与鉴证对象相关的充分、适当、真实的证据;并及时对制定的计划、实施的程序、获取的相关证据以及得出的结论作出记录。

在确定证据收集的性质、时间和范围时,应当体现重要性原则,评估鉴证业务风险以及可获取证据的数量和质量。

第九条 税务师事务所从事土地增值税清算鉴证业务,应当以法律、法规为依据,按照独立、客观、公正原则,在获取充分、适当、真实证据基础上,根据审核鉴证的具体情况,出具真实、合法的鉴证报告并承担相应的法律责任。

第十条 税务师事务所按照本准则的规定出具的鉴证报告,税务机关应当受理。

第十一条 税务师事务所执行土地增值税清算鉴证业务,应当遵守本准则。

第二章 一般规定

第十二条 税务师事务所应当要求委托人如实提供如下资料:

(一)土地增值税纳税(预缴)申报表及完税凭证。

(二)项目竣工决算报表和有关账簿。

(三)取得土地使用权所支付的地价款凭证、国有土地使用权出让或转让合同。

(四)银行贷款合同及贷款利息结算通知单。

(五)项目工程建设合同及其价款结算单。

(六)商品房购销合同统计表等与转让房地产的收入、成本和费用有关的其他证明资料。

(七)无偿移交给政府、公共事业单位用于非营利性社会公共事业的凭证。

(八)转让房地产项目成本费用、分期开发分摊依据。

(九)转让房地产有关税金的合法有效凭证。

(十)与土地增值税清算有关的其他证明资料。

第十三条 税务师事务所开展土地增值税清算鉴证业务时,应当对下列事项充分关注:

(一)明确清算项目及其范围。

(二)正确划分清算项目与非清算项目的收入和支出。

(三)正确划分清算项目中普通住宅与非普通住宅的收入和支出。

(四)正确划分不同时期的开发项目,对于分期开发的项目,以分期项目为单位清算。

(五)正确划分征税项目与免税项目,防止混淆两者的界限。

(六)明确清算项目的起止日期。

第十四条 纳税人能够准确核算清算项目收入总额或收入总额能够查实,但其成本费用支出不能准确核算的,税务师事务所应当按照本准则第三章的规定审核收入总额。

第十五条 纳税人能够准确核算成本费用支出或成本费用支出能够查实,但其收入总额不能准确核算的,税务师事务所应当先按照本准则第四章的规定审核扣除项目的金额。

第十六条 税务师事务所在审核鉴证过程中,有下列情形之一的,除符合本准则第十七条规定外,可以终止鉴证:

(一)依照法律、行政法规的规定应当设置但未设置账簿的。

(二)擅自销毁账簿或者拒不提供纳税资料的。

(三)虽设置账簿,但账目混乱或者成本资料、收入凭证、费用凭证残缺不全,难以确定转让收入或扣除项目金额的。

(四)符合土地增值税清算条件,未按照规定的期限办理清算手续,经税务机关责令限期清算,逾期仍不清算的。

(五)申报的计税依据明显偏低且无正当理由的。

(六)纳税人隐瞒房地产成交价格,其转让房地产成交价格低于房地产评估价格且无正当理由,经税务师事务所与委托人沟通,沟通无效的。

第十七条 纳税人虽有本准则第十六条所列情形,但如有下列委托人委托,税务师事务所仍然可以接受委托执行鉴证业务,但需与委托人签订涉税鉴证业务约定书:

(一)司法机关、税务机关或者其他国家机关。

(二)依法组成的清算组织。

(三)法律、行政法规规定的其他组织和个人。

第三章 清算项目收入的审核

第十八条 土地增值税清算项目收入审核的基本程序和方法包括:

(一)评价收入内部控制是否存在、有效且一贯遵守。

(二)获取或编制土地增值税清算项目收入明细表,复核加计正确,并与报表、总账、明细账及有关申报表等进行核对。

(三)了解纳税人与土地增值税清算项目相关的合同、协议及执行情况。

(四)查明收入的确认原则、方法,注意会计制度与税收规定以及不同税种在收入确认上的差异。

（五）正确划分预售收入与销售收入，防止影响清算数据的准确性。

（六）必要时，利用专家的工作审核清算项目的收入总额。

第十九条 本准则所称清算项目的收入，是指转让国有土地使用权、地上的建筑物及其附着物（以下简称房地产）并取得的全部价款及有关的经济收益，包括货币收入、实物收入和其他收入。

第二十条 税务师事务所应当按照税法及有关规定审核纳税人是否准确划分征税收入与不征税收入，确认土地增值税的应税收入。

第二十一条 土地增值税以人民币为计算单位。转让房地产所取得的收入为外国货币的，以取得收入当天或当月 1 日国家公布的市场汇价折合成人民币，据以计算应纳土地增值税税额。

对于以分期收款形式取得的外币收入，应当按实际收款日或收款当月 1 日国家公布的市场汇价折合人民币。

第二十二条 有本准则第十六条第（六）款情形，但按本准则第十七条规定接受委托执行鉴证业务的，税务师事务所应当获取具有法定资质的专业评估机构确认的同类房地产评估价格，以确认转让房地产的收入。

第二十三条 纳税人将开发的房地产用于职工福利、奖励、对外投资、分配给股东或投资人、抵偿债务、换取其他单位和个人的非货币性资产等，发生所有权转移时应视同销售房地产，其视同销售收入按下列方法和顺序审核确认：

（一）按本企业当月销售的同类房地产的平均价格核定。

（二）按本企业在同一地区、同一年度销售的同类房地产的平均价格确认。

（三）参照当地当年、同类房地产的市场价格或评估价值确认。

第二十四条 收入实现时间的确定，按国家税务总局有关规定执行。

第二十五条 对纳税人按县级以上人民政府的规定在售房时代收的各项费用，应区分不同情形分别处理：

（一）代收费用计入房价向购买方一并收取的，应将代收费用作为转让房地产所取得的收入计税。实际支付的代收费用，在计算扣除项目金额时，可予以扣除，但不允许作为加计扣除的基数。

（二）代收费用在房价之外单独收取且未计入房地产价格的，不作为转让房地产的收入，在计算增值额时不允许扣除代收费用。

第二十六条 必要时，注册税务师应当运用截止性测试确认收入的真实性和准确性。审核的主要内容包括：

（一）审核企业按照项目设立的“预售收入备查簿”的相关内容，观察项目合同签订日期、交付使用日期、预售款确认收入日期、收入金额和成本费用的处理情况。

（二）确认销售退回、销售折扣与折让业务是否真实，内容是否完整，相关手续是否符合规定，折扣与折让的计算和会计处理是否正确。重点审查给予关联方的销售折扣与折让是否合理，是否有利用销售折扣和折让转利于关联方等情况。

（三）审核企业对于以土地使用权投资开发的项目，是否按规定进行税务处理。

(四)审核按揭款收入有无申报纳税,有无挂在往来账,如“其他应付款”,不作销售收入申报纳税的情形。

(五)审核纳税人以房换地,在房产移交使用时是否视同销售不动产申报缴纳税款。

(六)审核纳税人采用“还本”方式销售商品房和以房产补偿给拆迁户时,是否按规定申报纳税。

(七)审核纳税人在销售不动产过程中收取的价外费用,如天然气初装费、有线电视初装费等收益,是否按规定申报纳税。

(八)审核将房地产抵债转让给其他单位和个人或被法院拍卖的房产,是否按规定申报纳税。

(九)审核纳税人转让在建项目是否按规定申报纳税。

(十)审核以房地产或土地作价入股投资或联营从事房地产开发,或者房地产开发企业以其建造的商品房进行投资或联营,是否按规定申报纳税。

第四章　扣除项目的审核

第二十七条　税务师事务所应当审核纳税人申报的扣除项目是否符合《土地增值税暂行条例实施细则》第七条规定的范围。审核的内容具体包括:

(一)取得土地使用权所支付的金额。

(二)房地产开发成本,包括:土地征用及拆迁补偿费、前期工程费、建筑安装工程费、基础设施费、公共配套设施费、开发间接费用。

(三)房地产开发费用。

(四)与转让房地产有关的税金。

(五)国家规定的其他扣除项目。

第二十八条　扣除项目审核的基本程序和方法包括:

(一)评价与扣除项目核算相关的内部控制是否存在、有效且一贯遵守。

(二)获取或编制扣除项目明细表,并与明细账、总账及有关申报表核对是否一致。

(三)审核相关合同、协议和项目预(概)算资料,并了解其执行情况,审核成本、费用支出项目。

(四)审核扣除项目的记录、归集是否正确,是否取得合法、有效的凭证,会计及税务处理是否正确,确认扣除项目的金额是否准确。

(五)实地查看、询问调查和核实。剔除不属于清算项目所发生的开发成本和费用。

(六)必要时,利用专家审核扣除项目。

第二十九条　审核各项扣除项目分配或分摊的顺序和标准是否符合下列规定,并确认扣除项目的具体金额:

(一)扣除项目能够直接认定的,审核是否取得合法、有效的凭证。

(二)扣除项目不能够直接认定的,审核当期扣除项目分配标准和口径是否一致,是否按照规定合理分摊。

(三)审核并确认房地产开发土地面积、建筑面积和可售面积,是否与权属证、房产证、预售证、房屋测绘所测量数据、销售记录、销售合同、有关主管部门的文件等载明的面积数据相一致，并确定各项扣除项目分摊所使用的分配标准。

如果上述性质相同的三类面积所获取的各项证据发生冲突、不能相互印证时，税务师事务所应当追加审核程序，并按照外部证据比内部证据更可靠的原则，确认适当的面积。

（四）审核并确认扣除项目的具体金额时，应当考虑总成本、单位成本、可售面积、累计已售面积、累计已售分摊成本、未售分摊成本（存货）等因素。

第三十条 取得土地使用权支付金额的审核，应当包括下列内容：

（一）审核取得土地使用权支付的金额是否获取合法有效的凭证，口径是否一致。

（二）如果同一土地有多个开发项目，审核取得土地使用权支付金额的分配比例和具体金额的计算是否正确。

（三）审核取得土地使用权支付金额是否含有关联方的费用。

（四）审核有无将期间费用记入取得土地使用权支付金额的情形。

（五）审核有无预提的取得土地使用权支付金额。

（六）比较、分析相同地段、相同期间、相同档次项目，判断其取得土地使用权支付金额是否存在明显异常。

第三十一条 土地征用及拆迁补偿费的审核，应当包括下列内容：

（一）审核征地费用、拆迁费用等实际支出与概预算是否存在明显异常。

（二）审核支付给个人的拆迁补偿款所需的拆迁（回迁）合同和签收花名册，并与相关账目核对。

（三）审核纳税人在由政府或者他人承担已征用和拆迁好的土地上进行开发的相关扣除项目，是否按税收规定扣除。

第三十二条 前期工程费的审核，应当包括下列内容：

（一）审核前期工程费的各项实际支出与概预算是否存在明显异常。

（二）审核纳税人是否虚列前期工程费，土地开发费用是否按税收规定扣除。

第三十三条 建筑安装工程费的审核，应当包括下列内容：

（一）出包方式。重点审核完工决算成本与工程概预算成本是否存在明显异常。当二者差异较大时，应当追加下列审核程序，以获取充分、适当、真实的证据：

1. 从合同管理部门获取施工单位与开发商签订的施工合同，并与相关账目进行核对；

2. 实地查看项目工程情况，必要时，向建筑监理公司取证；

3. 审核纳税人是否存在利用关联方（尤其是各企业适用不同的征收方式、不同税率，不同时段享受税收优惠时）承包或分包工程，增加或减少建筑安装成本造价的情形。

（二）自营方式。重点审核施工所发生的人工费、材料费、机械使用费、其他直接费和管理费支出是否取得合法有效的凭证，是否按规定进行会计处理和税务处理。

第三十四条 基础设施费和公共配套设施费的审核，应当包括下列内容：

（一）审核各项基础设施费和公共配套设施费用是否取得合法有效的凭证。

（二）如果有多个开发项目，基础设施费和公共配套设施费用是否分项目核算，是否将应记入其他项目的费用记入了清算项目。

（三）审核各项基础设施费和公共配套设施费用是否含有其他企业的费用。

（四）审核各项基础设施费和公共配套设施费用是否含有以明显不合理的金额开具的各类凭证。

（五）审核是否将期间费用记入基础设施费和公共配套设施费用。

（六）审核有无预提的基础设施费和公共配套设施费用。

（七）获取项目概预算资料，比较、分析概预算费用与实际费用是否存在明显异常。

（八）审核基础设施费和公共配套设施应负担各项开发成本是否已经按规定分摊。

（九）各项基础设施费和公共配套设施费的分摊和扣除是否符合有关税收规定。

第三十五条 开发间接费用的审核，应当包括下列内容：

（一）审核各项开发间接费用是否取得合法有效凭证。

（二）如果有多个开发项目，开发间接费用是否分项目核算，是否将应记入其他项目的费用记入了清算项目。

（三）审核各项开发间接费用是否含有其他企业的费用。

（四）审核各项开发间接费用是否含有以明显不合理的金额开具的各类凭证。

（五）审核是否将期间费用记入开发间接费用。

（六）审核有无预提的开发间接费用。

（七）审核纳税人的预提费用及为管理和组织经营活动而发生的管理费用，是否在本项目中予以剔除。

（八）在计算加计扣除项目基数时，审核是否剔除了已计入开发成本的借款费用。

第三十六条 房地产开发费用的审核，应当包括下列内容：

（一）审核应据实列支的财务费用是否取得合法有效的凭证，除据实列支的财务费用外的房地产开发费用是否按规定比例计算扣除。

（二）利息支出的审核。企业开发项目的利息支出不能够提供金融机构证明的，审核其利息支出是否按税收规定的比例计算扣除；开发项目的利息支出能够提供金融机构证明的，应按下列方法进行审核：

1. 审核各项利息费用是否取得合法有效的凭证；

2. 如果有多个开发项目，利息费用是否分项目核算，是否将应记入其他项目的利息费用记入了清算项目；

3. 审核各项借款合同，判断其相应条款是否符合有关规定；

4. 审核利息费用是否超过按商业银行同类同期贷款利率计算的金额。

第三十七条 与转让房地产有关的税金审核，应当确认与转让房地产有关的税金及附加扣除的范围是否符合税收有关规定，计算的扣除金额是否正确。

对于不属于清算范围或者不属于转让房地产时发生的税金及附加，或者按照预售收入（不包括已经结转销售收入部分）计算并缴纳的税金及附加，不应作为清算的扣除项目。

第三十八条 国家规定的加计扣除项目的审核，应当包括下列内容：

（一）对取得土地（不论是生地还是熟地）使用权后，未进行任何形式的开发即转让的，审核是否按税收规定计算扣除项目金额，核实有无违反税收规定加计扣除的情形。

（二）对于取得土地使用权后，仅进行土地开发（如"三通一平"等），不建造房屋即转让土地使用权的，审核是否按税收规定计算扣除项目金额，是否按取得土地使用权时支付的地价款和开发土地的成本之和计算加计扣除。

（三）对于取得了房地产产权后，未进行任何实质性的改良或开发即再行转让的，审核是否按税收规定计算扣除项目金额，核实有无违反税收规定加计扣除的情形。

（四）对于县级以上人民政府要求房地产开发企业在售房时代收的各项费用，审核其代收费用是否计入房价并向购买方一并收取，核实有无将代收费用作为加计扣除的基数的情形。

第三十九条　对于纳税人成片受让土地使用权后，分期分批开发、转让房地产的，审核其扣除项目金额是否按主管税务机关确定的分摊方法计算分摊扣除。

第五章　应纳税额的审核

第四十条　税务师事务所应按照税法规定审核清算项目的收入总额、扣除项目的金额，并确认其增值额及适用税率，正确计算应缴税款。审核程序通常包括：

（一）审核清算项目的收入总额是否符合税收规定，计算是否正确。

（二）审核清算项目的扣除金额及其增值额是否符合税收规定，计算是否正确。

1. 如果企业有多个开发项目，审核收入与扣除项目金额是否属于同一项目；

2. 如果同一个项目既有普通住宅，又有非普通住宅，审核其收入额与扣除项目金额是否分开核算；

3. 对于同一清算项目，一段时间免税、一段时间征税的，应当特别关注收入的实现时间及其扣除项目的配比。

（三）审核增值额与扣除项目之比的计算是否正确，并确认土地增值税的适用税率。

（四）审核并确认清算项目当期土地增值税应纳税额及应补或应退税额。

第六章　鉴证报告的出具

第四十一条　本准则所称的鉴证报告，是指税务师事务所按照相关法律、法规、规章及其他有关规定，在实施必要的审核程序后，出具含有鉴证结论或鉴证意见的书面报告。

第四十二条　鉴证报告的基本内容应当包括：

（一）标题。鉴证报告的标题应当统一规范为“土地增值税清算税款鉴证报告”。

（二）收件人。鉴证报告的收件人是指注册税务师按照业务约定书的要求致送鉴证报告的对象，一般是指鉴证业务的委托人。鉴证报告应当载明收件人的全称。

（三）引言段。鉴证报告的引言段应当表明委托人和受托人的责任，说明对委托事项已进行鉴证审核以及审核的原则和依据等。

（四）审核过程及实施情况。鉴证报告的审核过程及实施情况应当披露以下内容：

1. 简要评述与土地增值税清算有关的内部控制及其有效性；

2. 简要评述与土地增值税清算有关的各项内部证据和外部证据的相关性和可靠性；

3. 简要陈述对委托单位提供的会计资料及纳税资料等进行审核、验证、计算和进行职业推断的情况。

（五）鉴证结论或鉴证意见。注册税务师应当根据鉴证情况，提出鉴证结论或鉴证意见，并确认出具鉴证报告的种类。

（六）鉴证报告的要素还应当包括：

1. 税务师事务所所长和注册税务师签名或盖章；
2. 载明税务师事务所的名称和地址，并加盖税务师事务所公章；
3. 注明报告日期；
4. 注明鉴证报告的使用人；
5. 附送与土地增值税清算税款鉴证相关的审核表及有关资料。

第四十三条 税务师事务所经过审核鉴证，应当根据鉴证情况，出具真实、合法的鉴证报告。鉴证报告分为以下四种：

（一）无保留意见的鉴证报告（见附件2）。

（二）保留意见的鉴证报告（见附件3）。

（三）无法表明意见的鉴证报告（见附件4）。

（四）否定意见的鉴证报告（见附件5）。

上述鉴证报告应当附有《企业基本情况和土地增值税清算税款申报审核事项说明及有关附表》（见附件6）。

第四十四条 税务师事务所经过审核鉴证，确认涉税鉴证事项符合下列所有条件，应当出具无保留意见的鉴证报告：

（一）鉴证事项完全符合法定性标准，涉及的会计资料及纳税资料遵从了国家法律、法规及税收有关规定。

（二）注册税务师已经按本准则的规定实施了必要的审核程序，审核过程未受到限制。

（三）注册税务师获取了鉴证对象信息所需的充分、适当、真实的证据，完全可以确认土地增值税的具体纳税金额。

税务师事务所出具无保留意见的鉴证报告，可以作为办理土地增值税清算申报或审批事宜的依据。

第四十五条 税务师事务所经过审核鉴证，认为涉税鉴证事项总体上符合法定性标准，但还存在下列情形之一的，应当出具保留意见的鉴证报告：

（一）部分涉税事项因税收法律、法规及其具体政策规定或执行时间不够明确。

（二）经过咨询或询证，对鉴证事项所涉及的具体税收政策在理解上与税收执法人员存在分歧，需要提请税务机关裁定。

（三）部分涉税事项因审核范围受到限制，不能获取充分、适当、真实的证据，虽然影响较大，但不至于出具无法表明意见的鉴证报告。

税务师事务所应当对能够获取充分、适当、真实证据的部分涉税事项，确认其土地增值税的具体纳税金额，并对不能确认具体金额的保留事项予以说明，提请税务机关裁定。

税务师事务所出具的保留意见的鉴证报告，可以作为办理土地增值税清算申报或审批事宜的依据。

第四十六条 税务师事务所因审核范围受到限制，认为对企业土地增值税纳税申报可能产生的影响非常重大和广泛，以致于无法对土地增值税纳税申报发表意见，应当出具无法表明意见的鉴证报告。

税务师事务所出具的无法表明意见的鉴证报告，不能作为办理土地增值税清算申报或审批事宜的依据。

第四十七条 税务师事务所经过审核鉴证，发现涉税事项总体上没有遵从法定性标准，存在违反相关法律、法规或税收规定的情形，经与被审核单位的治理层、管理层沟通或磋商，在所有重大方面未能达成一致意见，不能真实、合法的反映鉴证结果的，应当出具否定意见的鉴证报告。

税务师事务所出具否定意见的鉴证报告，不能作为办理土地增值税清算申报或审批事宜的依据。

3－6－14

国家税务总局关于印发《土地增值税清算管理规程》的通知

2009年5月12日 国税发〔2009〕91号

各省、自治区、直辖市和计划单列市地方税务局：

为了加强房地产开发企业的土地增值税征收管理，规范土地增值税清算工作，根据《中华人民共和国土地增值税暂行条例》及其实施细则、《中华人民共和国税收征收管理法》及其实施细则等有关税收法律、行政法规的规定，结合房地产开发经营业务的特点，国家税务总局制定了《土地增值税清算管理规程》，现印发给你们，请遵照执行。

土地增值税清算管理规程

第一章 总 则

第一条 为了加强土地增值税征收管理，规范土地增值税清算工作，根据《中华人民共和国税收征收管理法》及其实施细则、《中华人民共和国土地增值税暂行条例》及其实施细则等规定，制定本规程（以下简称《规程》）。

第二条 《规程》适用于房地产开发项目土地增值税清算工作。

第三条 《规程》所称土地增值税清算，是指纳税人在符合土地增值税清算条件后，依照税收法律、法规及土地增值税有关政策规定，计算房地产开发项目应缴纳的土地增值税税额，并填写《土地增值税清算申报表》，向主管税务机关提供有关资料，办理土地增值税清算手续，结清该房地产项目应缴纳土地增值税税款的行为。

第四条 纳税人应当如实申报应缴纳的土地增值税税额，保证清算申报的真实性、准确性和完整性。

第五条 税务机关应当为纳税人提供优质纳税服务，加强土地增值税政策宣传辅导。

主管税务机关应及时对纳税人清算申报的收入、扣除项目金额、增值额、增值率以及税款计算等情况进行审核,依法征收土地增值税。

第二章　前期管理

第六条　主管税务机关应加强房地产开发项目的日常税收管理,实施项目管理。主管税务机关应从纳税人取得土地使用权开始,按项目分别建立档案、设置台账,对纳税人项目立项、规划设计、施工、预售、竣工验收、工程结算、项目清盘等房地产开发全过程情况实行跟踪监控,做到税务管理与纳税人项目开发同步。

第七条　主管税务机关对纳税人项目开发期间的会计核算工作应当积极关注,对纳税人分期开发项目或者同时开发多个项目的,应督促纳税人根据清算要求按不同期间和不同项目合理归集有关收入、成本、费用。

第八条　对纳税人分期开发项目或者同时开发多个项目的,有条件的地区,主管税务机关可结合发票管理规定,对纳税人实施项目专用票据管理措施。

第三章　清算受理

第九条　纳税人符合下列条件之一的,应进行土地增值税的清算。

(一)房地产开发项目全部竣工、完成销售的;

(二)整体转让未竣工决算房地产开发项目的;

(三)直接转让土地使用权的。

第十条　对符合以下条件之一的,主管税务机关可要求纳税人进行土地增值税清算。

(一)已竣工验收的房地产开发项目,已转让的房地产建筑面积占整个项目可售建筑面积的比例在85%以上,或该比例虽未超过85%,但剩余的可售建筑面积已经出租或自用的;

(二)取得销售(预售)许可证满三年仍未销售完毕的;

(三)纳税人申请注销税务登记但未办理土地增值税清算手续的;

(四)省(自治区、直辖市、计划单列市)税务机关规定的其他情况。

对前款所列第(三)项情形,应在办理注销登记前进行土地增值税清算。

第十一条　对于符合本规程第九条规定,应进行土地增值税清算的项目,纳税人应当在满足条件之日起90日内到主管税务机关办理清算手续。对于符合本规程第十条规定税务机关可要求纳税人进行土地增值税清算的项目,由主管税务机关确定是否进行清算;对于确定需要进行清算的项目,由主管税务机关下达清算通知,纳税人应当在收到清算通知之日起90日内办理清算手续。

应进行土地增值税清算的纳税人或经主管税务机关确定需要进行清算的纳税人,在上述规定的期限内拒不清算或不提供清算资料的,主管税务机关可依据《中华人民共和国税收征收管理法》有关规定处理。

第十二条　纳税人清算土地增值税时应提供的清算资料:

(一)土地增值税清算表及其附表(参考表样见附件,各地可根据本地实际情况制定)。

(二)房地产开发项目清算说明,主要内容应包括房地产开发项目立项、用地、开发、销售、关联方交易、融资、税款缴纳等基本情况及主管税务机关需要了解的其他情况。

(三)项目竣工决算报表、取得土地使用权所支付的地价款凭证、国有土地使用权出让合同、银行贷款利息结算通知单、项目工程合同结算单、商品房购销合同统计表、销售明细表、预售许可证等与转让房地产的收入、成本和费用有关的证明资料。主管税务机关需要相应项目记账凭证的,纳税人还应提供记账凭证复印件。

(四)纳税人委托税务中介机构审核鉴证的清算项目,还应报送中介机构出具的《土地增值税清算税款鉴证报告》。

第十三条 主管税务机关收到纳税人清算资料后,对符合清算条件的项目,且报送的清算资料完备的,予以受理;对纳税人符合清算条件、但报送的清算资料不全的,应要求纳税人在规定限期内补报,纳税人在规定的期限内补齐清算资料后,予以受理;对不符合清算条件的项目,不予受理。上述具体期限由各省、自治区、直辖市、计划单列市税务机关确定。主管税务机关已受理的清算申请,纳税人无正当理由不得撤销。

第十四条 主管税务机关按照本规程第六条进行项目管理时,对符合税务机关可要求纳税人进行清算情形的,应当作出评估,并经分管领导批准,确定何时要求纳税人进行清算的时间。对确定暂不通知清算的,应继续做好项目管理,每年作出评估,及时确定清算时间并通知纳税人办理清算。

第十五条 主管税务机关受理纳税人清算资料后,应在一定期限内及时组织清算审核。具体期限由各省、自治区、直辖市、计划单列市税务机关确定。

第四章 清算审核

第十六条 清算审核包括案头审核、实地审核。

案头审核是指对纳税人报送的清算资料进行数据、逻辑审核,重点审核项目归集的一致性、数据计算准确性等。

实地审核是指在案头审核的基础上,通过对房地产开发项目实地查验等方式,对纳税人申报情况的客观性、真实性、合理性进行审核。

第十七条 清算审核时,应审核房地产开发项目是否以国家有关部门审批、备案的项目为单位进行清算;对于分期开发的项目,是否以分期项目为单位清算;对不同类型房地产是否分别计算增值额、增值率,缴纳土地增值税。

第十八条 审核收入情况时,应结合销售发票、销售合同(含房管部门网上备案登记资料)、商品房销售(预售)许可证、房产销售分户明细表及其他有关资料,重点审核销售明细表、房地产销售面积与项目可售面积的数据关联性,以核实计税收入;对销售合同所载商品房面积与有关部门实际测量面积不一致,而发生补、退房款的收入调整情况进行审核;对销售价格进行评估,审核有无价格明显偏低情况。

必要时,主管税务机关可通过实地查验,确认有无少计、漏计事项,确认有无将开发产品用于职工福利、奖励、对外投资、分配给股东或投资人、抵偿债务、换取其他单位和个人的非货币性资产等情况。

第十九条 非直接销售和自用房地产的收入确定

(一)房地产开发企业将开发产品用于职工福利、奖励、对外投资、分配给股东或投资人、抵偿债务、换取其他单位和个人的非货币性资产等,发生所有权转移时应视同销售房地产,其收入按下列方法和顺序确认:

1. 按本企业在同一地区、同一年度销售的同类房地产的平均价格确定；

2. 由主管税务机关参照当地当年、同类房地产的市场价格或评估价值确定。

(二)房地产开发企业将开发的部分房地产转为企业自用或用于出租等商业用途时，如果产权未发生转移，不征收土地增值税，在税款清算时不列收入，不扣除相应的成本和费用。

第二十条 土地增值税扣除项目审核的内容包括：

(一)取得土地使用权所支付的金额。

(二)房地产开发成本，包括：土地征用及拆迁补偿费、前期工程费、建筑安装工程费、基础设施费、公共配套设施费、开发间接费用。

(三)房地产开发费用。

(四)与转让房地产有关的税金。

(五)国家规定的其他扣除项目。

第二十一条 审核扣除项目是否符合下列要求：

(一)在土地增值税清算中，计算扣除项目金额时，其实际发生的支出应当取得但未取得合法凭据的不得扣除。

(二)扣除项目金额中所归集的各项成本和费用，必须是实际发生的。

(三)扣除项目金额应当准确地在各扣除项目中分别归集，不得混淆。

(四)扣除项目金额中所归集的各项成本和费用，必须是在清算项目开发中直接发生的或应当分摊的。

(五)纳税人分期开发项目或者同时开发多个项目的，或者同一项目中建造不同类型房地产的，应按照受益对象，采用合理的分配方法，分摊共同的成本费用。

(六)对同一类事项，应当采取相同的会计政策或处理方法。会计核算与税务处理规定不一致的，以税务处理规定为准。

第二十二条 审核取得土地使用权支付金额和土地征用及拆迁补偿费时应当重点关注：

(一)同一宗土地有多个开发项目，是否予以分摊，分摊办法是否合理、合规，具体金额的计算是否正确。

(二)是否存在将房地产开发费用记入取得土地使用权支付金额以及土地征用及拆迁补偿费的情形。

(三)拆迁补偿费是否实际发生，尤其是支付给个人的拆迁补偿款、拆迁(回迁)合同和签收花名册或签收凭证是否一一对应。

第二十三条 审核前期工程费、基础设施费时应当重点关注：

(一)前期工程费、基础设施费是否真实发生，是否存在虚列情形。

(二)是否将房地产开发费用记入前期工程费、基础设施费。

(三)多个(或分期)项目共同发生的前期工程费、基础设施费，是否按项目合理分摊。

第二十四条 审核公共配套设施费时应当重点关注：

(一)公共配套设施的界定是否准确，公共配套设施费是否真实发生，有无预提的公共配套设施费情况。

（二）是否将房地产开发费用记入公共配套设施费。

（三）多个（或分期）项目共同发生的公共配套设施费，是否按项目合理分摊。

第二十五条 审核建筑安装工程费时应当重点关注：

（一）发生的费用是否与决算报告、审计报告、工程结算报告、工程施工合同记载的内容相符。

（二）房地产开发企业自购建筑材料时，自购建材费用是否重复计算扣除项目。

（三）参照当地当期同类开发项目单位平均建安成本或当地建设部门公布的单位定额成本，验证建筑安装工程费支出是否存在异常。

（四）房地产开发企业采用自营方式自行施工建设的，还应当关注有无虚列、多列施工人工费、材料费、机械使用费等情况。

（五）建筑安装发票是否在项目所在地税务机关开具。

第二十六条 审核开发间接费用时应当重点关注：

（一）是否存在将企业行政管理部门（总部）为组织和管理生产经营活动而发生的管理费用记入开发间接费用的情形。

（二）开发间接费用是否真实发生，有无预提开发间接费用的情况，取得的凭证是否合法有效。

第二十七条 审核利息支出时应当重点关注：

（一）是否将利息支出从房地产开发成本中调整至开发费用。

（二）分期开发项目或者同时开发多个项目的，其取得的一般性贷款的利息支出，是否按照项目合理分摊。

（三）利用闲置专项借款对外投资取得收益，其收益是否冲减利息支出。

第二十八条 代收费用的审核。

对于县级以上人民政府要求房地产开发企业在售房时代收的各项费用，审核其代收费用是否计入房价并向购买方一并收取；当代收费用计入房价时，审核有无将代收费用计入加计扣除以及房地产开发费用计算基数的情形。

第二十九条 关联方交易行为的审核。

在审核收入和扣除项目时，应重点关注关联企业交易是否按照公允价值和营业常规进行业务往来。

应当关注企业大额应付款余额，审核交易行为是否真实。

第三十条 纳税人委托中介机构审核鉴证的清算项目，主管税务机关应当采取适当方法对有关鉴证报告的合法性、真实性进行审核。

第三十一条 对纳税人委托中介机构审核鉴证的清算项目，主管税务机关未采信或部分未采信鉴证报告的，应当告知其理由。

第三十二条 土地增值税清算审核结束，主管税务机关应当将审核结果书面通知纳税人，并确定办理补、退税期限。

第五章 核定征收

第三十三条 在土地增值税清算过程中，发现纳税人符合核定征收条件的，应按核定征收方式对房地产项目进行清算。

第三十四条 在土地增值税清算中符合以下条件之一的,可实行核定征收。

(一)依照法律、行政法规的规定应当设置但未设置账簿的;

(二)擅自销毁账簿或者拒不提供纳税资料的;

(三)虽设置账簿,但账目混乱或者成本资料、收入凭证、费用凭证残缺不全,难以确定转让收入或扣除项目金额的;

(四)符合土地增值税清算条件,企业未按照规定的期限办理清算手续,经税务机关责令限期清算,逾期仍不清算的;

(五)申报的计税依据明显偏低,又无正当理由的。

第三十五条 符合上述核定征收条件的,由主管税务机关发出核定征收的税务事项告知书后,税务人员对房地产项目开展土地增值税核定征收核查,经主管税务机关审核合议,通知纳税人申报缴纳应补缴税款或办理退税。

第三十六条 对于分期开发的房地产项目,各期清算的方式应保持一致。

第六章 其 他

第三十七条 土地增值税清算资料应按照档案化管理的要求,妥善保存。

第三十八条 本规程自2009年6月1日起施行,各省(自治区、直辖市、计划单列市)税务机关可结合本地实际,对本规程进行进一步细化。

附件:1. 土地增值税纳税申报表(从事房地产开发的纳税人适用)(编者略)

2. 各类附表(编者略)

3-6-15

国家税务总局关于土地增值税清算有关问题的通知

2010年5月19日 国税函〔2010〕220号

各省、自治区、直辖市地方税务局,宁夏、西藏、青海省(自治区)国家税务局:

为了进一步做好土地增值税清算工作,根据《中华人民共和国土地增值税暂行条例》及其实施细则的规定,现将土地增值税清算工作中有关问题通知如下:

一、关于土地增值税清算时收入确认的问题

土地增值税清算时,已全额开具商品房销售发票的,按照发票所载金额确认收入;未开具发票或未全额开具发票的,以交易双方签订的销售合同所载的售房金额及其他收益确认收入。销售合同所载商品房面积与有关部门实际测量面积不一致,在清算前已发生补、退房款的,应在计算土地增值税时予以调整。

二、房地产开发企业未支付的质量保证金,其扣除项目金额的确定问题

房地产开发企业在工程竣工验收后,根据合同约定,扣留建筑安装施工企业一定比例

的工程款，作为开发项目的质量保证金，在计算土地增值税时，建筑安装施工企业就质量保证金对房地产开发企业开具发票的，按发票所载金额予以扣除；未开具发票的，扣留的质保金不得计算扣除。

三、房地产开发费用的扣除问题

（一）财务费用中的利息支出，凡能够按转让房地产项目计算分摊并提供金融机构证明的，允许据实扣除，但最高不能超过按商业银行同类同期贷款利率计算的金额。其他房地产开发费用，在按照“取得土地使用权所支付的金额”与“房地产开发成本”金额之和的5%以内计算扣除。

（二）凡不能按转让房地产项目计算分摊利息支出或不能提供金融机构证明的，房地产开发费用在按“取得土地使用权所支付的金额”与“房地产开发成本”金额之和的10%以内计算扣除。

全部使用自有资金，没有利息支出的，按照以上方法扣除。

上述具体适用的比例按省级人民政府此前规定的比例执行。

（三）房地产开发企业既向金融机构借款，又有其他借款的，其房地产开发费用计算扣除时不能同时适用本条（一）、（二）项所述两种办法。

（四）土地增值税清算时，已经计入房地产开发成本的利息支出，应调整至财务费用中计算扣除。

四、房地产开发企业逾期开发缴纳的土地闲置费的扣除问题

房地产开发企业逾期开发缴纳的土地闲置费不得扣除。

五、房地产开发企业取得土地使用权时支付的契税的扣除问题

房地产开发企业为取得土地使用权所支付的契税，应视同“按国家统一规定交纳的有关费用”，计入“取得土地使用权所支付的金额”中扣除。

六、关于拆迁安置土地增值税计算问题

（一）房地产企业用建造的本项目房地产安置回迁户的，安置用房视同销售处理，按《国家税务总局关于房地产开发企业土地增值税清算管理有关问题的通知》（国税发〔2006〕187号）第三条第（一）款规定确认收入，同时将此确认为房地产开发项目的拆迁补偿费。房地产开发企业支付给回迁户的补差价款，计入拆迁补偿费；回迁户支付给房地产开发企业的补差价款，应抵减本项目拆迁补偿费。

（二）开发企业采取异地安置，异地安置的房屋属于自行开发建造的，房屋价值按国税发〔2006〕187号第三条第（一）款的规定计算，计入本项目的拆迁补偿费；异地安置的房屋属于购入的，以实际支付的购房支出计入拆迁补偿费。

（三）货币安置拆迁的，房地产开发企业凭合法有效凭据计入拆迁补偿费。

七、关于转让旧房准予扣除项目的加计问题

《财政部、国家税务总局关于土地增值税若干问题的通知》（财税〔2006〕21号）第二条第一款规定“纳税人转让旧房及建筑物，凡不能取得评估价格，但能提供购房发票的，经当地税务部门确认，《条例》第六条第（一）、（三）项规定的扣除项目的金额，可按发票所载金额并从购买年度起至转让年度止每年加计5%计算”。计算扣除项目时“每年”按购房发票所载日期起至售房发票开具之日止，每满12个月计一年；超过一年，未满12个月但超过6

个月的,可以视同为一年。

八、土地增值税清算后应补缴的土地增值税加收滞纳金问题

纳税人按规定预缴土地增值税后,清算补缴的土地增值税,在主管税务机关规定的期限内补缴的,不加收滞纳金。

3－6－16

国家税务总局关于加强土地增值税征管工作的通知

2010年5月25日　国税发〔2010〕53号

各省、自治区、直辖市和计划单列市地方税务局,西藏、宁夏、青海省(自治区)国家税务局:

为深入贯彻《国务院关于坚决遏制部分城市房价过快上涨的通知》(国发〔2010〕10号)精神,促进房地产行业健康发展,合理调节房地产开发收益,充分发挥土地增值税调控作用,现就加强土地增值税征收管理工作通知如下:

一、统一思想认识,全面加强土地增值税征管工作

土地增值税是保障收入公平分配、促进房地产市场健康发展的有力工具。各级税务机关要认真贯彻落实国务院通知精神,高度重视土地增值税征管工作,进一步加强土地增值税清算,强化税收调节作用。

各级税务机关要在当地政府支持下,与国土资源、住房建设等有关部门协调配合,进一步加强对土地增值税征收管理工作的组织领导,强化征管手段,配备业务骨干,集中精力加强管理。要组织开展督导检查,推进本地区土地增值税清算工作开展;摸清本地区土地增值税税源状况,健全和完善房地产项目管理制度;完善土地增值税预征和清算制度,科学实施预征,全面组织清算,充分发挥土地增值税的调节作用。

还没有全面组织清算、管理比较松懈的地区,要转变观念、提高认识,将思想统一到国发〔2010〕10号文件精神上来,坚决、全面、深入地推进本地区土地增值税清算工作,不折不扣地将国发〔2010〕10号文件精神落到实处。

二、科学合理制定预征率,加强土地增值税预征工作

预征是土地增值税征收管理工作的基础,是实现土地增值税调节功能、保障税收收入均衡入库的重要手段。各级税务机关要全面加强土地增值税的预征工作,把土地增值税预征和房地产项目管理工作结合起来,把土地增值税预征和销售不动产营业税结合起来;把预征率的调整和土地增值税清算的实际税负结合起来;把预征率的调整与房价上涨的情况结合起来,使预征率更加接近实际税负水平,改变目前部分地区存在的预征率偏低,与房价快速上涨不匹配的情况。通过科学、精细的测算,研究预征率调整与房价上涨的挂钩机制。

为了发挥土地增值税在预征阶段的调节作用,各地须对目前的预征率进行调整。除保障性住房外,东部地区省份预征率不得低于2%,中部和东北地区省份不得低于1.5%,西部

地区省份不得低于1%，各地要根据不同类型房地产确定适当的预征率（地区的划分按照国务院有关文件的规定执行）。对尚未预征或暂缓预征的地区，应切实按照税收法律、法规开展预征，确保土地增值税在预征阶段及时、充分发挥调节作用。

三、深入贯彻《土地增值税清算管理规程》，提高清算工作水平

土地增值税清算是纳税人应尽的法定义务。组织土地增值税清算工作是实现土地增值税调控功能的关键环节。各级税务机关要克服畏难情绪，切实加强土地增值税清算工作。要按照《土地增值税清算管理规程》的要求，结合本地实际，进一步细化操作办法，完善清算流程，严格审核房地产开发项目的收入和扣除项目，提升清算水平。有条件的地区，要充分发挥中介机构作用，提高清算效率。各地税务师管理中心要配合当地税务机关加强对中介机构的管理，对清算中弄虚作假的中介机构进行严肃惩治。

各级税务机关要全面开展土地增值税清算审核工作。要对已经达到清算条件的项目，全面进行梳理、统计，制订切实可行的工作计划，提出清算进度的具体指标；要加强土地增值税税收法规和政策的宣传辅导，加强纳税服务，要求企业及时依法进行清算，按照《土地增值税清算管理规程》的规定和时限进行申报；对未按照税收法律、法规要求及时进行清算的纳税人，要依法进行处罚；对审核中发现重大疑点的，要及时移交税务稽查部门进行稽查；对涉及偷逃土地增值税税款的重大稽查案件要及时向社会公布案件处理情况。

各级税务机关要将全面推进工作和重点清算审核结合起来，按照国发〔2010〕10号文件精神，有针对性地选择3～5个定价过高、涨幅过快的项目，作为重点清算审核对象，以点带面推动本地区清算工作。

各地要在6月底前将本地区的清算工作计划（包括本地区组织企业进行清算的具体措施和年内完成的目标等内容，具体数据见附表）和重点清算项目名单上报税务总局，税务总局将就各地对重点项目的清算情况进行抽查。

四、规范核定征收，堵塞税收征管漏洞

核定征收必须严格依照税收法律、法规规定的条件进行，任何单位和个人不得擅自扩大核定征收范围，严禁在清算中出现“以核定为主、一核了之”、“求快图省”的做法。凡擅自将核定征收作为本地区土地增值税清算主要方式的，必须立即纠正。对确需核定征收的，要严格按照税收法律、法规的要求，从严、从高确定核定征收率。为了规范核定工作，核定征收率原则上不得低于5%，各省级税务机关要结合本地实际，区分不同房地产类型制定核定征收率。

五、加强督导检查，建立问责机制

各级税务机关要按照国发〔2010〕10号文件关于建立考核问责机制的要求，把土地增值税清算工作列入年度考核内容，对清算工作开展情况和清算质量提出具体要求。要根据《国家税务总局关于进一步开展土地增值税清算工作的通知》（国税函〔2008〕318号）的要求，对清算工作开展情况进行有力的督导检查，积极推动土地增值税清算工作，提高土地增值税征管水平。国家税务总局将继续组织督导检查组，对各地土地增值税贯彻执行情况和清算工作开展情况进行系统深入的督导检查。国家税务总局已经督导检查过的地区，要针对检查中发现的问题，进行认真整改，督导检查组将对整改情况择时择地进行复查。

各省、自治区、直辖市和计划单列市地方税务局要在6月底前将本通知的贯彻落实情况

向税务总局上报。

附件:土地增值税清算计划统计表(编者略)

3-6-17

国家税务总局关于修订土地增值税纳税申报表的通知

2016年7月7日　税总函〔2016〕309号

各省、自治区、直辖市和计划单列市地方税务局,西藏、宁夏自治区国家税务局:

为加强土地增值税规范化管理,税务总局决定修订土地增值税纳税申报表。现将修订的主要内容通知如下:

一、增加《土地增值税项目登记表》

根据《国家税务总局关于印发〈土地增值税纳税申报表〉的通知》(国税发〔1995〕090号)规定,从事房地产开发的纳税人,应在取得土地使用权并获得房地产开发项目开工许可后,根据税务机关确定的时间,向主管税务机关报送《土地增值税项目登记表》,并在每次转让(预售)房地产时,依次填报表中规定栏目的内容。

二、土地增值税纳税申报表单修订内容

(一)根据《财政部、国家税务总局关于土地增值税一些具体问题规定的通知》(财税字〔1995〕48号)规定,在《土地增值税纳税申报表(二)》和《土地增值税纳税申报表(五)》中增加"代收费用"栏次。

(二)根据《国家税务总局关于房地产开发企业土地增值税清算管理有关问题的通知》(国税发〔2006〕187号)和《国家税务总局关于印发〈土地增值税清算管理规程〉的通知》(国税发〔2009〕91号)规定,调整收入项目名称,在《土地增值税纳税申报表(一)》中增加"视同销售收入"数据列,在《土地增值税纳税申报表(二)》、《土地增值税纳税申报表(四)》、《土地增值税纳税申报表(五)》和《土地增值税纳税申报表(六)》中调整转让收入栏次,增加"视同销售收入"指标。

现将修订后的《土地增值税纳税申报表》(见附件)印发给你单位,请认真做好落实工作。各表单执行情况请及时反馈税务总局(财产和行为税司)。

附件:土地增值税纳税申报表(修订版)(编者略)

注释:

条款失效废止。第二条失效废止。参见:《国家税务总局关于简并税费申报有关事项的公告》(国家税务总局公告2021年第9号)。

3 -6 -18

国家税务总局关于营改增后土地增值税若干征管规定的公告

2016 年 11 月 10 日　国家税务总局公告 2016 年第 70 号

为进一步做好营改增后土地增值税征收管理工作，根据《中华人民共和国土地增值税暂行条例》及其实施细则、《财政部　国家税务总局关于营改增后契税、房产税、土地增值税、个人所得税计税依据问题的通知》（财税〔2016〕43 号）等规定，现就土地增值税若干征管问题明确如下：

一、关于营改增后土地增值税应税收入确认问题

营改增后，纳税人转让房地产的土地增值税应税收入不含增值税。适用增值税一般计税方法的纳税人，其转让房地产的土地增值税应税收入不含增值税销项税额；适用简易计税方法的纳税人，其转让房地产的土地增值税应税收入不含增值税应纳税额。

为方便纳税人，简化土地增值税预征税款计算，房地产开发企业采取预收款方式销售自行开发的房地产项目的，可按照以下方法计算土地增值税预征计征依据：

土地增值税预征的计征依据 = 预收款 - 应预缴增值税税款

二、关于营改增后视同销售房地产的土地增值税应税收入确认问题

纳税人将开发产品用于职工福利、奖励、对外投资、分配给股东或投资人、抵偿债务、换取其他单位和个人的非货币性资产等，发生所有权转移时应视同销售房地产，其收入应按照《国家税务总局关于房地产开发企业土地增值税清算管理有关问题的通知》（国税发〔2006〕187 号）第三条规定执行。纳税人安置回迁户，其拆迁安置用房应税收入和扣除项目的确认，应按照《国家税务总局关于土地增值税清算有关问题的通知》（国税函〔2010〕220 号）第六条规定执行。

三、关于与转让房地产有关的税金扣除问题

（一）营改增后，计算土地增值税增值额的扣除项目中“与转让房地产有关的税金”不包括增值税。

（二）营改增后，房地产开发企业实际缴纳的城市维护建设税（以下简称“城建税”）、教育费附加，凡能够按清算项目准确计算的，允许据实扣除。凡不能按清算项目准确计算的，则按该清算项目预缴增值税时实际缴纳的城建税、教育费附加扣除。

其他转让房地产行为的城建税、教育费附加扣除比照上述规定执行。

四、关于营改增前后土地增值税清算的计算问题

房地产开发企业在营改增后进行房地产开发项目土地增值税清算时，按以下方法确定相关金额：

（一）土地增值税应税收入 = 营改增前转让房地产取得的收入 + 营改增后转让房地产取得的不含增值税收入

（二）与转让房地产有关的税金＝营改增前实际缴纳的营业税、城建税、教育费附加＋营改增后允许扣除的城建税、教育费附加

五、关于营改增后建筑安装工程费支出的发票确认问题

营改增后，土地增值税纳税人接受建筑安装服务取得的增值税发票，应按照《国家税务总局关于全面推开营业税改征增值税试点有关税收征收管理事项的公告》（国家税务总局公告2016年第23号）规定，在发票的备注栏注明建筑服务发生地县（市、区）名称及项目名称，否则不得计入土地增值税扣除项目金额。

六、关于旧房转让时的扣除计算问题

营改增后，纳税人转让旧房及建筑物，凡不能取得评估价格，但能提供购房发票的，《中华人民共和国土地增值税暂行条例》第六条第一、三项规定的扣除项目的金额按照下列方法计算：

（一）提供的购房凭据为营改增前取得的营业税发票的，按照发票所载金额（不扣减营业税）并从购买年度起至转让年度止每年加计5%计算。

（二）提供的购房凭据为营改增后取得的增值税普通发票的，按照发票所载价税合计金额从购买年度起至转让年度止每年加计5%计算。

（三）提供的购房发票为营改增后取得的增值税专用发票的，按照发票所载不含增值税金额加上不允许抵扣的增值税进项税额之和，并从购买年度起至转让年度止每年加计5%计算。

本公告自公布之日起施行。

特此公告。

3－6－19

财政部　税务总局关于继续实施企业改制重组有关土地增值税政策的公告

2021年5月31日　财政部　税务总局公告2021年第21号

为支持企业改制重组，优化市场环境，现就继续执行有关土地增值税政策公告如下：

一、企业按照《中华人民共和国公司法》有关规定整体改制，包括非公司制企业改制为有限责任公司或股份有限公司，有限责任公司变更为股份有限公司，股份有限公司变更为有限责任公司，对改制前的企业将国有土地使用权、地上的建筑物及其附着物（以下称房地产）转移、变更到改制后的企业，暂不征土地增值税。

本公告所称整体改制是指不改变原企业的投资主体，并承继原企业权利、义务的行为。

二、按照法律规定或者合同约定，两个或两个以上企业合并为一个企业，且原企业投资主体存续的，对原企业将房地产转移、变更到合并后的企业，暂不征土地增值税。

三、按照法律规定或者合同约定，企业分设为两个或两个以上与原企业投资主体相同的企业，对原企业将房地产转移、变更到分立后的企业，暂不征土地增值税。

四、单位、个人在改制重组时以房地产作价入股进行投资，对其将房地产转移、变更到被投资的企业，暂不征土地增值税。

五、上述改制重组有关土地增值税政策不适用于房地产转移任意一方为房地产开发企业的情形。

六、改制重组后再转让房地产并申报缴纳土地增值税时，对“取得土地使用权所支付的金额”，按照改制重组前取得该宗国有土地使用权所支付的地价款和按国家统一规定缴纳的有关费用确定；经批准以国有土地使用权作价出资入股的，为作价入股时县级及以上自然资源部门批准的评估价格。按购房发票确定扣除项目金额的，按照改制重组前购房发票所载金额并从购买年度起至本次转让年度止每年加计5%计算扣除项目金额，购买年度是指购房发票所载日期的当年。

七、纳税人享受上述税收政策，应按税务机关规定办理。

八、本公告所称不改变原企业投资主体、投资主体相同，是指企业改制重组前后出资人不发生变动，出资人的出资比例可以发生变动；投资主体存续，是指原企业出资人必须存在于改制重组后的企业，出资人的出资比例可以发生变动。

九、本公告执行期限为2021年1月1日至2023年12月31日。企业改制重组过程中涉及的土地增值税尚未处理的，符合本公告规定可按本公告执行。

3 -6 -20

财政部　税务总局关于继续实施企业改制重组有关土地增值税政策的公告

2023年9月22日　财政部　税务总局公告2023年第51号

为支持企业改制重组，优化市场环境，现就继续执行有关土地增值税政策公告如下：

一、企业按照《中华人民共和国公司法》有关规定整体改制，包括非公司制企业改制为有限责任公司或股份有限公司，有限责任公司变更为股份有限公司，股份有限公司变更为有限责任公司，对改制前的企业将国有土地使用权、地上的建筑物及其附着物（以下称房地产）转移、变更到改制后的企业，暂不征收土地增值税。

本公告所称整体改制是指不改变原企业的投资主体，并承继原企业权利、义务的行为。

二、按照法律规定或者合同约定，两个或两个以上企业合并为一个企业，且原企业投资主体存续的，对原企业将房地产转移、变更到合并后的企业，暂不征收土地增值税。

三、按照法律规定或者合同约定，企业分设为两个或两个以上与原企业投资主体相同的企业，对原企业将房地产转移、变更到分立后的企业，暂不征收土地增值税。

四、单位、个人在改制重组时以房地产作价入股进行投资，对其将房地产转移、变更到被投资的企业，暂不征收土地增值税。

五、上述改制重组有关土地增值税政策不适用于房地产转移任意一方为房地产开发企业的情形。

六、改制重组后再转让房地产并申报缴纳土地增值税时,对"取得土地使用权所支付的金额",按照改制重组前取得该宗国有土地使用权所支付的地价款和按国家统一规定缴纳的有关费用确定;经批准以国有土地使用权作价出资入股的,为作价入股时县级及以上自然资源部门批准的评估价格。按购房发票确定扣除项目金额的,按照改制重组前购房发票所载金额并从购买年度起至本次转让年度止每年加计5%计算扣除项目金额,购买年度是指购房发票所载日期的当年。

七、纳税人享受上述税收政策,应按相关规定办理。

八、本公告所称不改变原企业投资主体、投资主体相同,是指企业改制重组前后出资人不发生变动,出资人的出资比例可以发生变动;投资主体存续,是指原企业出资人必须存在于改制重组后的企业,出资人的出资比例可以发生变动。

九、本公告执行至2027年12月31日。

特此公告。

7 车船税

3－7－1

中华人民共和国车船税法

2011年2月25日第十一届全国人民代表大会常务委员会第十九次会议通过 同日中华人民共和国主席令第43号公布 2019年4月23日第十三届全国人民代表大会常务委员会第十次会议修正 同日中华人民共和国主席令第29号公布

第一条 在中华人民共和国境内属于本法所附《车船税税目税额表》规定的车辆、船舶（以下简称车船）的所有人或者管理人，为车船税的纳税人，应当依照本法缴纳车船税。

第二条 车船的适用税额依照本法所附《车船税税目税额表》执行。

车辆的具体适用税额由省、自治区、直辖市人民政府依照本法所附《车船税税目税额表》规定的税额幅度和国务院的规定确定。

船舶的具体适用税额由国务院在本法所附《车船税税目税额表》规定的税额幅度内确定。

第三条 下列车船免征车船税：

（一）捕捞、养殖渔船；

（二）军队、武装警察部队专用的车船；

（三）警用车船；

（四）悬挂应急救援专用号牌的国家综合性消防救援车辆和国家综合性消防救援专用船舶；

（五）依照法律规定应当予以免税的外国驻华使领馆、国际组织驻华代表机构及其有关人员的车船。

第四条 对节约能源、使用新能源的车船可以减征或者免征车船税；对受严重自然灾害影响纳税困难以及有其他特殊原因确需减税、免税的，可以减征或者免征车船税。具体办法由国务院规定，并报全国人民代表大会常务委员会备案。

第五条 省、自治区、直辖市人民政府根据当地实际情况，可以对公共交通车船，农村居民拥有并主要在农村地区使用的摩托车、三轮汽车和低速载货汽车定期减征或者免征车船税。

第六条 从事机动车第三者责任强制保险业务的保险机构为机动车车船税的扣缴义务人，应当在收取保险费时依法代收车船税，并出具代收税款凭证。

第七条 车船税的纳税地点为车船的登记地或者车船税扣缴义务人所在地。依法不需要办理登记的车船，车船税的纳税地点为车船的所有人或者管理人所在地。

第八条 车船税纳税义务发生时间为取得车船所有权或者管理权的当月。

第九条 车船税按年申报缴纳。具体申报纳税期限由省、自治区、直辖市人民政府规定。

第十条 公安、交通运输、农业、渔业等车船登记管理部门、船舶检验机构和车船税扣缴义务人的行业主管部门应当在提供车船有关信息等方面，协助税务机关加强车船税的征收管理。

车辆所有人或者管理人在申请办理车辆相关登记、定期检验手续时，应当向公安机关交通管理部门提交依法纳税或者免税证明。公安机关交通管理部门核查后办理相关手续。

第十一条 车船税的征收管理，依照本法和《中华人民共和国税收征收管理法》的规定执行。

第十二条 国务院根据本法制定实施条例。

第十三条 本法自2012年1月1日起施行。2006年12月29日国务院公布的《中华人民共和国车船税暂行条例》同时废止。

附：车船税税目税额表

附：

车船税税目税额表

<table>
<tr><th colspan="2">税目</th><th>计税单位</th><th>年基准税额</th><th>备注</th></tr>
<tr><td rowspan="7">乘用车[按发动机汽缸容量(排气量)分档]</td><td>1.0升(含)以下的</td><td rowspan="7">每辆</td><td>60元至360元</td><td rowspan="7">核定载客人数9人(含)以下</td></tr>
<tr><td>1.0升以上至1.6升(含)的</td><td>300元至540元</td></tr>
<tr><td>1.6升以上至2.0升(含)的</td><td>360元至660元</td></tr>
<tr><td>2.0升以上至2.5升(含)的</td><td>660元至1200元</td></tr>
<tr><td>2.5升以上至3.0升(含)的</td><td>1200元至2400元</td></tr>
<tr><td>3.0升以上至4.0升(含)的</td><td>2400元至3600元</td></tr>
<tr><td>4.0升以上的</td><td>3600元至5400元</td></tr>
<tr><td rowspan="2">商用车</td><td>客车</td><td>每辆</td><td>480元至1440元</td><td>核定载客人数9人以上，包括电车</td></tr>
<tr><td>货车</td><td>整备质量每吨</td><td>16元至120元</td><td>包括半挂牵引车、三轮汽车和低速载货汽车等</td></tr>
<tr><td>挂车</td><td></td><td>整备质量每吨</td><td>按照货车税额的50%计算</td><td></td></tr>
<tr><td rowspan="2">其他车辆</td><td>专用作业车</td><td rowspan="2">整备质量每吨</td><td>16元至120元</td><td rowspan="2">不包括拖拉机</td></tr>
<tr><td>轮式专用机械车</td><td>16元至120元</td></tr>
<tr><td>摩托车</td><td></td><td>每辆</td><td>36元至180元</td><td></td></tr>
<tr><td rowspan="2">船舶</td><td>机动船舶</td><td>净吨位每吨</td><td>3元至6元</td><td>拖船、非机动驳船分别按照机动船舶税额的50%计算</td></tr>
<tr><td>游艇</td><td>艇身长度每米</td><td>600元至2000元</td><td></td></tr>
</table>

3 -7 -2

中华人民共和国车船税法实施条例

2011 年 12 月 5 日中华人民共和国国务院令第 611 号公布
2019 年 3 月 2 日中华人民共和国国务院令第 709 号修订

第一条 根据《中华人民共和国车船税法》(以下简称车船税法)的规定,制定本条例。

第二条 车船税法第一条所称车辆、船舶,是指:

(一)依法应当在车船登记管理部门登记的机动车辆和船舶;

(二)依法不需要在车船登记管理部门登记的在单位内部场所行驶或者作业的机动车辆和船舶。

第三条 省、自治区、直辖市人民政府根据车船税法所附《车船税税目税额表》确定车辆具体适用税额,应当遵循以下原则:

(一)乘用车依排气量从小到大递增税额;

(二)客车按照核定载客人数 20 人以下和 20 人(含)以上两档划分,递增税额。

省、自治区、直辖市人民政府确定的车辆具体适用税额,应当报国务院备案。

第四条 机动船舶具体适用税额为:

(一)净吨位不超过 200 吨的,每吨 3 元;

(二)净吨位超过 200 吨但不超过 2000 吨的,每吨 4 元;

(三)净吨位超过 2000 吨但不超过 10000 吨的,每吨 5 元;

(四)净吨位超过 10000 吨的,每吨 6 元。

拖船按照发动机功率每 1 千瓦折合净吨位 0.67 吨计算征收车船税。

第五条 游艇具体适用税额为:

(一)艇身长度不超过 10 米的,每米 600 元;

(二)艇身长度超过 10 米但不超过 18 米的,每米 900 元;

(三)艇身长度超过 18 米但不超过 30 米的,每米 1300 元;

(四)艇身长度超过 30 米的,每米 2000 元;

(五)辅助动力帆艇,每米 600 元。

第六条 车船税法和本条例所涉及的排气量、整备质量、核定载客人数、净吨位、千瓦、艇身长度,以车船登记管理部门核发的车船登记证书或者行驶证所载数据为准。

依法不需要办理登记的车船和依法应当登记而未办理登记或者不能提供车船登记证书、行驶证的车船,以车船出厂合格证明或者进口凭证标注的技术参数、数据为准;不能提供车船出厂合格证明或者进口凭证的,由主管税务机关参照国家相关标准核定,没有国家相关标准的参照同类车船核定。

第七条 车船税法第三条第一项所称的捕捞、养殖渔船,是指在渔业船舶登记管理部门登记为捕捞船或者养殖船的船舶。

第八条 车船税法第三条第二项所称的军队、武装警察部队专用的车船,是指按照规定在军队、武装警察部队车船登记管理部门登记,并领取军队、武警牌照的车船。

第九条 车船税法第三条第三项所称的警用车船,是指公安机关、国家安全机关、监狱、劳动教养管理机关和人民法院、人民检察院领取警用牌照的车辆和执行警务的专用船舶。

第十条 节约能源、使用新能源的车船可以免征或者减半征收车船税。免征或者减半征收车船税的车船的范围,由国务院财政、税务主管部门商国务院有关部门制订,报国务院批准。

对受地震、洪涝等严重自然灾害影响纳税困难以及其他特殊原因确需减免税的车船,可以在一定期限内减征或者免征车船税。具体减免期限和数额由省、自治区、直辖市人民政府确定,报国务院备案。

第十一条 车船税由税务机关负责征收。

第十二条 机动车车船税扣缴义务人在代收车船税时,应当在机动车交通事故责任强制保险的保险单以及保费发票上注明已收税款的信息,作为代收税款凭证。

第十三条 已完税或者依法减免税的车辆,纳税人应当向扣缴义务人提供登记地的主管税务机关出具的完税凭证或者减免税证明。

第十四条 纳税人没有按照规定期限缴纳车船税的,扣缴义务人在代收代缴税款时,可以一并代收代缴欠缴税款的滞纳金。

第十五条 扣缴义务人已代收代缴车船税的,纳税人不再向车辆登记地的主管税务机关申报缴纳车船税。

没有扣缴义务人的,纳税人应当向主管税务机关自行申报缴纳车船税。

第十六条 纳税人缴纳车船税时,应当提供反映排气量、整备质量、核定载客人数、净吨位、千瓦、艇身长度等与纳税相关信息的相应凭证以及税务机关根据实际需要要求提供的其他资料。

纳税人以前年度已经提供前款所列资料信息的,可以不再提供。

第十七条 车辆车船税的纳税人按照纳税地点所在的省、自治区、直辖市人民政府确定的具体适用税额缴纳车船税。

第十八条 扣缴义务人应当及时解缴代收代缴的税款和滞纳金,并向主管税务机关申报。扣缴义务人向税务机关解缴税款和滞纳金时,应当同时报送明细的税款和滞纳金扣缴报告。扣缴义务人解缴税款和滞纳金的具体期限,由省、自治区、直辖市税务机关依照法律、行政法规的规定确定。

第十九条 购置的新车船,购置当年的应纳税额自纳税义务发生的当月起按月计算。应纳税额为年应纳税额除以 12 再乘以应纳税月份数。

在一个纳税年度内,已完税的车船被盗抢、报废、灭失的,纳税人可以凭有关管理机关出具的证明和完税凭证,向纳税所在地的主管税务机关申请退还自被盗抢、报废、灭失月份起至该纳税年度终了期间的税款。

已办理退税的被盗抢车船失而复得的,纳税人应当从公安机关出具相关证明的当月起计算缴纳车船税。

第二十条 已缴纳车船税的车船在同一纳税年度内办理转让过户的,不另纳税,也不退税。

第二十一条 车船税法第八条所称取得车船所有权或者管理权的当月，应当以购买车船的发票或者其他证明文件所载日期的当月为准。

第二十二条 税务机关可以在车船登记管理部门、车船检验机构的办公场所集中办理车船税征收事宜。

公安机关交通管理部门在办理车辆相关登记和定期检验手续时，经核查，对没有提供依法纳税或者免税证明的，不予办理相关手续。

第二十三条 车船税按年申报，分月计算，一次性缴纳。纳税年度为公历 1 月 1 日至 12 月 31 日。

第二十四条 临时入境的外国车船和香港特别行政区、澳门特别行政区、台湾地区的车船，不征收车船税。

第二十五条 按照规定缴纳船舶吨税的机动船舶，自车船税法实施之日起 5 年内免征车船税。

依法不需要在车船登记管理部门登记的机场、港口、铁路站场内部行驶或者作业的车船，自车船税法实施之日起 5 年内免征车船税。

第二十六条 车船税法所附《车船税税目税额表》中车辆、船舶的含义如下：

乘用车，是指在设计和技术特性上主要用于载运乘客及随身行李，核定载客人数包括驾驶员在内不超过 9 人的汽车。

商用车，是指除乘用车外，在设计和技术特性上用于载运乘客、货物的汽车，划分为客车和货车。

半挂牵引车，是指装备有特殊装置用于牵引半挂车的商用车。

三轮汽车，是指最高设计车速不超过每小时 50 公里，具有三个车轮的货车。

低速载货汽车，是指以柴油机为动力，最高设计车速不超过每小时 70 公里，具有四个车轮的货车。

挂车，是指就其设计和技术特性需由汽车或者拖拉机牵引，才能正常使用的一种无动力的道路车辆。

专用作业车，是指在其设计和技术特性上用于特殊工作的车辆。

轮式专用机械车，是指有特殊结构和专门功能，装有橡胶车轮可以自行行驶，最高设计车速大于每小时 20 公里的轮式工程机械车。

摩托车，是指无论采用何种驱动方式，最高设计车速大于每小时 50 公里，或者使用内燃机，其排量大于 50 毫升的两轮或者三轮车辆。

船舶，是指各类机动、非机动船舶以及其他水上移动装置，但是船舶上装备的救生艇筏和长度小于 5 米的艇筏除外。其中，机动船舶是指用机器推进的船舶；拖船是指专门用于拖(推)动运输船舶的专业作业船舶；非机动驳船，是指在船舶登记管理部门登记为驳船的非机动船舶；游艇是指具备内置机械推进动力装置，长度在 90 米以下，主要用于游览观光、休闲娱乐、水上体育运动等活动，并应当具有船舶检验证书和适航证书的船舶。

第二十七条 本条例自 2012 年 1 月 1 日起施行。

3－7－3

国家税务总局关于车船税征管若干问题的公告

2013年7月26日　国家税务总局公告2013年第42号

为规范车船税征管，维护纳税人合法权益，根据《中华人民共和国车船税法》（以下简称车船税法）及其实施条例，现将车船税有关征管问题明确如下：

一、关于专用作业车的认定

对于在设计和技术特性上用于特殊工作，并装置有专用设备或器具的汽车，应认定为专用作业车，如汽车起重机、消防车、混凝土泵车、清障车、高空作业车、洒水车、扫路车等。以载运人员或货物为主要目的的专用汽车，如救护车，不属于专用作业车。

二、关于税务机关核定客货两用车的征税问题

客货两用车，又称多用途货车，是指在设计和结构上主要用于载运货物，但在驾驶员座椅后带有固定或折叠式座椅，可运载3人以上乘客的货车。客货两用车依照货车的计税单位和年基准税额计征车船税。

三、关于车船税应纳税额的计算

车船税法及其实施条例涉及的整备质量、净吨位、艇身长度等计税单位，有尾数的一律按照含尾数的计税单位据实计算车船税应纳税额。计算得出的应纳税额小数点后超过两位的可四舍五入保留两位小数。

乘用车以车辆登记管理部门核发的机动车登记证书或者行驶证书所载的排气量毫升数确定税额区间。

四、关于车船因质量问题发生退货时的退税

已经缴纳车船税的车船，因质量原因，车船被退回生产企业或者经销商的，纳税人可以向纳税所在地的主管税务机关申请退还自退货月份起至该纳税年度终了期间的税款。退货月份以退货发票所载日期的当月为准。

五、关于扣缴义务人代收代缴后车辆登记地主管税务机关不再征收车船税

纳税人在购买“交强险”时，由扣缴义务人代收代缴车船税的，凭注明已收税款信息的“交强险”保险单，车辆登记地的主管税务机关不再征收该纳税年度的车船税。再次征收的，车辆登记地主管税务机关应予退还。

六、关于扣缴义务人代收代缴欠缴税款滞纳金的起算时间

车船税扣缴义务人代收代缴欠缴税款的滞纳金，从各省、自治区、直辖市人民政府规定的申报纳税期限截止日期的次日起计算。

七、关于境内外租赁船舶征收车船税的问题

境内单位和个人租入外国籍船舶的，不征收车船税。境内单位和个人将船舶出租到境外的，应依法征收车船税。

本公告自2013年9月1日起施行。《国家税务总局关于车船税征管若干问题的通知》(国税发〔2008〕48号)同时废止。

特此公告。

※ ※ ※ ※

3-7-4

国家税务总局 中国保险监督管理委员会关于机动车车船税代收代缴有关事项的公告

2011年12月19日 国家税务总局 中国保险监督管理委员会公告2011年第75号

《中华人民共和国车船税法》(以下简称车船税法)及其实施条例将于2012年1月1日起施行。根据车船税法及其实施条例规定,从事机动车交通事故责任强制保险(以下简称交强险)业务的保险机构(以下简称保险机构)为机动车车船税的扣缴义务人,应当在收取交强险保险费时依法代收车船税。为了贯彻落实车船税法及其实施条例,做好机动车车船税代收代缴工作,现将有关事项公告如下:

一、扎实做好贯彻落实车船税法及其实施条例的准备工作

各级税务机关要在深入领会和准确把握车船税法及其实施条例政策精神的基础上,通过多种途径,做好对扣缴义务人的宣传与政策解释工作,使扣缴义务人熟悉车船税法及其实施条例和本地区实施办法的政策规定,知晓不依法履行扣缴义务应承担的法律责任,提高扣缴义务人代收代缴车船税的业务水平。

各省、自治区、直辖市和计划单列市税务机关要总结本地区代收代缴工作经验,认真分析工作中存在问题,结合车船税法及其实施条例的相关规定,在征求当地保险监管部门和在当地从事交强险业务的保险机构意见的基础上,进一步完善本地区代收代缴管理办法,规范代收代缴车船税的工作流程。在代收代缴管理办法中,要进一步明确扣缴义务人申报、结报税款的具体方式和期限,代收代缴手续费支付办法,双方信息交换的内容、方式和期限,纳税人对保险机构代收代缴税款数额有异议时的受理程序和期限等事项。

各保险机构要在税务机关协助下做好对保险从业人员的培训工作,使他们熟练掌握车船税法及其实施条例的有关政策和相关征管规定,掌握代收代缴税款的操作程序和应纳税额的计算方法,以便顺利开展机动车车船税代收代缴工作。各保险机构要根据车船税法律法规的变化及当地省、自治区、直辖市人民政府确定的具体适用税额,及时修改交强险业务和财务系统。

有条件的地区,保险监管部门、保险机构与税务机关要积极探索车险信息共享平台与税务机关相关信息系统的联网工作,提高数据交换、业务处理的质量和效率。

二、认真履行代收代缴义务,严格执行代收代缴规定

各保险机构要严格按照车船税的有关政策和相关征管规定,认真履行代收代缴机动车

车船税的法定义务，确保税款及时、足额解缴国库。

（一）各保险机构要协助税务机关做好车船税的宣传工作，在营业场所张贴或摆放有关车船税的宣传材料，着重宣传车船税法及其实施条例与原来车船税政策的区别，公布纳税人在购买交强险时缴纳车船税的办理流程，认真回答纳税人有关车船税的问题，提高纳税人依法纳税的自觉性。

（二）对军队和武警专用车辆、警用车辆、拖拉机、临时入境的外国机动车和香港特别行政区、澳门特别行政区、台湾地区的机动车，保险机构在销售交强险时不代收代缴车船税。其中，军队、武警专用车辆以军队、武警车船管理部门核发的军车号牌和武警号牌作为认定依据；警用车辆以公安机关核发的警车号牌（最后一位登记编号为红色的“警”字）作为认定依据；拖拉机以在农业（农业机械）部门登记、并拥有拖拉机登记证书或拖拉机行驶证书作为认定依据；临时入境的外国机动车以中国海关等部门出具的准许机动车入境的凭证作为认定依据；香港特别行政区、澳门特别行政区、台湾地区的机动车根据公安交通管理部门核发的批准文书作为认定依据，具体操作办法由进入内地或大陆口岸所在地税务机关制定。

（三）在财政部、国家税务总局会同汽车行业主管部门公布了享受车船税优惠政策的节约能源、使用新能源的车型目录后，对纳入车型目录的机动车，保险机构销售交强险时，根据车型目录的规定免征或减征车船税。

（四）对于拥有公安交通管理部门核发的外国使馆、领事馆专用号牌的机动车，保险机构销售交强险时，不代收代缴车船税。

（五）对已经向主管税务机关申报缴纳车船税的纳税人，保险机构在销售交强险时，不再代收代缴车船税，但应根据纳税人出示的完税凭证原件，将上述车辆的完税凭证号和出具该凭证的税务机关名称录入交强险业务系统。

（六）对税务机关出具减免税证明的车辆，保险机构在销售交强险时，对免税车辆不代收代缴车船税；对减税车辆根据减税证明的规定处理。保险机构应将减免税证明号和出具该证明的税务机关名称录入交强险业务系统。

（七）除上述（二）、（三）、（四）、（五）、（六）项中规定的不代收代缴车船税的情形外，保险机构在销售交强险时一律按照保险机构所在地的车船税税额标准和所在地税务机关的具体规定代收代缴车船税；投保人无法立即足额缴纳车船税的，保险机构不得将保单、保险标志和保费发票等票据交给投保人，直至投保人缴纳车船税或提供税务机关出具的完税证明或免税证明。纳税人对保险机构代收代缴税款数额有异议的，根据本地区代收代缴管理办法规定的受理程序和期限进行处理。

（八）保险机构在计算机动车应纳税额时，机动车的相关技术信息以车辆登记证书或行驶证书所载相应数据为准。

对于纳税人无法提供车辆登记证书的乘用车，保险机构可以参照税务机关提供的汽车管理部门发布的车辆生产企业及产品公告确定乘用车的排气量。在车辆生产企业及产品公告中未纳入的老旧车辆，纳税人应提请保险机构所在地的税务机关核定排气量。

购置的新机动车，相关技术信息以机动车整车出厂合格证或进口车辆的车辆一致性证书所载相应数据为准。

（九）购置的新机动车，购置当年的应纳税款从购买日期的当月起至该年度终了按月计算。对于在国内购买的机动车，购买日期以《机动车销售统一发票》所载日期为准；对于进口机动车，购买日期以《海关关税专用缴款书》所载日期为准。

（十）保险机构在销售交强险时，要严格按照有关规定代收代缴车船税，并将相关信息据实录入交强险业务系统中。不得擅自多收、少收或不收机动车车船税，不得以任何形式擅自减免、赠送机动车车船税，不得遗漏应录入的信息或录入虚假信息。各保险机构不得将代收代缴的机动车车船税计入交强险保费收入，不得向保险中介机构支付代收车船税的手续费。

（十一）保险机构在代收代缴机动车车船税时，应向投保人开具注明已收税款信息的交强险保险单和保费发票，作为代收税款凭证。纳税人需要另外开具完税凭证的，保险机构应告知纳税人凭交强险保单到保险机构所在地的税务机关开具。

（十二）各保险机构应按照本地区代收代缴管理办法规定的期限和方式，及时向保险机构所在地的税务机关办理申报、结报手续，报送代收代缴报告表，报告投保、缴税机动车的明细信息。有条件的地区，要积极探索保险机构向地（市）或省税务机关申报、结报的模式。对保险机构和税务机关已实现信息联网的地区，税务机关可根据当地实际自行确定保险机构报送代收代缴报告表的方式。

（十三）各保险机构要做好机动车投保、缴税信息以及其他相关信息的档案保存、整理工作，并接受税务机关和保险监管部门的检查。对于税务机关提供的信息，保险机构应予保密，除办理涉税事项外，不得用于其他目的。

（十四）保险机构委托保险中介机构销售交强险的，应加强对中介机构的培训，并要求中介机构根据本公告的要求在销售交强险时代收车船税，录入相关信息，保存相关涉税凭证的复印件。保险中介机构应自觉接受税务机关和保险监管部门的检查。

三、加强指导和监督，确保代收代缴工作依法有序开展

各级税务机关要与当地保险监管部门密切配合，加强对保险机构的指导，支持保险机构做好代收代缴工作。同时，要按照车船税相关政策和《中华人民共和国税收征收管理法》的规定，加强对扣缴义务人的管理和监督。

（一）税务机关要为保险机构向纳税人宣传车船税政策提供支持，应免费向保险机构提供车船税宣传资料。

（二）对于纳税人直接向税务机关申报缴纳车船税的，税务机关应向纳税人开具含有车辆号牌号码等机动车信息的完税凭证。纳税人一次缴纳多辆机动车车船税的，可合并开具一张完税凭证，分行填列每辆机动车的完税情况；也可合并开具一张完税凭证，同时附缴税车辆的明细表，列明每辆缴税机动车的完税情况，并加盖征税专用章。税务机关应将相关纳税信息及时传递给保险机构。

（三）对于外国驻华使馆、领事馆和国际组织驻华机构及其有关人员的车辆，因保险机构通过车辆号牌难以判别是否属于免税范围，税务机关应审查纳税人提供的本机构或个人身份的证明文件和车辆所有权证明文件，以及国际组织驻华机构及其有关人员提供的相关国际条约或协定。对符合免税规定的，税务机关应向纳税人开具免税证明，并将免税证明的相关信息传递给保险机构。

(四)对于自车船税法实施之日起5年内免征车船税的机场、港口、铁路站场内部行驶或者作业的机动车,需要购买交强险的,税务机关应向纳税人开具免税证明,并将免税证明的相关信息传递给保险机构。

(五)对于按照省级人民政府根据车船税法及其实施条例的规定予以减免车船税的机动车,由各省、自治区、直辖市税务机关规定保险机构销售交强险时的具体操作方法。

(六)纳税人对保险机构代收代缴税款数额有异议的,可以直接向税务机关申报缴纳,也可以在保险机构代收代缴税款后向税务机关提出申诉,税务机关应在接到纳税人申诉后按照本地区代收代缴管理办法规定的程序和期限受理。

(七)保险机构向税务机关办理申报、结报手续后,完税车辆被盗抢、报废、灭失而申请车船税退税的,由保险机构所在地的税务机关按照有关规定办理。

(八)对纳税人通过保险机构代收代缴方式缴纳车船税后需要另外开具完税凭证的,由保险机构所在地的税务机关办理。在办理完税凭证时,税务机关应根据纳税人所持注明已收税款信息的保险单,开具《税收转账专用完税证》,并在保险单上注明"完税凭证已开具"字样。《税收转账专用完税证》的第一联(存根)和保险单复印件由税务机关留存备查,第二联(收据)由纳税人收执,作为纳税人缴纳车船税的完税凭证。

(九)各级税务机关要严格审查保险机构报送的车船税代收代缴信息。有条件的地区,要探索利用信息化的手段对代收代缴信息进行审核。

(十)税务机关应按照规定向各保险机构及时足额支付手续费。

(十一)对于保险监管部门和保险机构提供的信息,各级税务机关应予保密,除办理涉税事项外,不得用于其他目的。

(十二)各级税务机关要与当地保险监管部门协调配合,建立工作协调机制和信息交换机制,联合对保险机构代收代缴情况进行监督和检查。对于违反车船税政策和相关征管规定的保险机构,税务机关要按照《中华人民共和国税收征收管理法》的有关规定进行处理,并将处理情况以书面形式及时通报当地保险监管部门。

(十三)各级税务机关要主动征求当地保险监管部门、保险行业协会和各保险机构的意见和建议,及时改进工作方法,不断完善代收代缴管理办法。

四、积极协调,严格监督,共同做好代收代缴的管理工作

各地保险监管部门要与当地税务机关和各保险机构积极沟通,协助税务机关做好代收代缴车船税的监督管理工作。

(一)各地保险监管部门要督促各保险机构做好贯彻落实车船税法及其实施条例的各项准备工作,并会同税务机关对各保险机构的准备情况进行检查。

(二)各地保险监管部门要加大对保险机构交强险业务和机动车代收代缴车船税工作的监管力度,保障机动车车船税按时入库。对于以任何形式诱导、怂恿投保人不缴、少缴或缓缴车船税进行恶性竞争、扰乱保险市场秩序的,保险监管部门应依据相关规定对该机构及其责任人进行严肃处理。

(三)各地保险监管部门要加强与税务机关的联系,及时配合税务机关向保险机构传达车船税的有关政策精神,并向税务机关如实反映保险机构的意见和要求,使代收代缴工作顺利开展。

保险机构在销售交强险时代收代缴机动车车船税，加强了车船税税源控管力度，提高了车船税征管的科学化、精细化水平，方便了纳税人。各级税务机关、各地保险监管部门和各保险机构要充分认识代收代缴机动车车船税的重要意义，高度重视该项工作，要指定人员负责代收代缴车船税的相关工作，并相互通报人员的确定和变更情况。对于代收代缴工作中出现的问题，要加强沟通和协调，积极予以解决；无法解决的，要及时向各自的上级机关报告。

本公告自2012年1月1日起施行。《国家税务总局、中国保险监督管理委员会关于做好车船税代收代缴工作的通知》（国税发〔2007〕55号）、《国家税务总局、中国保险监督管理委员会关于保险机构代收代缴车船税有关问题的通知》（国税发〔2007〕98号）、《国家税务总局、中国保险监督管理委员会关于进一步做好车船税代收代缴工作的通知》（国税发〔2008〕74号）同时废止。

特此公告。

3－7－5

财政部　国家税务总局　工业和信息化部关于不属于车船税征收范围的纯电动燃料电池乘用车车型目录（第一批）的公告

2011年12月31日　财政部　国家税务总局　工业和信息化部公告2011年第81号

根据《中华人民共和国车船税法》有关规定，纯电动、燃料电池乘用车不属于车船税征收范围。为维护纳税人的合法权益，便于税务机关和扣缴义务人准确掌握政策，财政部、国家税务总局、工业和信息化部根据纯电动、燃料电池乘用车的技术进步和车型变化情况，公告其车型目录。现将第一批不属于车船税征收范围的纯电动、燃料电池乘用车车型目录予以公告。

附件：不属于车船税征收范围的纯电动、燃料电池乘用车车型目录（第一批）（编者略）

3－7－6

国家税务总局关于加强《车船税减免税证明》管理有关工作的通知

2011年12月31日　国税发〔2011〕130号

各省、自治区、直辖市和计划单列市国家税务局、地方税务局：

为贯彻落实《中华人民共和国车船税法》及其实施条例，规范车船税减免税管理，切实做好车船税的征收管理工作，现就车船税减免税凭证的印制、管理和开具等事项通知如下：

一、减免税证明的印制

（一）《车船税减免税证明》的格式（见附件）由国家税务总局统一规定。各省、自治区、直辖市和计划单列市税务机关根据本通知所附的样式，自行印制《车船税减免税证明》。

（二）《车船税减免税证明》一式三联：第一联（存根），由税务机关留存；第二联（证明），由纳税人在购买机动车交通事故责任强制保险（以下简称交强险）时交保险机构或者在办理车船登记、检验手续时交车船管理部门留存；第三联（备查），纳税人留存备查。各省、自治区、直辖市和计划单列市税务机关也可根据工作需要增加联次。

（三）各地税务机关要根据相关征管文书的管理规定，做好《车船税减免税证明》的印制、保管、发放、存档等工作。

二、减免税证明的办理

（一）对符合车船税减免税有关规定且需要纳税人办理减免税事项的，税务机关应在审查纳税人提供的相关资料后，向纳税人开具减免税证明。

税务机关与扣缴义务人、车船管理部门已实现车船税信息联网的地区，可以不开具纸质减免税证明，但税务机关应通过网络将减免税证明的相关信息及时传递给扣缴义务人和相关车船管理部门。纳税人因到异地办理机动车交强险等原因需要开具纸质证明的，税务机关应予以办理。

（二）需要纳税人到税务机关办理减免税事项的车船范围，纳税人办理减免税事项需要提供的相关资料，哪级税务机关受理、批准减免税申请和开具减免税证明，由各省、自治区、直辖市和计划单列市税务机关根据车船税法、实施条例及相关规定确定。

本通知自2012年1月1日起施行。在执行过程中发现的新情况、新问题应及时向国家税务总局（征管和科技发展司、财产和行为税司）报告。

附件：车船税减免税证明

附件

车船税减免税证明

开具日期：　　年　月　日　　　　　　　　证明号码：

<table>
<tr><td>纳税人名称</td><td colspan="2"></td><td colspan="2">纳税人识别号</td><td colspan="2"></td></tr>
<tr><td colspan="7">减免税车船基本情况</td></tr>
<tr><td>车辆种类</td><td></td><td>号牌号码</td><td></td><td>厂牌型号</td><td colspan="2"></td></tr>
<tr><td>车辆识别代码（车架号）</td><td></td><td></td><td></td><td>发动机号码</td><td colspan="2"></td></tr>
<tr><td>船舶种类</td><td></td><td>船舶名称</td><td></td><td>船舶识别号</td><td colspan="2"></td></tr>
<tr><td>年应纳税额</td><td></td><td>年减（免）税额</td><td></td><td>实际年应纳税额</td><td colspan="2"></td></tr>
<tr><td>减（免）税期限</td><td colspan="6">年　　月　　日至　　年　　月　　日</td></tr>
<tr><td>减（免）税依据</td><td colspan="6"></td></tr>
</table>

经办人：　　　　审核人：　　　　批准人：　　　　　　　　　　主管税务机关（公章）

说明：

1. 一车（船）一证，不得转借。

2. 证明号码：由十五位数构成：前六位为省、市、县六位行政区域码；中间四位为开具减免税证明年度；后五位为顺序码,由开具减免税证明的税务机关按开具顺序编制。

3. 纳税人识别号:按纳税人税务登记的识别号填写;不需要办理税务登记的,填写组织机构代码或者个人身份证号码。

4. 车辆种类:(1)乘用车;(2)客车;(3)货车;(4)挂车;(5)其他车辆;(6)摩托车。

5. 船舶种类:(1)机动船舶;(2)托船、非机动船舶;(3)游艇。

3 -7 -7

国家税务总局　交通运输部关于进一步做好船舶车船税征收管理工作的通知

2012 年 1 月 20 日　国税发〔2012〕8 号

各省、自治区、直辖市和计划单列市地方税务局、交通厅(局、委),西藏、宁夏自治区国家税务局,天津、上海市交通运输和港口管理局,新疆生产建设兵团交通局,各直属海事局、地方海事局:

《中华人民共和国车船税法》(以下简称车船税法)及其实施条例自 2012 年 1 月 1 日起施行。为切实做好船舶车船税的征收管理工作,全面贯彻落实车船税法及其实施条例的各项规定,在税务系统和交通运输部门原来已建立的船舶车船税征收管理工作机制基础上,根据《中华人民共和国税收征收管理法》的相关规定,经国家税务总局和交通运输部研究,现就进一步做好船舶车船税征收管理工作的有关要求通知如下:

一、提高认识,积极配合,做好船舶车船税征收管理工作

对船舶征收车船税,有利于加强船舶管理,促进水上运输和相关行业的公平竞争和健康发展。我国船舶数量多、分布面广、流动性大,船舶车船税征管较为困难。税务机关和交通运输部门海事管理机构要提高认识、加强配合,共同做好船舶车船税征收管理工作。

地市级以上税务机关应主动争取当地海事管理机构的支持;海事管理机构要发挥船舶监督管理优势,通过向税务机关提供船舶信息、接受委托代征和协助把关等方式,积极支持和配合税务机关做好船舶车船税的征收管理工作。尤其是对此次车船税法新单列税目的游艇,应根据其计税依据和税额标准的变化,及时掌握相关信息资料,扎实做好征管基础工作。

二、创造条件,健全机制,开展好船舶车船税代征工作

为方便纳税人缴纳税款,提高船舶车船税的征管质量和效率,降低税收征管成本,凡在交通运输部直属海事管理机构登记管理的应税船舶,其车船税由船籍港所在地的地市级以上税务机关委托当地的交通运输部直属海事管理机构代征。税务机关要主动沟通联系,与海事管理机构协商船舶车船税委托代征的具体事宜;交通运输部直属海事管理机构应积极配合当地税务机关,共同做好船舶车船税的委托代征工作。

对于在各省、自治区、直辖市地方海事管理机构登记管理的船舶,原则上也应实行委托代征。委托代征确有困难的地区,可先采取协助把关的方式,并创造条件尽快实行委托代征。

税务机关应主动和当地海事管理机构协商，共同推进船舶车船税委托代征的实施工作，切实做好车船税税收政策服务和征管业务指导工作，积极创新征管模式，建立有效的控管机制。实行船舶车船税委托代征的地区要建立健全委托代征工作管理机制。税务机关应当与海事管理机构签订委托代征协议，明确代征单位的代征范围和内容、代征税款的解缴方式和具体期限、代征手续费的支付比例和支付方式、船舶信息交换和协作配合方式等方面的内容，明确各方职责，规范代征行为。

海事管理机构应当在船舶监管过程中，加强对船舶车船税缴纳情况的查验，并及时将有关情况通报税务机关。

三、依托信息手段，搭建畅通渠道，实现部门间信息共享

税务机关应充分依托信息技术手段，与海事管理机构建立沟通协调机制，搭建畅通的信息交流渠道，实现部门间信息共享。实行船舶车船税委托代征的地区要定期交换船舶的登记信息和纳税信息，建立船舶车船税的税源数据库，加强船舶车船税的源泉控管，堵塞征管漏洞，确保船舶车船税委托代征工作顺利进行。

四、船舶车船税委托代征的具体管理办法由国家税务总局财产和行为税司与交通运输部海事局另行制定。

3－7－8

财政部　国家税务总局　工业和信息化部关于节约能源　使用新能源车辆减免车船税的车型目录（第一批）的公告

2012年3月6日　财政部　国家税务总局　工业和信息化部公告2012年第7号

为促进节约能源、使用新能源的汽车产业发展，根据《中华人民共和国车船税法》第四条、《中华人民共和国车船税法实施条例》第十条有关规定，经国务院批准，现公告第一批节约能源、使用新能源车辆减免车船税的车型目录。

自2012年1月1日起，对节约能源的车辆，减半征收车船税；对使用新能源的车辆，免征车船税。

附件：节约能源、使用新能源车船减免车船税的车型目录（第一批）（编者略）

3－7－9

财政部　国家税务总局　工业和信息化部关于节约能源　使用新能源车辆减免车船税的车型目录（第二批）的公告

2012年5月28日　财政部　国家税务总局　工业和信息化部公告2012年第25号

为促进节约能源、使用新能源的汽车产业发展，根据《中华人民共和国车船税法》第四条、《中华人民共和国车船税法实施条例》第十条、《财政部、国家税务总局、工业和信息化部关于节约能源、使用新能源车船车船税政策的通知》（财税〔2012〕19号）有关规定，现公告第二批节约能源、使用新能源车辆减免车船税的车型目录。

自2012年1月1日起，对节约能源的车辆，减半征收车船税；对使用新能源的车辆，免征车船税。

附件：节约能源、使用新能源车辆减免车船税车型目录（第二批）（编者略）

3－7－10

财政部　国家税务总局　工业和信息化部关于不属于车船税征收范围的纯电动燃料电池乘用车车型目录（第二批）的公告

2012年5月28日　财政部　国家税务总局　工业和信息化部公告2012年第26号

根据《中华人民共和国车船税法》有关规定，纯电动、燃料电池乘用车不属于车船税征收范围。为维护纳税人的合法权益，便于税务机关和扣缴义务人准确掌握政策，现将第二批不属于车船税征收范围的纯电动、燃料电池乘用车车型目录予以公告。

附件：不属于车船税征收范围的纯电动、燃料电池乘用车车型目录（第二批）（编者略）

3－7－11

国家税务总局　交通运输部关于发布《船舶车船税委托代征管理办法》的公告

2013年1月5日　国家税务总局　交通运输部公告2013年第1号

为了贯彻落实车船税法及其实施条例，方便纳税人缴纳车船税，提高船舶车船税的征管质量和效率，现将国家税务总局、交通运输部联合制定的《船舶车船税委托代征管理办法》予以发布，自 2013 年 2 月 1 日起施行。

各地对执行中遇到的情况和问题，请及时报告国家税务总局、交通运输部。

特此公告。

船舶车船税委托代征管理办法

第一条 为加强船舶车船税征收管理，做好船舶车船税委托代征工作，方便纳税人履行纳税义务，根据《中华人民共和国税收征收管理法》及其实施细则、《中华人民共和国车船税法》及其实施条例、《国家税务总局、交通运输部关于进一步做好船舶车船税征收管理工作的通知》(国税发〔2012〕8 号)、《财政部、国家税务总局、中国人民银行关于进一步加强代扣代收代征税款手续费管理的通知》(财行〔2005〕365 号)等有关规定，制定本办法。

第二条 本办法所称船舶车船税委托代征，是指税务机关根据有利于税收管理和方便纳税的原则，委托交通运输部门海事管理机构代为征收船舶车船税税款的行为。

第三条 本办法适用于船舶车船税的委托征收、解缴和监督。

第四条 在交通运输部直属海事管理机构(以下简称海事管理机构)登记的应税船舶，其车船税由船籍港所在地的税务机关委托当地海事管理机构代征。

第五条 税务机关与海事管理机构应签订委托代征协议书，明确代征税种、代征范围、完税凭证领用要求、代征税款的解缴要求、代征手续费比例和支付方式、纳税人拒绝纳税时的处理措施等事项，并向海事管理机构发放委托代征证书。

第六条 海事管理机构受税务机关委托，在办理船舶登记手续或受理年度船舶登记信息报告时代征船舶车船税。

第七条 海事管理机构应根据车船税法律、行政法规和相关政策规定代征车船税，不得违反规定多征或少征。

第八条 海事管理机构代征船舶车船税的计算方法：

(一)船舶按一个年度计算车船税。计算公式为：

年应纳税额 = 计税单位 × 年基准税额

其中：机动船舶、非机动驳船、拖船的计税单位为净吨位每吨；游艇的计税单位为艇身长度每米；年基准税额按照车船税法及其实施条例的相关规定执行。

(二)购置的新船舶，购置当年的应纳税额自纳税义务发生时间起至该年度终了按月计算。计算公式为：

应纳税额 = 年应纳税额 × 应纳税月份数/12

应纳税月份数 = 12 − 纳税义务发生时间(取月份) + 1

其中，纳税义务发生时间为纳税人取得船舶所有权或管理权的当月，以购买船舶的发票或者其他证明文件所载日期的当月为准。

第九条 海事管理机构在计算船舶应纳税额时，船舶的相关技术信息以船舶登记证书所载相应数据为准。

第十条 税务机关出具减免税证明和完税凭证的船舶，海事管理机构对免税和完税船舶不代征车船税，对减税船舶根据减免税证明规定的实际年应纳税额代征车船税。海事管理机构应记录上述凭证的凭证号和出具该凭证的单位名称，并将上述凭证的复印件存档备查。

第十一条 对于以前年度未依照车船税法及其实施条例的规定缴纳船舶车船税的，海事管理机构应代征欠缴税款，并按规定代加收滞纳金。

第十二条 海事管理机构在代征税款时，应向纳税人开具税务机关提供的完税凭证。完税凭证的管理应当遵守税务机关的相关规定。

第十三条 海事管理机构依法履行委托代征税款职责时，纳税人不得拒绝。纳税人拒绝的，海事管理机构应当及时报告税务机关。

第十四条 海事管理机构应将代征的车船税单独核算、管理。

第十五条 海事管理机构应根据委托代征协议约定的方式、期限及时将代征税款解缴入库，并向税务机关提供代征船舶名称、代征金额及税款所属期等情况，不得占压、挪用、截留船舶车船税。

第十六条 已经缴纳船舶车船税的船舶在同一纳税年度内办理转让过户的，在原登记地不予退税，在新登记地凭完税凭证不再纳税，新登记地海事管理机构应记录上述船舶的完税凭证号和出具该凭证的税务机关或海事管理机构名称，并将完税凭证的复印件存档备查。

第十七条 完税船舶被盗抢、报废、灭失而申请车船税退税的，由税务机关按照有关规定办理。

第十八条 税务机关查询统计船舶登记的有关信息，海事管理机构应予以配合。

第十九条 税务机关应按委托代征协议的规定及时、足额向海事管理机构支付代征税款手续费。海事管理机构取得的手续费收入纳入预算管理，专项用于委托代征船舶车船税的管理支出，也可以适当奖励相关工作人员。

第二十条 各级税务机关应主动与海事管理机构协调配合，协助海事管理部门做好船舶车船税委托代征工作。税务机关要及时向海事管理机构通报车船税政策变化情况，传递直接征收车船税和批准减免车船税的船舶信息。

第二十一条 税务机关和海事管理机构应对对方提供的涉税信息予以保密，除办理涉税事项外，不得用于其他目的。

第二十二条 地方海事管理机构开展船舶车船税代征工作的，适用本办法。

第二十三条 本办法由国家税务总局、交通运输部负责解释。

第二十四条 本办法自 2013 年 2 月 1 日起施行。

3-7-12

财政部　国家税务总局　工业和信息化部关于发布《享受车船税减免优惠的节约能源使用新能源汽车车型目录（第三批）》的公告

2015年9月11日　财政部　国家税务总局
工业和信息化部公告2015年第66号

为促进节约能源，鼓励使用新能源，根据《中华人民共和国车船税法》第四条、《中华人民共和国车船税法实施条例》第十条，以及《财政部国家税务总局　工业和信息化部关于节约能源　使用新能源车船车船税优惠政策的通知》（财税〔2015〕51号）有关规定，现公告《享受车船税减免优惠的节约能源　使用新能源汽车车型目录（第三批）》（以下简称《目录》）。

自公告之日起，对列入《目录》的节约能源汽车，减半征收车船税；对列入《目录》的使用新能源汽车，免征车船税。公告之后取得的节约能源、使用新能源汽车，属于第一批、第二批《节约能源使用新能源车辆减免车船税的车型目录》，但未列入《目录》的，不得享受相关优惠政策；公告之前取得的节约能源、使用新能源汽车，属于第一批、第二批《节约能源　使用新能源车辆减免车船税的车型目录》的，不论是否转让，可继续享受车船税减免优惠政策。

本公告自公布之日起执行。

附件：15-66享受车船税减免优惠的汽车车型目录（第三批）（编者略）

3-7-13

国家税务总局关于发布《车船税管理规程（试行）》的公告

2015年11月26日　国家税务总局公告2015年第83号

为进一步规范车船税管理，促进税务机关同其他部门协作，提高车船税管理水平，国家税务总局制定了《车船税管理规程（试行）》，现予发布，自2016年1月1日起施行。

特此公告。

车船税管理规程(试行)

第一章　总　　则

第一条　为进一步规范车船税管理,提高车船税管理水平,促进税务机关同其他部门协作,根据《中华人民共和国车船税法》(以下简称车船税法)及其实施条例以及相关法律、法规,制定本规程。

第二条　车船税管理应当坚持依法治税原则,按照法定权限与程序,严格执行相关法律法规和税收政策,坚决维护税法的权威性和严肃性,切实保护纳税人合法权益。

税务机关应当根据车船税法和相关法律法规要求,提高税收征管质效,减轻纳税人办税负担,优化纳税服务,加强部门协作,实现信息管税。

第三条　本规程适用于车船税管理中所涉及的税源管理、税款征收、减免税和退税管理、风险管理等事项。税务登记、税收票证、税收计划、税收会计、税收统计、档案资料等其他有关管理事项按照相关规定执行。

第二章　税源管理

第四条　税务机关应当按照车船税统一申报表数据指标建立车船税税源数据库。

第五条　税务机关、保险机构和代征单位应当在受理纳税人申报或者代收代征车船税时,根据相关法律法规及委托代征协议要求,整理《车船税纳税申报表》、《车船税代收代缴报告表》的涉税信息,并及时共享。

税务机关应当将自行征收车船税信息和获取的车船税第三方信息充实到车船税税源数据库中。同时要定期进行税源数据库数据的更新、校验、清洗等工作,保障车船税税源数据库的完整性和准确性。

第六条　税务机关应当积极同相关部门建立联席会议、合作框架等制度,采集以下第三方信息:

(一)保险机构代收车船税车辆的涉税信息;

(二)公安交通管理部门车辆登记信息;

(三)海事部门船舶登记信息;

(四)公共交通管理部门车辆登记信息;

(五)渔业船舶登记管理部门船舶登记信息;

(六)其他相关部门车船涉税信息。

第三章　税款征收

第七条　纳税人向税务机关申报车船税,税务机关应当受理,并向纳税人开具含有车船信息的完税凭证。

第八条　税务机关按第七条征收车船税的,应当严格依据车船登记地确定征管范围。依法不需要办理登记的车船,应当依据车船的所有人或管理人所在地确定征管范围。车船登记地或车船所有人或管理人所在地以外的车船税，税务机关不应征收。

第九条 保险机构应当在收取机动车第三者责任强制保险费时依法代收车船税，并将注明已收税款信息的机动车第三者责任强制保险单及保费发票作为代收税款凭证。

第十条 保险机构应当按照本地区车船税代收代缴管理办法规定的期限和方式，及时向保险机构所在地的税务机关办理申报、结报手续，报送代收代缴税款报告表和投保机动车缴税的明细信息。

第十一条 对已经向主管税务机关申报缴纳车船税的纳税人，保险机构在销售机动车第三者责任强制保险时，不再代收车船税，但应当根据纳税人的完税凭证原件，将车辆的完税凭证号和出具该凭证的税务机关名称录入交强险业务系统。

对出具税务机关减免税证明的车辆，保险机构在销售机动车第三者责任强制保险时，不代收车船税，保险机构应当将减免税证明号和出具该证明的税务机关名称录入交强险业务系统。

纳税人对保险机构代收代缴税款数额有异议的，可以直接向税务机关申报缴纳，也可以在保险机构代收代缴税款后向税务机关提出申诉，税务机关应在接到纳税人申诉后按照本地区代收代缴管理办法规定的受理程序和期限进行处理。

第十二条 车船税联网征收系统已上线地区税务机关应当及时将征收信息、减免税信息、保险机构和代征单位汇总解缴信息等传递至车船税联网征收系统，与税源数据库历史信息进行比对核验，实现税源数据库数据的实时更新、校验、清洗，以确保车船税足额收缴。

第十三条 税务机关可以根据有利于税收管理和方便纳税的原则，委托交通运输部门的海事管理机构等单位在办理车船登记手续或受理车船年度检验信息报告时代征车船税，同时向纳税人出具代征税款凭证。

第十四条 代征单位应当根据委托代征协议约定的方式、期限及时将代征税款解缴入库，并向税务机关提供代征车船明细信息。

第十五条 代征单位对出具税务机关减免税证明或完税凭证的车船，不再代征车船税。代征单位应当记录上述凭证的凭证号和出具该凭证的税务机关名称，并将上述凭证的复印件存档备查。

代征单位依法履行委托代征税款职责时，纳税人不得拒绝。纳税人拒绝的，代征单位应当及时报告税务机关。

第四章 减免税退税管理

第十六条 税务机关应当依法减免车船税。保险机构、代征单位对已经办理减免税手续的车船不再代收代征车船税。

税务机关、保险机构、代征单位应当严格执行财政部、国家税务总局、工业和信息化部公布的节约能源、使用新能源车船减免税政策。对不属于车船税征税范围的纯电动乘用车和燃料电池乘用车，应当积极获取车辆的相关信息予以判断，对其征收了车船税的应当及时予以退税。

第十七条 税务机关应当将本地区车船税减免涉及的具体车船明细信息和相关减免税额存档备查。

第十八条　车船税退税管理应当按照税款缴库退库有关规定执行。

第十九条　已经缴纳车船税的车船，因质量原因，车船被退回生产企业或者经销商的，纳税人可以向纳税所在地的主管税务机关申请退还自退货月份起至该纳税年度终了期间的税款，退货月份以退货发票所载日期的当月为准。

地方税务机关与国家税务机关应当积极协作，落实国地税合作规范，在纳税人因质量原因发生车辆退货时，国家税务机关应当向地方税务机关提供车辆退货发票信息，减轻纳税人办税负担。

第二十条　已完税车辆被盗抢、报废、灭失而申请车船税退税的，由纳税人纳税所在地的主管税务机关按照有关规定办理。

第二十一条　纳税人在车辆登记地之外购买机动车第三者责任强制保险，由保险机构代收代缴车船税的，凭注明已收税款信息的机动车第三者责任强制保险单或保费发票，车辆登记地的主管税务机关不再征收该纳税年度的车船税，已经征收的应予退还。

第五章　风险管理

第二十二条　税务机关应当加强车船税风险管理，构建车船税风险管理指标体系，依托现代化信息技术，对车船税管理的风险点进行识别、监控、预警，做好风险应对处置工作。

税务机关应当根据国家税务总局关于财产行为税风险管理工作的要求开展车船税风险管理工作。

第二十三条　税务机关重点可以通过以下方式加强车船税风险管理：

（一）将申报已缴纳车船税车船的排量、整备质量、载客人数、吨位、艇身长度等信息与税源数据库中对应的信息进行比对，防范少征、错征税款风险；

（二）将保险机构、代征单位申报解缴税款与实际入库税款进行比对，防范少征、漏征风险；

（三）将备案减免税车船与实际减免税车船数量、涉及税款进行比对，防范减免税优惠政策落实不到位风险；

（四）将车船税联网征收系统车辆完税信息与本地区车辆完税信息进行比对，防范少征、漏征、重复征税风险等。

税务机关应当根据本地区车船税征管实际情况，设计适应本地区征管实际的车船税风险指标。

第六章　附　　则

第二十四条　各省、自治区、直辖市地方税务机关可根据本规程制定具体实施意见。

第二十五条　本规程自2016年1月1日起施行。

注释：

条款废止。第二十三条第三项废止。参见：《国家税务总局关于城镇土地使用税等“六税一费”优惠事项资料留存备查的公告》（国家税务总局公告2019年第21号）。

条款修改。根据《第十三届全国人民代表大会第一次会议关于国务院机构改革方案的决定》等有关规定,税收规范性文件规定的国税地税机关的职责和工作由新的税务机关承担。国家税务总局依据《税收规范性文件制定管理办法》(国家税务总局令第41号公布),对税收规范性文件进行了清理。参见:《国家税务总局关于修改部分税收规范性文件的公告》(国家税务总局公告2018年第31号)。

3－7－14

国家税务总局关于保险机构代收车船税开具增值税发票问题的公告

2016年8月7日　国家税务总局公告2016年第51号

现对保险机构代收车船税开具增值税发票问题公告如下:

保险机构作为车船税扣缴义务人,在代收车船税并开具增值税发票时,应在增值税发票备注栏中注明代收车船税税款信息。具体包括:保险单号、税款所属期(详细至月)、代收车船税金额、滞纳金金额、金额合计等。该增值税发票可作为纳税人缴纳车船税及滞纳金的会计核算原始凭证。

本公告自2016年5月1日起施行。

特此公告。

3－7－15

国家税务总局办公厅关于做好开具车船税完税证明相关工作的通知

2016年8月24日　税总办函〔2016〕820号

各省、自治区、直辖市和计划单列市地方税务局,西藏、宁夏自治区国家税务局:

《国家税务总局关于保险机构代收车船税开具增值税发票问题的公告》(国家税务总局公告2016年第51号,以下简称《公告》)明确了保险机构代收车船税应在开具的增值税发票备注栏中注明相关信息,该发票可作为纳税人缴纳车船税及滞纳金的会计核算原始凭证。为把这项措施落实到位,方便车船税纳税人办理涉税事项,切实减轻纳税人负担,各级地方税务机关要做好以下工作:

一、加大《公告》的宣传力度,通过多种渠道,向纳税人宣传介绍《公告》内容。要求保险机构在其经营场所的显著位置张贴《公告》,方便纳税人及时了解《公告》的内容。

二、为满足纳税人开具车船税完税凭证的需要,税务机关应制作开具车船税完税凭证的告知书,列明换开车船税完税凭证的时间、地点、需要提供的资料和具体办理流程等内容,在保险机构经营场所的显著位置张贴,或将告知书交给要求开具车船税完税凭证的纳税人。

三、进一步抓好首问责任的落实，向纳税人履行一次性告知义务，精准解答纳税人疑问，避免纳税人多头跑、多次跑。

四、加大对税务干部和保险机构相关人员的业务培训，使其熟知保险机构代收车船税业务，对纳税人进行正确有效指引。

3 -7 -16

财政部　税务总局　工业和信息化部交通运输部关于节能　新能源车船享受车船税优惠政策的通知

2018 年 7 月 10 日　财税〔2018〕74 号

各省、自治区、直辖市、计划单列市财政厅（局）、工业和信息化主管部门、交通运输厅（局），国家税务总局各省、自治区、直辖市、计划单列市税务局，新疆生产建设兵团财政局、工业和信息化委员会：

为促进节约能源，鼓励使用新能源，根据《中华人民共和国车船税法》及其实施条例有关规定，经国务院批准，现将节约能源、使用新能源（以下简称节能、新能源）车船的车船税优惠政策通知如下：

一、对节能汽车，减半征收车船税。

（一）减半征收车船税的节能乘用车应同时符合以下标准：

1. 获得许可在中国境内销售的排量为 1.6 升以下（含 1.6 升）的燃用汽油、柴油的乘用车（含非插电式混合动力、双燃料和两用燃料乘用车）；

2. 综合工况燃料消耗量应符合标准，具体要求见附件 1。

（二）减半征收车船税的节能商用车应同时符合以下标准：

1. 获得许可在中国境内销售的燃用天然气、汽油、柴油的轻型和重型商用车（含非插电式混合动力、双燃料和两用燃料轻型和重型商用车）；

2. 燃用汽油、柴油的轻型和重型商用车综合工况燃料消耗量应符合标准，具体标准见附件 2、附件 3。

二、对新能源车船，免征车船税。

（一）免征车船税的新能源汽车是指纯电动商用车、插电式（含增程式）混合动力汽车、燃料电池商用车。纯电动乘用车和燃料电池乘用车不属于车船税征税范围，对其不征车船税。

（二）免征车船税的新能源汽车应同时符合以下标准：

1. 获得许可在中国境内销售的纯电动商用车、插电式（含增程式）混合动力汽车、燃料电池商用车；

2. 符合新能源汽车产品技术标准，具体标准见附件 4；

3. 通过新能源汽车专项检测，符合新能源汽车标准，具体标准见附件 5；

4. 新能源汽车生产企业或进口新能源汽车经销商在产品质量保证、产品一致性、售后服务、安全监测、动力电池回收利用等方面符合相关要求，具体要求见附件6。

(三)免征车船税的新能源船舶应符合以下标准：

船舶的主推进动力装置为纯天然气发动机。发动机采用微量柴油引燃方式且引燃油热值占全部燃料总热值的比例不超过5%的，视同纯天然气发动机。

三、符合上述标准的节能、新能源汽车，由工业和信息化部、税务总局不定期联合发布《享受车船税减免优惠的节约能源使用新能源汽车车型目录》(以下简称《目录》)予以公告。

四、汽车生产企业或进口汽车经销商(以下简称汽车企业)可通过工业和信息化部节能与新能源汽车财税优惠目录申报管理系统，自愿提交节能车型报告、新能源车型报告(报告样本见附件7、附件8)，申请将其产品列入《目录》，并对申报资料的真实性负责。

工业和信息化部、税务总局委托工业和信息化部装备工业发展中心负责《目录》组织申报、宣传培训及具体技术审查、监督检查工作。工业和信息化部装备工业发展中心审查结果在工业和信息化部网站公示5个工作日，没有异议的，列入《目录》予以发布。对产品与申报材料不符、产品性能指标未达到标准或者汽车企业提供其他虚假信息，以及列入《目录》后12个月内无产量或进口量的车型，在工业和信息化部网站公示5个工作日，没有异议的，从《目录》中予以撤销。

五、船舶检验机构在核定检验船舶主推进动力装置时，对满足本通知新能源船舶标准的，在其船用产品证书上标注“纯天然气发动机”字段；在船舶建造检验时，对船舶主推进动力装置船用产品证书上标注有“纯天然气发动机”字段的，在其检验证书服务簿中标注“纯天然气动力船舶”字段。

对使用未标记“纯天然气发动机”字段主推进动力装置的船舶，船舶所有人或者管理人认为符合本通知新能源船舶标准的，在船舶年度检验时一并向船舶检验机构提出认定申请，同时提交支撑材料，并对提供信息的真实性负责。船舶检验机构通过审核材料和现场检验予以确认，符合本通知新能源船舶标准的，在船舶检验证书服务簿中标注“纯天然气动力船舶”字段。

纳税人凭标注“纯天然气动力船舶”字段的船舶检验证书享受车船税免税优惠。

六、财政部、税务总局、工业和信息化部、交通运输部根据汽车和船舶技术进步、产业发展等因素适时调整节能、新能源车船的认定标准。在开展享受车船税减免优惠的节能、新能源车船审查和认定等相关管理工作过程中，相关部门及其工作人员存在玩忽职守、滥用职权、徇私舞弊等违法行为的，按照《公务员法》、《行政监察法》、《财政违法行为处罚处分条例》等有关国家规定追究相应责任；涉嫌犯罪的，移送司法机关处理。

对提供虚假信息骗取列入《目录》资格的汽车企业，以及提供虚假资料的船舶所有人或者管理人，应依照相关法律法规予以处理。

七、本通知发布后，列入新公告的各批次《目录》(以下简称新《目录》)的节能、新能源汽车，自新《目录》公告之日起，按新《目录》和本通知相关规定享受车船税减免优惠政策。新《目录》公告后，第一批、第二批、第三批车船税优惠车型目录同时废止；新《目录》公告前已取得的列入第一批、第二批、第三批车船税优惠车型目录的节能、新能源汽车，不论是否转让，可继续享受车船税减免优惠政策。

八、本通知自发布之日起执行。《财政部　国家税务总局　工业和信息化部关于节约能源　使用新能源车船车船税优惠政策的通知》（财税〔2015〕51 号）以及财政部办公厅、税务总局办公厅、工业和信息化部办公厅《关于加强〈享受车船税减免优惠的节约能源　使用新能源汽车车型目录〉管理工作的通知》（财办税〔2017〕63 号）同时废止。

附件：1. 节能乘用车综合工况燃料消耗量限值标准（编者略）

2. 节能轻型商用车综合工况燃料消耗量限值标准（编者略）

3. 节能重型商用车综合工况燃料消耗量限值标准（编者略）

4. 新能源汽车产品技术标准（编者略）

5. 新能源汽车产品专项检验标准目录（编者略）

6. 新能源汽车企业要求（编者略）

7. 节能车型报告（编者略）

8. 新能源车型报告（编者略）

注释：

政策调整。节能乘用车、轻型商用车、重型商用车综合工况燃料消耗量限值标准已更新，插电式混合动力（含增程式）乘用车有关技术要求已调整。参见：《工业和信息化部　财政部　税务总局关于调整享受车船税优惠的节能　新能源汽车产品技术要求的公告》（工业和信息化部　财政部　税务总局公告 2022 年第 2 号）。

3－7－17

享受车船税减免优惠的节约能源
使用新能源汽车车型目录（第四批）

2018 年 9 月 18 日　工业和信息化部　国家税务总局公告 2018 年第 46 号

根据《财政部　税务总局　工业和信息化部　交通运输部关于节能　新能源车船享受车船税优惠政策的通知》（财税〔2018〕74 号）要求，工业和信息化部会同国家税务总局对企业提交的申请材料进行了审查。现将《享受车船税减免优惠的节约能源　使用新能源汽车车型目录》（第四批）予以公告。

附件：享受车船税减免优惠的节约能源　使用新能源汽车车型目录（第四批）（编者略）

3－7－18

享受车船税减免优惠的节约能源 使用新能源汽车车型目录(第五批)

2018年11月26日 工业和信息化部 国家税务总局公告2018年第62号

根据《财政部 税务总局 工业和信息化部 交通运输部关于节能 新能源车船享受车船税优惠政策的通知》(财税〔2018〕74号)要求,工业和信息化部会同国家税务总局对企业提交的申请材料进行了审查。现将《享受车船税减免优惠的节约能源 使用新能源汽车车型目录》(第五批)予以公告。

附件:享受车船税减免优惠的节约能源 使用新能源汽车车型目录(第五批)(编者略)

3－7－19

享受车船税减免优惠的节约能源 使用新能源汽车车型目录(第六批)

2018年12月25日 工业和信息化部 国家税务总局公告2018年第70号

根据《财政部 税务总局 工业和信息化部 交通运输部关于节能 新能源车船享受车船税优惠政策的通知》(财税〔2018〕74号)要求,工业和信息化部会同国家税务总局对企业提交的申请材料进行了审查。现将《享受车船税减免优惠的节约能源 使用新能源汽车车型目录》(第六批)予以公告。

附件:享受车船税减免优惠的节约能源 使用新能源汽车车型目录(第六批)(编者略)

3－7－20

财政部 税务总局关于国家综合性消防救援车辆车船税政策的通知

2019年2月13日 财税〔2019〕18号

各省、自治区、直辖市、计划单列市财政厅(局),新疆生产建设兵团财政局,国家税务总局各省、自治区、直辖市、计划单列市税务局:

根据《国务院办公厅关于国家综合性消防救援车辆悬挂应急救援专用号牌有关事项的通知》(国办发〔2018〕114号)规定,国家综合性消防救援车辆由部队号牌改挂应急救援专用号牌的,一次性免征改挂当年车船税。

3－7－21

享受车船税减免优惠的节约能源
使用新能源汽车车型目录(第七批)

2019年3月6日　工业和信息化部　国家税务总局公告2019年第9号

根据《财政部　税务总局　工业和信息化部　交通运输部关于节能　新能源车船享受车船税优惠政策的通知》(财税〔2018〕74号)要求,工业和信息化部会同国家税务总局对企业提交的申请材料进行了审查。现将《享受车船税减免优惠的节约能源　使用新能源汽车车型目录》(第七批)予以公告。

附件:享受车船税减免优惠的节约能源　使用新能源汽车车型目录(第七批)(编者略)

3－7－22

享受车船税减免优惠的节约能源
使用新能源汽车车型目录(第八批)

2019年5月17日　工业和信息化部　国家税务总局公告2019年第18号

根据《财政部　税务总局　工业和信息化部　交通运输部关于节能　新能源车船享受车船税优惠政策的通知》(财税〔2018〕74号)要求,工业和信息化部会同国家税务总局对企业提交的申请材料进行了审查。现将《享受车船税减免优惠的节约能源　使用新能源汽车车型目录》(第八批)、汽车生产企业名称变更名单予以公告。

附件:1. 享受车船税减免优惠的节约能源　使用新能源汽车车型目录(第八批)(编者略)

2. 汽车生产企业名称变更名单(编者略)

3－7－23

享受车船税减免优惠的节约能源
使用新能源汽车车型目录(第九批)

2019年7月1日　工业和信息化部　国家税务总局公告2019年第25号

根据《财政部　税务总局　工业和信息化部　交通运输部关于节能　新能源车船享受车船税优惠政策的通知》(财税〔2018〕74号)要求,工业和信息化部会同国家税务总局对企业提交的申请材料进行了审查。现将《享受车船税减免优惠的节约能源　使用新能源汽车车型目录》(第九批)予以公告。

附件:享受车船税减免优惠的节约能源　使用新能源汽车车型目录(第九批)(编者略)

3-7-24

享受车船税减免优惠的节约能源 使用新能源汽车车型目录(第十批)

2019年8月28日　工业和信息化部　国家税务总局公告2019年第31号

根据《财政部　税务总局　工业和信息化部　交通运输部关于节能　新能源车船享受车船税优惠政策的通知》(财税〔2018〕74号)要求,工业和信息化部会同国家税务总局对企业提交的申请材料进行了审查。现将《享受车船税减免优惠的节约能源　使用新能源汽车车型目录》(第十批)、汽车生产企业名称变更名单予以公告。

附件:1. 享受车船税减免优惠的节约能源　使用新能源汽车车型目录(第十批)(编者略)

2. 汽车生产企业名称变更名单(编者略)

3-7-25

享受车船税减免优惠的节约能源 使用新能源汽车车型目录(第十一批)

2019年11月6日　工业和信息化部　国家税务总局公告2019年第47号

根据《财政部　税务总局　工业和信息化部　交通运输部关于节能　新能源车船享受车船税优惠政策的通知》(财税〔2018〕74号)要求,工业和信息化部会同国家税务总局对企业提交的申请材料进行了审查。现将《享受车船税减免优惠的节约能源　使用新能源汽车车型目录》(第十一批)、汽车生产企业名称变更名单予以公告。

附件:1. 享受车船税减免优惠的节约能源　使用新能源汽车车型目录(第十一批)(编者略)

2. 汽车生产企业名称变更名单(编者略)

3 -7 -26

享受车船税减免优惠的节约能源 使用新能源汽车车型目录(第十二批)

2019 年 12 月 17 日　工业和信息化部　国家税务总局公告 2019 年第 60 号

根据《财政部　税务总局　工业和信息化部　交通运输部关于节能　新能源车船享受车船税优惠政策的通知》(财税〔2018〕74 号)要求,工业和信息化部会同国家税务总局对企业提交的申请材料进行了审查。现将《享受车船税减免优惠的节约能源　使用新能源汽车车型目录》(第十二批)、汽车生产企业名称变更名单予以公告。

附件:1. 享受车船税减免优惠的节约能源　使用新能源汽车车型目录(第十二批)(编者略)

2. 汽车生产企业名称变更名单(编者略)

3 -7 -27

享受车船税减免优惠的节约能源 使用新能源汽车车型目录(第十三批)

2020 年 1 月 17 日　工业和信息化部　国家税务总局公告 2020 年第 3 号

根据《财政部　税务总局　工业和信息化部　交通运输部关于节能　新能源车船享受车船税优惠政策的通知》(财税〔2018〕74 号)要求,工业和信息化部会同国家税务总局对企业提交的申请材料进行了审查,确定了《享受车船税减免优惠的节约能源　使用新能源汽车车型目录》(第十三批),予以公告。

附件:享受车船税减免优惠的节约能源　使用新能源汽车车型目录(第十三批)(编者略)

3 -7 -28

享受车船税减免优惠的节约能源 使用新能源汽车车型目录(第十四批)

2020 年 3 月 11 日　工业和信息化部　国家税务总局公告 2020 年第 10 号

根据《财政部　税务总局　工业和信息化部　交通运输部关于节能　新能源车船享受车船税优惠政策的通知》(财税〔2018〕74 号)要求,工业和信息化部会同国家税务总局对企业提交的申请材料进行了审查,确定了《享受车船税减免优惠的节约能源　使用新能源汽车车型目录》(第十四批),现予以公告。

附件:1. 享受车船税减免优惠的节约能源　使用新能源汽车车型目录(第十四批)(编者略)

2. 汽车生产企业名称变更名单(编者略)

3－7－29

享受车船税减免优惠的节约能源 使用新能源汽车车型目录(第十五批)

2020年4月24日　工业和信息化部　国家税务总局公告2020年第18号

根据《财政部　税务总局　工业和信息化部　交通运输部关于节能　新能源车船享受车船税优惠政策的通知》(财税〔2018〕74号)要求,工业和信息化部会同国家税务总局对企业提交的申请材料进行了审查,确定了《享受车船税减免优惠的节约能源　使用新能源汽车车型目录》(第十五批),现予以公告。

附件:享受车船税减免优惠的节约能源　使用新能源汽车车型目录(第十五批)(编者略)

3－7－30

享受车船税减免优惠的节约能源 使用新能源汽车车型目录(第十六批)①

2020年6月5日　工业和信息化部　国家税务总局公告2020年第24号

根据《财政部　税务总局　工业和信息化部　交通运输部关于节能　新能源车船享受车船税优惠政策的通知》(财税〔2018〕74号)要求,工业和信息化部会同国家税务总局对企业提交的申请材料进行了审查,确定了《享受车船税减免优惠的节约能源　使用新能源汽车车型目录》(第十六批)和《汽车生产企业名称变更名单》,现予以公告。

附件:1. 享受车船税减免优惠的节约能源　使用新能源汽车车型目录(第十六批)(编者略)

2. 汽车生产企业名称变更名单(编者略)

① 《享受车船税减免优惠的节约能源　使用新能源汽车车型目录》第十七批至第五十七批,其所在的文件因涉及车辆购置税等多项内容,收录在《中华人民共和国税法·第Ⅴ卷:综合税收政策》中。

3 - 7 - 31

工业和信息化部　财政部　税务总局关于调整享受车船税优惠的节能新能源汽车产品技术要求的公告

2022年1月20日　工业和信息化部　财政部　税务总局公告2022年第2号

为适应节能与新能源汽车产业发展和技术进步需要，结合《插电式混合动力电动乘用车技术条件》(GB/T 32694—2021)等标准发布实施，现就《财政部　税务总局　工业和信息化部　交通运输部关于节能　新能源车船享受车船税优惠政策的通知》(财税〔2018〕74号)中享受车船税优惠的节能、新能源汽车产品技术要求有关事项公告如下：

一、对财税〔2018〕74号文中节能乘用车、轻型商用车、重型商用车综合工况燃料消耗量限值标准进行更新，具体要求见本公告附件。

二、对财税〔2018〕74号文中插电式混合动力(含增程式)乘用车有关技术要求调整如下：

(一)插电式混合动力(含增程式)乘用车纯电动续驶里程应满足有条件的等效全电里程不低于43公里。

(二)插电式混合动力(含增程式)乘用车电量保持模式试验的燃料消耗量(不含电能转化的燃料消耗量)与《乘用车燃料消耗量限值》(GB 19578—2021)中车型对应的燃料消耗量限值相比应当小于70%；电量消耗模式试验的电能消耗量应小于电能消耗量目标值的135%。按整备质量(m,kg)不同，百公里电能消耗量目标值(Y)应满足以下要求：$m \leqslant 1000$时，$Y = 0.0112 \times m + 0.4$；$1000 < m \leqslant 1600$时，$Y = 0.0078 \times m + 3.8$；$m > 1600$时，$Y = 0.0048 \times m + 8.60$。

三、享受车船税优惠节能、新能源汽车产品的其他技术要求继续按照财税〔2018〕74号文有关规定执行。

四、本公告发布后，新申请享受车船税优惠政策的节能、新能源汽车车型，其技术要求按本公告规定执行，符合条件的列入新的《享受车船税减免优惠的节约能源　使用新能源汽车车型目录》(以下简称新《目录》)。新《目录》公告发布后，已发布的第四批至第三十四批车船税优惠车型目录同时废止，原目录中符合本公告技术要求的车型将自动转入新《目录》公告；新《目录》公告发布前，已取得的列入第四批至第三十四批车船税优惠车型目录的节能、新能源汽车，不论是否转让，可继续享受车船税减免优惠政策。

附件：1. 节能乘用车综合工况燃料消耗量限值标准(编者略)

2. 节能轻型商用车综合工况燃料消耗量限值标准(编者略)

3. 节能重型商用车综合工况燃料消耗量限值标准(编者略)

8 烟叶税

3－8－1

中华人民共和国烟叶税法

2017 年 12 月 27 日第十二届全国人民代表大会常务委员会
第三十一次会议通过　同日中华人民共和国主席令第 84 号公布

第一条　在中华人民共和国境内,依照《中华人民共和国烟草专卖法》的规定收购烟叶的单位为烟叶税的纳税人。纳税人应当依照本法规定缴纳烟叶税。

第二条　本法所称烟叶,是指烤烟叶、晾晒烟叶。

第三条　烟叶税的计税依据为纳税人收购烟叶实际支付的价款总额。

第四条　烟叶税的税率为百分之二十。

第五条　烟叶税的应纳税额按照纳税人收购烟叶实际支付的价款总额乘以税率计算。

第六条　烟叶税由税务机关依照本法和《中华人民共和国税收征收管理法》的有关规定征收管理。

第七条　纳税人应当向烟叶收购地的主管税务机关申报缴纳烟叶税。

第八条　烟叶税的纳税义务发生时间为纳税人收购烟叶的当日。

第九条　烟叶税按月计征,纳税人应当于纳税义务发生月终了之日起十五日内申报并缴纳税款。

第十条　本法自 2018 年 7 月 1 日起施行。2006 年 4 月 28 日国务院公布的《中华人民共和国烟叶税暂行条例》同时废止。

3－8－2

财政部　税务总局关于明确烟叶税计税依据的通知

2018 年 6 月 29 日　财税〔2018〕75 号

各省、自治区、直辖市、计划单列市财政厅(局),国家税务总局各省、自治区、直辖市、计划单列市税务局,新疆生产建设兵团财政局:

为保证《中华人民共和国烟叶税法》有效实施,经国务院同意,现就烟叶税计税依据通知如下:

纳税人收购烟叶实际支付的价款总额包括纳税人支付给烟叶生产销售单位和个人的烟叶收购价款和价外补贴。其中,价外补贴统一按烟叶收购价款的 10% 计算。

请遵照执行。

9

契　税

3－9－1

中华人民共和国契税法

2020年8月11日第十三届全国人民代表大会常务委员会
第二十一次会议通过　同日中华人民共和国主席令第52号公布

第一条　在中华人民共和国境内转移土地、房屋权属，承受的单位和个人为契税的纳税人，应当依照本法规定缴纳契税。

第二条　本法所称转移土地、房屋权属，是指下列行为：

（一）土地使用权出让；

（二）土地使用权转让，包括出售、赠与、互换；

（三）房屋买卖、赠与、互换。

前款第二项土地使用权转让，不包括土地承包经营权和土地经营权的转移。

以作价投资（入股）、偿还债务、划转、奖励等方式转移土地、房屋权属的，应当依照本法规定征收契税。

第三条　契税税率为百分之三至百分之五。

契税的具体适用税率，由省、自治区、直辖市人民政府在前款规定的税率幅度内提出，报同级人民代表大会常务委员会决定，并报全国人民代表大会常务委员会和国务院备案。

省、自治区、直辖市可以依照前款规定的程序对不同主体、不同地区、不同类型的住房的权属转移确定差别税率。

第四条　契税的计税依据：

（一）土地使用权出让、出售，房屋买卖，为土地、房屋权属转移合同确定的成交价格，包括应交付的货币以及实物、其他经济利益对应的价款；

（二）土地使用权互换、房屋互换，为所互换的土地使用权、房屋价格的差额；

（三）土地使用权赠与、房屋赠与以及其他没有价格的转移土地、房屋权属行为，为税务机关参照土地使用权出售、房屋买卖的市场价格依法核定的价格。

纳税人申报的成交价格、互换价格差额明显偏低且无正当理由的，由税务机关依照《中华人民共和国税收征收管理法》的规定核定。

第五条　契税的应纳税额按照计税依据乘以具体适用税率计算。

第六条　有下列情形之一的，免征契税：

（一）国家机关、事业单位、社会团体、军事单位承受土地、房屋权属用于办公、教学、医疗、科研、军事设施；

（二）非营利性的学校、医疗机构、社会福利机构承受土地、房屋权属用于办公、教学、医疗、科研、养老、救助；

（三）承受荒山、荒地、荒滩土地使用权用于农、林、牧、渔业生产；

（四）婚姻关系存续期间夫妻之间变更土地、房屋权属；

（五）法定继承人通过继承承受土地、房屋权属；

（六）依照法律规定应当予以免税的外国驻华使馆、领事馆和国际组织驻华代表机构承受土地、房屋权属。

根据国民经济和社会发展的需要，国务院对居民住房需求保障、企业改制重组、灾后重建等情形可以规定免征或者减征契税，报全国人民代表大会常务委员会备案。

第七条 省、自治区、直辖市可以决定对下列情形免征或者减征契税：

（一）因土地、房屋被县级以上人民政府征收、征用，重新承受土地、房屋权属；

（二）因不可抗力灭失住房，重新承受住房权属。

前款规定的免征或者减征契税的具体办法，由省、自治区、直辖市人民政府提出，报同级人民代表大会常务委员会决定，并报全国人民代表大会常务委员会和国务院备案。

第八条 纳税人改变有关土地、房屋的用途，或者有其他不再属于本法第六条规定的免征、减征契税情形的，应当缴纳已经免征、减征的税款。

第九条 契税的纳税义务发生时间，为纳税人签订土地、房屋权属转移合同的当日，或者纳税人取得其他具有土地、房屋权属转移合同性质凭证的当日。

第十条 纳税人应当在依法办理土地、房屋权属登记手续前申报缴纳契税。

第十一条 纳税人办理纳税事宜后，税务机关应当开具契税完税凭证。纳税人办理土地、房屋权属登记，不动产登记机构应当查验契税完税、减免税凭证或者有关信息。未按照规定缴纳契税的，不动产登记机构不予办理土地、房屋权属登记。

第十二条 在依法办理土地、房屋权属登记前，权属转移合同、权属转移合同性质凭证不生效、无效、被撤销或者被解除的，纳税人可以向税务机关申请退还已缴纳的税款，税务机关应当依法办理。

第十三条 税务机关应当与相关部门建立契税涉税信息共享和工作配合机制。自然资源、住房城乡建设、民政、公安等相关部门应当及时向税务机关提供与转移土地、房屋权属有关的信息，协助税务机关加强契税征收管理。

税务机关及其工作人员对税收征收管理过程中知悉的纳税人的个人信息，应当依法予以保密，不得泄露或者非法向他人提供。

第十四条 契税由土地、房屋所在地的税务机关依照本法和《中华人民共和国税收征收管理法》的规定征收管理。

第十五条 纳税人、税务机关及其工作人员违反本法规定的，依照《中华人民共和国税收征收管理法》和有关法律法规的规定追究法律责任。

第十六条 本法自2021年9月1日起施行。1997年7月7日国务院发布的《中华人民共和国契税暂行条例》同时废止。

3－9－2

财政部 税务总局关于贯彻实施契税法若干事项执行口径的公告

2021年6月30日 财政部 税务总局公告2021年第23号

为贯彻落实《中华人民共和国契税法》，现将契税若干事项执行口径公告如下：

一、关于土地、房屋权属转移

（一）征收契税的土地、房屋权属，具体为土地使用权、房屋所有权。

（二）下列情形发生土地、房屋权属转移的，承受方应当依法缴纳契税：

1. 因共有不动产份额变化的；

2. 因共有人增加或者减少的；

3. 因人民法院、仲裁委员会的生效法律文书或者监察机关出具的监察文书等因素，发生土地、房屋权属转移的。

二、关于若干计税依据的具体情形

（一）以划拨方式取得的土地使用权，经批准改为出让方式重新取得该土地使用权的，应由该土地使用权人以补缴的土地出让价款为计税依据缴纳契税。

（二）先以划拨方式取得土地使用权，后经批准转让房地产，划拨土地性质改为出让的，承受方应分别以补缴的土地出让价款和房地产权属转移合同确定的成交价格为计税依据缴纳契税。

（三）先以划拨方式取得土地使用权，后经批准转让房地产，划拨土地性质未发生改变的，承受方应以房地产权属转移合同确定的成交价格为计税依据缴纳契税。

（四）土地使用权及所附建筑物、构筑物等（包括在建的房屋、其他建筑物、构筑物和其他附着物）转让的，计税依据为承受方应交付的总价款。

（五）土地使用权出让的，计税依据包括土地出让金、土地补偿费、安置补助费、地上附着物和青苗补偿费、征收补偿费、城市基础设施配套费、实物配建房屋等应交付的货币以及实物、其他经济利益对应的价款。

（六）房屋附属设施（包括停车位、机动车库、非机动车库、顶层阁楼、储藏室及其他房屋附属设施）与房屋为同一不动产单元的，计税依据为承受方应交付的总价款，并适用与房屋相同的税率；房屋附属设施与房屋为不同不动产单元的，计税依据为转移合同确定的成交价格，并按当地确定的适用税率计税。

（七）承受已装修房屋的，应将包括装修费用在内的费用计入承受方应交付的总价款。

（八）土地使用权互换、房屋互换，互换价格相等的，互换双方计税依据为零；互换价格不相等的，以其差额为计税依据，由支付差额的一方缴纳契税。

（九）契税的计税依据不包括增值税。

三、关于免税的具体情形

（一）享受契税免税优惠的非营利性的学校、医疗机构、社会福利机构，限于上述三类单位中依法登记为事业单位、社会团体、基金会、社会服务机构等的非营利法人和非营利组织。其中：

1. 学校的具体范围为经县级以上人民政府或者其教育行政部门批准成立的大学、中学、小学、幼儿园，实施学历教育的职业教育学校、特殊教育学校、专门学校，以及经省级人民政府或者其人力资源社会保障行政部门批准成立的技工院校。

2. 医疗机构的具体范围为经县级以上人民政府卫生健康行政部门批准或者备案设立的医疗机构。

3. 社会福利机构的具体范围为依法登记的养老服务机构、残疾人服务机构、儿童福利机构、救助管理机构、未成年人救助保护机构。

（二）享受契税免税优惠的土地、房屋用途具体如下：

1. 用于办公的，限于办公室（楼）以及其他直接用于办公的土地、房屋；

2. 用于教学的，限于教室（教学楼）以及其他直接用于教学的土地、房屋；

3. 用于医疗的，限于门诊部以及其他直接用于医疗的土地、房屋；

4. 用于科研的，限于科学试验的场所以及其他直接用于科研的土地、房屋；

5. 用于军事设施的，限于直接用于《中华人民共和国军事设施保护法》规定的军事设施的土地、房屋；

6. 用于养老的，限于直接用于为老年人提供养护、康复、托管等服务的土地、房屋；

7. 用于救助的，限于直接为残疾人、未成年人、生活无着的流浪乞讨人员提供养护、康复、托管等服务的土地、房屋。

（三）纳税人符合减征或者免征契税规定的，应当按照规定进行申报。

四、关于纳税义务发生时间的具体情形

（一）因人民法院、仲裁委员会的生效法律文书或者监察机关出具的监察文书等发生土地、房屋权属转移的，纳税义务发生时间为法律文书等生效当日。

（二）因改变土地、房屋用途等情形应当缴纳已经减征、免征契税的，纳税义务发生时间为改变有关土地、房屋用途等情形的当日。

（三）因改变土地性质、容积率等土地使用条件需补缴土地出让价款，应当缴纳契税的，纳税义务发生时间为改变土地使用条件当日。

发生上述情形，按规定不再需要办理土地、房屋权属登记的，纳税人应自纳税义务发生之日起 90 日内申报缴纳契税。

五、关于纳税凭证、纳税信息和退税

（一）具有土地、房屋权属转移合同性质的凭证包括契约、协议、合约、单据、确认书以及其他凭证。

（二）不动产登记机构在办理土地、房屋权属登记时，应当依法查验土地、房屋的契税完税、减免税、不征税等涉税凭证或者有关信息。

（三）税务机关应当与相关部门建立契税涉税信息共享和工作配合机制。具体转移土地、房屋权属有关的信息包括：自然资源部门的土地出让、转让、征收补偿、不动产权属登记等信息，住房城乡建设部门的房屋交易等信息，民政部门的婚姻登记、社会组织登记等信息，公安部门的户籍人口基本信息。

（四）纳税人缴纳契税后发生下列情形，可依照有关法律法规申请退税：

1. 因人民法院判决或者仲裁委员会裁决导致土地、房屋权属转移行为无效、被撤销或者被解除，且土地、房屋权属变更至原权利人的；

2. 在出让土地使用权交付时，因容积率调整或实际交付面积小于合同约定面积需退还土地出让价款的；

3. 在新建商品房交付时，因实际交付面积小于合同约定面积需返还房价款的。

六、其他

本公告自2021年9月1日起施行。《财政部　国家税务总局关于契税征收中几个问题的批复》（财税字〔1998〕96号）、《财政部　国家税务总局对河南省财政厅〈关于契税有关政策问题的请示〉的批复》（财税〔2000〕14号）、《财政部　国家税务总局关于房屋附属设施有关契税政策的批复》（财税〔2004〕126号）、《财政部　国家税务总局关于土地使用权转让契税计税依据的批复》（财税〔2007〕162号）、《财政部　国家税务总局关于企业改制过程中以国家作价出资（入股）方式转移国有土地使用权有关契税问题的通知》（财税〔2008〕129号）、《财政部　国家税务总局关于购房人办理退房有关契税问题的通知》（财税〔2011〕32号）同时废止。

3－9－3

国家税务总局关于契税纳税服务与征收管理若干事项的公告

2021年8月26日　国家税务总局公告2021年第25号

为贯彻落实中办、国办印发的《关于进一步深化税收征管改革的意见》，切实优化契税纳税服务，规范契税征收管理，根据《中华人民共和国契税法》（以下简称《契税法》）、《财政部　税务总局关于贯彻实施契税法若干事项执行口径的公告》（2021年第23号，以下简称23号公告）等相关规定，现就有关事项公告如下：

一、契税申报以不动产单元为基本单位。

二、以作价投资（入股）、偿还债务等应交付经济利益的方式转移土地、房屋权属的，参照土地使用权出让、出售或房屋买卖确定契税适用税率、计税依据等。

以划转、奖励等没有价格的方式转移土地、房屋权属的，参照土地使用权或房屋赠与确定契税适用税率、计税依据等。

三、契税计税依据不包括增值税，具体情形为：

（一）土地使用权出售、房屋买卖，承受方计征契税的成交价格不含增值税；实际取得增值税发票的，成交价格以发票上注明的不含税价格确定。

（二）土地使用权互换、房屋互换，契税计税依据为不含增值税价格的差额。

（三）税务机关核定的契税计税价格为不含增值税价格。

四、税务机关依法核定计税价格，应参照市场价格，采用房地产价格评估等方法合理确定。

五、契税纳税人依法纳税申报时，应填报《财产和行为税税源明细表》（《契税税源明细表》部分，附件1），并根据具体情形提交下列资料：

（一）纳税人身份证件；

（二）土地、房屋权属转移合同或其他具有土地、房屋权属转移合同性质的凭证；

（三）交付经济利益方式转移土地、房屋权属的，提交土地、房屋权属转移相关价款支付凭证，其中，土地使用权出让为财政票据，土地使用权出售、互换和房屋买卖、互换为增值税发票；

（四）因人民法院、仲裁委员会的生效法律文书或者监察机关出具的监察文书等因素发生土地、房屋权属转移的，提交生效法律文书或监察文书等。

符合减免税条件的，应按规定附送有关资料或将资料留存备查。

六、税务机关在契税足额征收或办理免税（不征税）手续后，应通过契税的完税凭证或契税信息联系单（以下简称联系单，附件2）等，将完税或免税（不征税）信息传递给不动产登记机构。能够通过信息共享即时传递信息的，税务机关可不再向不动产登记机构提供完税凭证或开具联系单。

七、纳税人依照《契税法》以及23号公告规定向税务机关申请退还已缴纳契税的，应提供纳税人身份证件，完税凭证复印件，并根据不同情形提交相关资料：

（一）在依法办理土地、房屋权属登记前，权属转移合同或合同性质凭证不生效、无效、被撤销或者被解除的，提交合同或合同性质凭证不生效、无效、被撤销或者被解除的证明材料；

（二）因人民法院判决或者仲裁委员会裁决导致土地、房屋权属转移行为无效、被撤销或者被解除，且土地、房屋权属变更至原权利人的，提交人民法院、仲裁委员会的生效法律文书；

（三）在出让土地使用权交付时，因容积率调整或实际交付面积小于合同约定面积需退还土地出让价款的，提交补充合同（协议）和退款凭证；

（四）在新建商品房交付时，因实际交付面积小于合同约定面积需返还房价款的，提交补充合同（协议）和退款凭证。

税务机关收取纳税人退税资料后，应向不动产登记机构核实有关土地、房屋权属登记情况。核实后符合条件的即时受理，不符合条件的一次性告知应补正资料或不予受理原因。

八、税务机关及其工作人员对税收征管过程中知悉的个人的身份信息、婚姻登记信息、不动产权属登记信息、纳税申报信息及其他商业秘密和个人隐私，应当依法予以保密，不得泄露或者非法向他人提供。纳税人的税收违法行为信息不属于保密信息范围，税务机关可依法处理。

九、各地税务机关应与当地房地产管理部门加强协作，采用不动产登记、交易和缴税一窗受理等模式，持续优化契税申报缴纳流程，共同做好契税征收与房地产管理衔接工作。

十、本公告要求纳税人提交的资料，各省、自治区、直辖市和计划单列市税务局能够通过信息共享即时查验的，可公告明确不再要求纳税人提交。

十一、本公告所称纳税人身份证件是指：单位纳税人为营业执照，或者统一社会信用代码证书或者其他有效登记证书；个人纳税人中，自然人为居民身份证，或者居民户口簿或者入境的身份证件，个体工商户为营业执照。

十二、本公告自2021年9月1日起施行。《全文废止和部分条款废止的契税文件目录》（附件3）所列文件或条款同时废止。

特此公告。

附件：1. 契税税源明细表

2. 契税信息联系单

3. 全文废止和部分条款废止的契税文件目录

附件1

契税税源明细表

纳税人识别号（统一社会信用代码）：□□□□□□□□□□□□□□□□□□□□

纳税人名称：　　　　　　　　　　　　　　　　　　　　金额单位：人民币元（列至角分）；面积单位：平方米

*税源编号	（系统自动带出）	*土地房屋坐落地址	（必填）	不动产单元代码	（有不动产权证的，必填）
合同编号	（有合同编号的，必填）	*合同签订日期	（必填）	*共有方式	□单独所有 □按份共有 （转移份额：____） □共同共有 （共有人：____）
*权属转移对象	（必选）	*权属转移方式	（必选）	*用途	（必选）
*成交价格（不含增值税）	（必填）	*权属转移面积	（必填）	*成交单价	（系统自动带出）
*评估价格	（系统自动带出）		*计税价格	（系统自动带出）	
*适用税率	（系统自动带出）		权属登记日期	（已办理权属登记的，必填）	
居民购房减免性质代码和项目名称			其他减免性质代码和项目名称（抵减金额：____）		

权属转移对象、方式、用途逻辑关系对照表

权属转移对象			权属转移方式		用途
一级（大类）	二级（小类）	三级（细目）			
土地	国有土地	无	土地使用权出让		1. 住宅用地 2. 非住宅用地
			土地使用权转让	土地使用权出售（包括作价投资入股、偿还债务等应交付经济利益的方式）	1. 住宅用地 2. 非住宅用地
				土地使用权赠与（包括以划转、奖励、继承等没有价格的方式）	1. 住宅用地 2. 非住宅用地
				土地使用权互换	1. 住宅用地 2. 非住宅用地
土地	集体土地	无	土地使用权出让		1. 住宅用地 2. 非住宅用地
			土地使用权转让	土地使用权出售（包括作价投资入股、偿还债务等应交付经济利益的方式）	1. 住宅用地 2. 非住宅用地
				土地使用权赠与（包括以划转、奖励、继承等没有价格的方式）	1. 住宅用地 2. 非住宅用地
				土地使用权互换	1. 住宅用地 2. 非住宅用地
房屋	增量房	住房	1. 房屋买卖（包括作价投资入股、偿还债务等应交付经济利益的方式） 2. 房屋赠与（包括以划转、奖励、继承等没有价格的方式） 3. 房屋互换		居住用房
		非住房	1. 房屋买卖（包括作价投资入股、偿还债务等应交付经济利益的方式） 2. 房屋赠与（包括以划转、奖励、继承等没有价格的方式） 3. 房屋互换		非居住用房
	存量房	住房	1. 房屋买卖（包括作价投资入股、偿还债务等应交付经济利益的方式） 2. 房屋赠与（包括以划转、奖励、继承等没有价格的方式） 3. 房屋互换		居住用房
		非住房	1. 房屋买卖（包括作价投资入股、偿还债务等应交付经济利益的方式） 2. 房屋赠与（包括以划转、奖励、继承等没有价格的方式） 3. 房屋互换		非居住用房

填表说明：

1. 本表适用于在中国境内承受土地、房屋权属的单位和个人。

2. 税源编号：系统自动生成，纳税人不必填写。

3. 土地房屋坐落地址：必填。土地使用权转移，应填写土地坐落地址；房屋转移，应填写房屋坐落地址。

4. 不动产单元代码：有不动产权证并载明不动产单元代码的，必填。

5. 合同编号：有土地、房屋权属转移合同并载明合同编号的，必填。

6. 合同签订日期：必填。指承受方与转让方签订土地、房屋权属转移合同的当日，或者承受方取得其他具有土地、房屋权属转移合同性质凭证的当日。

7. 共有方式：必填。根据实际情况，勾选单独所有、按份共有、共同所有。如勾选按份共有，应填写具体转移份额，勾选共同共有，应填写承受土地、房屋权属的其他共同共有人的纳税人名称和纳税人识别号。

8. 权属转移对象：必选。分土地、房屋两类一级指标；土地下的二级指标设国有土地和集体土地；房屋下的二级指标设增量房和存量房；增量房和存量房下的三级指标均设住房和非住房。

9. 权属转移方式：必选。土地按“1. 土地使用权出让、2. 土地使用权出售、3. 土地使用权赠与、4. 土地使用权互换”填写；房屋按“1. 房屋买卖、2. 房屋赠与、3. 房屋互换”填写。

10. 用途:必选。土地按“1. 住宅用地、2. 非住宅用地”填写;房屋按“1、居住用房,2、非居住用房”填写。

11. 成交价格(不含增值税):必填。按土地、房屋权属转移合同确定的价格(包括应交付的货币以及实物、其他经济利益对应的价款)填写;土地使用权互换、房屋互换的,在本栏次填写土地、房屋的成交价格,同时在“其他减免性质代码和项目名称”中选择土地使用权互换、房屋互换的减免性质代码并填写扣减金额。

12. 权属转移面积:必填。根据土地、房屋权属转移合同确定的转移面积填写。

13. 成交单价:系统自动计算,纳税人无需填写。单位面积的成交价格。

14. 评估价格:必填,可由系统自动带出。是指税务机关参照市场价格,采用房地产价格评估等方法依法合理确定的评估价格。

15. 计税价格:系统自动带出,纳税人无需填写。指由税务机关按照《中华人民共和国契税法》及有关规定确定的成交价格或者核定价格。

16. 适用税率:系统自动带出,纳税人无需填写。根据各省(自治区、直辖市)确定的适用税率填写。申报享受家庭唯一住房或第二套住房等减免税政策的,也应按适用税率填写。如,某省住房买卖适用税率为3%,申报享受个人购买90平方米及以下家庭唯一住房减免税政策时,税率应按3%而非优惠税率1%填写。

17. 权属登记日期:指承受方取得应税土地、房屋权属的登记日期。在办理土地、房屋权属登记前申报缴纳契税的,不填此项;在办理土地、房屋权属登记后申报缴纳契税的,必填。

18. 居民购房减免性质代码和项目名称:有居民购房减免税情况的,必填。按照税务机关最新制发的减免税政策代码表中最细项减免性质代码填写。

19. 其他减免性质代码和项目名称:有居民购房以外其他减免税情况的,必填。按照税务机关最新制发的减免税政策代码表中最细项减免性质代码填写,并按规定填写扣减金额。

附件2

(二维码)

契税信息联系单

编号:地区(20××)0000000000000

契税税源信息:

税源编号:

不动产单元代码: 土地/房屋坐落地址:

纳税人已办理契税事项:

是否属于不征税事项:(是/否) 契税不征税项目:

金额单位:元列至角分

纳税人名称	纳税人识别号	证件类型	证件号码	共有方式	权属转移方式	转移份额	计税价格	减免项目名称	实缴金额
合计								—	

注意事项:

1. 联系单涉及纳税人个人敏感信息,请妥善保存。
2. 联系单不作为记账、抵扣凭证。

受理人: 开具税务机关(印章):

第×次打印 开具日期:

附件3

全文废止和部分条款废止的契税文件目录

序号	文号	标题	备注
1	国税发〔1997〕176号	国家税务总局关于契税征收管理若干具体事项的通知	全文废止
2	国税函〔1998〕829号	国家税务总局关于城镇居民委托代建房屋契税征免问题的批复	全文废止
3	国税函〔1999〕465号	国家税务总局关于出售或租赁房屋使用权是否征收契税问题的批复	全文废止
4	国税函〔1999〕545号	国家税务总局关于明确对中国华融资产管理公司等在收购处置不良资产中免征契税的通知	全文废止
5	国税函〔1999〕613号	国家税务总局关于抵押贷款购买商品房征收契税的批复	全文废止
6	国税函〔1999〕737号	国家税务总局关于以补偿征地款方式取得的房产征收契税的批复	全文废止
7	国税函〔1999〕845号	国家税务总局关于三峡工程库区农村移民外迁有关税收问题的通知	废止第三条
8	国税函〔2000〕56号	国家税务总局关于免征中国石油天然气股份有限公司契税的通知	全文废止
9	国税函〔2000〕468号	国家税务总局关于免征军队武警部队政法机关所办企业脱钩移交过程中所涉契税的批复	全文废止
10	国税函〔2001〕483号	国家税务总局关于以土地、房屋权属抵缴社会保险费免征契税的批复	全文废止
11	国税函〔2001〕689号	国家税务总局关于中国联通有限公司重组过程中办理土地、房屋权属变更登记不征契税的批复	全文废止
12	国税函〔2001〕843号	国家税务总局关于中国粮油食品进出口(集团)有限公司重组改制有关契税问题的通知	全文废止
13	国税函〔2002〕777号	国家税务总局关于免征被撤销金融机构在财产清理中取得土地房屋权属所涉契税的批复	全文废止
14	国税函〔2002〕1094号	国家税务总局关于以项目换土地等方式承受土地使用权有关契税问题的批复	全文废止
15	国税函〔2003〕123号	国家税务总局关于中国电信集团公司重组过程中有关契税问题的通知	全文废止
16	国税函〔2003〕524号	国家税务总局关于中国航空集团公司重组过程中有关契税问题的通知	全文废止
17	国税函〔2003〕627号	国家税务总局关于国家电网公司组建中有关契税问题的通知	全文废止
18	国税函〔2003〕946号	国家税务总局关于中国大唐集团公司组建中有关契税问题的通知	全文废止
19	国税函〔2003〕978号	国家税务总局关于中国国电集团公司组建中有关契税问题的通知	全文废止
20	国税函〔2003〕1027号	国家税务总局关于中国人民保险公司重组改制过程中有关印花税和契税问题的通知	废止第二条
21	国税函〔2003〕1143号	国家税务总局关于中国电信集团公司重组安徽等六省(区、市)电信资产有关契税问题的通知	全文废止
22	国税函〔2003〕1253号	国家税务总局关于中国航空工业第二集团公司重组中有关契税问题的通知	全文废止
23	国税函〔2003〕1272号	国家税务总局关于事业单位合并中有关契税问题的批复	全文废止
24	国税函〔2004〕322号	国家税务总局关于以土地、房屋作价出资及租赁使用土地有关契税问题的批复	全文废止

续表

序号	文号	标题	备注
25	国税函〔2004〕852 号	国家税务总局关于中国人寿保险(集团)公司重组改制后有关税务问题的通知	废止第五条中有关契税的规定
26	国税函〔2004〕898 号	国家税务总局关于中国电信集团公司湖北等省(区)电信资产重组改制有关契税政策的通知	全文废止
27	国税发〔2004〕98 号	国家税务总局关于中国移动通信集团公司重组上市过程中有关契税问题的通知	全文废止
28	国税函〔2004〕1036 号	国家税务总局关于继承土地、房屋权属有关契税问题的批复	全文废止
29	国税发〔2004〕165 号	国家税务总局关于中国网络通信集团公司重组上市过程中有关契税政策的通知	全文废止
30	国税发〔2005〕52 号	国家税务总局关于中国建银投资有限责任公司纳税申报地点问题的通知	废止第三条中有关契税的规定
31	国税发〔2005〕156 号	国家税务总局关于实施房地产税收一体化管理若干具体问题的通知	废止第二条中有关契税的规定
32	国税函〔2005〕835 号	国家税务总局关于军队离退休干部购买经济适用房征收契税问题的批复	全文废止
33	国税函〔2005〕903 号	国家税务总局关于城镇房屋拆迁契税优惠政策适用对象的批复	全文废止
34	国税函〔2005〕969 号	国家税务总局关于中国航空集团公司改制有关契税问题的通知	全文废止
35	国税函〔2006〕157 号	国家税务总局关于改制企业承受土地使用权契税计税依据的批复	全文废止
36	国税函〔2006〕448 号	国家税务总局关于开征烟叶税有关税收会计统计核算问题的通知	废止第二条中有关契税的规定
37	国税函〔2006〕798 号	国家税务总局关于明确中国兵器装备集团公司重组改制过程中有关契税政策的通知	全文废止
38	国税发〔2006〕144 号	国家税务总局关于加强房地产交易个人无偿赠与不动产税收管理有关问题通知	废止第一条中有关契税的规定
39	国税函〔2007〕606 号	国家税务总局关于承受装修房屋契税计税价格问题的批复	全文废止
40	国税函〔2007〕645 号	国家税务总局关于未办理土地使用权证转让土地有关税收问题的批复	废止文件中有关契税的规定
41	国税函〔2008〕438 号	国家税务总局关于无效产权转移征收契税的批复	全文废止
42	国税函〔2008〕662 号	国家税务总局关于改变国有土地使用权出让方式征收契税的批复	全文废止
43	国税函〔2008〕679 号	国家税务总局关于中国铁道建筑总公司股份制改革过程中有关税收问题的通知	废止第三条中有关契税的规定
44	国税函〔2008〕718 号	国家税务总局关于经法院调解的房屋权属转移征收契税的批复	全文废止
45	国税函〔2008〕1083 号	国家税务总局关于太平湾发电厂有关契税问题的批复	全文废止
46	国税函〔2009〕603 号	国家税务总局关于明确国有土地使用权出让契税计税依据的批复	全文废止
47	国税函〔2009〕618 号	国家税务总局关于明确中国农业银行改制有关契税政策的通知	全文废止
48	国税函〔2009〕781 号	国家税务总局关于企业改制契税政策适用问题的批复	全文废止
49	税务总局公告 2013 年第 2 号	国家税务总局关于国寿投资控股有限公司相关税收问题的公告	废止第五条中有关契税的规定
50	税务总局公告 2021 年第 9 号	国家税务总局关于简并税费申报有关事项的公告	废止附件 2 中的《契税税源明细表》

3－9－4

财政部　税务总局关于契税法实施后有关优惠政策衔接问题的公告

2021年8月27日　财政部　税务总局公告2021年第29号

为贯彻落实《中华人民共和国契税法》，现将税法实施后继续执行的契税优惠政策公告如下：

一、夫妻因离婚分割共同财产发生土地、房屋权属变更的，免征契税。

二、城镇职工按规定第一次购买公有住房的，免征契税。

公有制单位为解决职工住房而采取集资建房方式建成的普通住房或由单位购买的普通商品住房，经县级以上地方人民政府房改部门批准、按照国家房改政策出售给本单位职工的，如属职工首次购买住房，比照公有住房免征契税。

已购公有住房经补缴土地出让价款成为完全产权住房的，免征契税。

三、外国银行分行按照《中华人民共和国外资银行管理条例》等相关规定改制为外商独资银行（或其分行），改制后的外商独资银行（或其分行）承受原外国银行分行的房屋权属的，免征契税。

四、除上述政策外，其他继续执行的契税优惠政策按原文件规定执行。涉及的文件及条款见附件1。

五、本公告自2021年9月1日起执行。附件2中所列文件及条款规定的契税优惠政策同时废止。附件3中所列文件及条款规定的契税优惠政策失效。

特此公告。

附件：1. 继续执行的契税优惠政策文件及条款目录

2. 废止的契税优惠政策文件及条款目录

3. 失效的契税优惠政策文件及条款目录

附件1

继续执行的契税优惠政策文件及条款目录

序号	文件标题及条款	文号
1	《财政部　国家税务总局关于免征军建离退休干部住房移交地方政府管理所涉及契税的通知》	财税字〔2000〕176号
2	《财政部　国家税务总局关于中国信达等4家金融资产管理公司税收政策问题的通知》第三条第3项	财税〔2001〕10号
3	《财政部　国家税务总局关于4家资产管理公司接收资本金项下的资产在办理过户时有关税收政策问题的通知》第一条中关于契税的政策	财税〔2003〕21号
4	《财政部　国家税务总局关于被撤销金融机构有关税收政策问题的通知》第二条第3项	财税〔2003〕141号

续表

序号	文件标题及条款	文号
5	《财政部　国家税务总局关于中国东方资产管理公司处置港澳国际(集团)有限公司有关资产税收政策问题的通知》第二条第2项、第三条第3项、第四条第3项	财税〔2003〕212号
6	《财政部　国家税务总局关于银监会各级派出机构从中国人民银行各分支行划转房屋土地有关税收问题的函》第一条	财税〔2005〕149号
7	《财政部　国家税务总局关于青藏铁路公司运营期间有关税收等政策问题的通知》第四条	财税〔2007〕11号
8	《财政部　国家税务总局关于廉租住房、经济适用住房和住房租赁有关税收政策的通知》第一条第(五)项中关于经济适用住房的契税政策、第(六)项	财税〔2008〕24号
9	《财政部　国家税务总局关于企业以售后回租方式进行融资等有关契税政策的通知》第一条、第五条、第六条	财税〔2012〕82号
10	《财政部　国家税务总局关于棚户区改造有关税收政策的通知》第三条、第四条以及第五条中关于契税的政策	财税〔2013〕101号
11	《财政部　国家税务总局　住房城乡建设部关于调整房地产交易环节契税　营业税优惠政策的通知》第一条、第三条中关于契税的政策	财税〔2016〕23号
12	《财政部　税务总局关于支持农村集体产权制度改革有关税收政策的通知》第一条、第二条第一款、第三条	财税〔2017〕55号
13	《财政部　税务总局关于易地扶贫搬迁税收优惠政策的通知》第一条第(二)项以及第二条第(一)(四)(五)项中关于契税的政策	财税〔2018〕135号
14	《财政部　税务总局关于公共租赁住房税收优惠政策的公告》第三条中关于契税的政策	财政部　税务总局公告2019年第61号
15	《财政部　税务总局关于继续实行农村饮水安全工程税收优惠政策的公告》第一条以及第六条第二款中关于契税的政策	财政部　税务总局公告2019年第67号
16	《财政部　税务总局　发展改革委　民政部　商务部　卫生健康委关于养老、托育、家政等社区家庭服务业税费优惠政策的公告》第一条第(三)项	财政部　税务总局　发展改革委　民政部　商务部　卫生健康委公告2019年第76号
17	《财政部　税务总局关于延长部分税收优惠政策执行期限的公告》中关于契税的政策	财政部　税务总局公告2021年第6号
18	《财政部　税务总局关于继续执行企业　事业单位改制重组有关契税政策的公告》	财政部　税务总局公告2021年第17号

附件2

废止的契税优惠政策文件及条款目录

序号	文件标题及条款	文号
1	《国家税务总局关于离婚后房屋权属变化是否征收契税的批复》	国税函〔1999〕391号
2	《财政部　国家税务总局关于公有制单位职工首次购买住房免征契税的通知》	财税〔2000〕130号
3	《财政部　国家税务总局关于社会力量办学契税政策问题的通知》	财税〔2001〕156号
4	《财政部　国家税务总局关于教育税收政策的通知》第三条第2项	财税〔2004〕39号
5	《财政部　国家税务总局关于国有土地使用权出让等有关契税问题的通知》	财税〔2004〕134号
6	《财政部　国家税务总局关于外国银行分行改制为外商独资银行有关税收问题的通知》第四条	财税〔2007〕45号
7	《财政部　国家税务总局关于认真落实抗震救灾及灾后重建税收政策问题的通知》第四条	财税〔2008〕62号

续表

序号	文件标题及条款	文号
8	《财政部　国家税务总局关于企业以售后回租方式进行融资等有关契税政策的通知》第二条、第三条、第四条	财税〔2012〕82 号
9	《财政部　国家税务总局关于夫妻之间房屋土地权属变更有关契税政策的通知》	财税〔2014〕4 号

附件 3

失效的契税优惠政策文件及条款目录

序号	文件标题及条款	文号
1	《财政部　国家税务总局关于本溪金岛生态农业发展有限公司承受农村集体土地使用权征收契税的批复》	财税字〔2000〕26 号
2	《财政部　国家税务总局关于全国人大机关职工住宅契税问题的通知》	财税〔2001〕199 号
3	《财政部　国家税务总局关于中国华融资产管理公司接收抵债资产契税问题的通知》	财税函〔2002〕5 号
4	《财政部　国家税务总局关于中国华融资产管理公司上海办事处接收中山东二路十五号楼契税问题的通知》	财税〔2002〕141 号
5	《财政部　国家税务总局关于中国民族国际信托投资公司等转制为证券公司有关契税问题的通知》	财税〔2002〕151 号
6	《财政部　国家税务总局关于大连证券破产及财产处置过程中有关税收政策问题的通知》第三条	财税〔2003〕88 号
7	《财政部　国家税务总局关于香港中银集团重组上市有关税收问题的通知》第五条	财税〔2003〕126 号
8	《财政部　国家税务总局关于中国长江电力股份有限公司上市及收购三峡发电资产有关税收问题的通知》第二条中关于契税的政策	财税〔2003〕235 号
9	《财政部　国家税务总局关于中国人寿保险(集团)公司重组改制过程中有关契税政策的通知》	财税〔2004〕10 号
10	《财政部　国家税务总局关于合作开发的房地产权属转移征免契税的批复》	财税〔2004〕91 号
11	《财政部　国家税务总局关于航空信托投资公司转制为航空证券公司有关契税问题的通知》	财税〔2004〕122 号
12	《财政部　国家税务总局关于对工行潮州分行受让国有土地使用权征免契税问题的批复》	财税〔2004〕184 号
13	《财政部　国家税务总局关于国家石油储备基地建设有关税收政策的通知》第一条中关于契税的政策	财税〔2005〕23 号
14	《财政部　国家税务总局关于广百新翼公司产权分割征收契税问题的批复》	财税〔2005〕26 号
15	《财政部　国家税务总局关于贵州省人民政府驻京办事处收购贵州大厦用于办公的房产免征契税的通知》	财税〔2005〕141 号
16	《财政部　国家税务总局关于广深铁路股份有限公司办理国有土地使用权出让有关契税问题的批复》	财税〔2005〕147 号
17	《财政部　国家税务总局关于对美国驻华使馆购买馆员住宅免征契税的通知》	财税函〔2005〕160 号
18	《财政部　国家税务总局关于中国建银投资有限责任公司有关税收政策问题的通知》第三条	财税〔2005〕160 号
19	《财政部　国家税务总局关于广东国际信托投资公司破产清算中房地产权属变更征收契税问题的批复》	财税〔2006〕50 号
20	《财政部　国家税务总局关于中国电信集团公司和中国电信股份有限公司收购 CDMA 网络资产和业务有关契税政策的通知》	财税〔2009〕42 号
21	《财政部　国家税务总局关于北京德国文化中心·歌德学院(中国)在华房产有关契税和印花税问题的通知》中关于契税的政策	财税〔2009〕159 号

续表

序号	文件标题及条款	文号
22	《财政部　国家税务总局关于中国联合网络通信集团有限公司重组过程中有关契税政策的通知》	财税〔2010〕87 号
23	《财政部　国家税务总局关于明确中国邮政集团公司邮政速递物流业务重组改制过程中有关契税和印花税政策的通知》第一条	财税〔2010〕92 号
24	《财政部　国家税务总局　住房城乡建设部关于调整房地产交易环节契税　个人所得税优惠政策的通知》第一条	财税〔2010〕94 号
25	《财政部　国家税务总局关于中国信达资产管理股份有限公司改制过程中有关契税和印花税问题的通知》第一条	财税〔2011〕2 号
26	《财政部　国家税务总局关于中国邮政储蓄银行改制上市有关税收政策的通知》第五条中关于契税的政策	财税〔2013〕53 号

※　　※　　※　　※

3－9－5

国家税务总局关于对监狱管理部门承受土地房屋直接用于监狱建设免征契税的批复

1999 年 8 月 23 日　国税函〔1999〕572 号

福建省财政厅：

你厅《关于监狱管理部门接收土地及地面建筑物是否征收契税的请示》（闽财农税〔1999〕53 号）收悉。现批复如下：

监狱管理部门是对犯罪人员执行刑罚的机关，其所承担的公务有一定特殊性，除干警办公用房外，监舍也是执行公务的必备条件。因此，对监狱管理部门承受土地、房屋直接用于监狱建设，视同国家机关的办公用房建设，免征契税。

3－9－6

财政部　国家税务总局关于免征军建离退休干部住房移交地方政府管理所涉及契税的通知

2000 年 6 月 7 日　财税字〔2000〕176 号

根据国务院、中央军委指示精神，民政部、总后勤部等八部（委、局）日前发出的《关于印发〈移交政府安置的军队离退休干部住房保障改革实施办法〉的通知》(〔2000〕后营字第70号)规定:军队离退休干部住房由国家投资建设,军队和地方共同承担建房任务,其中军队承建部分完工后应逐步移交地方政府管理。

军建离退休干部住房移交地方政府管理是军队离退休干部住房保障和管理方式的调整,是军队住房制度改革的重要措施之一。为配合国务院、中央军委决策的顺利实施,免征军建离退休干部住房及附属用房移交地方政府管理所涉及的契税。

3-9-7

国家税务总局关于国有土地使用权出让契税计税依据问题的批复

2005年5月9日　国税函〔2005〕413号

北京市地方税务局:

你局《关于对国有土地使用权出让征收契税问题的请示》(京地税地〔2005〕163号)收悉。现批复如下:

根据《财政部、国家税务总局关于国有土地使用权出让等有关契税问题的通知》(财税〔2004〕134号)中"出让国有土地使用权的,其契税计税价格为承受人为取得该土地使用权而支付的全部经济利益"的规定,出让国有土地使用权的契税计税价格,不仅包括承受人应支付给政府的标准土地出让金等费用,而且包括承受人应支付给原土地使用者的补偿费用等。

对于以市场竞价方式承受国有土地使用权的,契税计税价格应为竞价的成交价格,土地出让金、市政建设配套费用以及各种补偿费用均不得扣除。

此复。

3-9-8

国家税务总局关于免征土地出让金出让国有土地使用权征收契税的批复

2005年5月11日　国税函〔2005〕436号

北京市地方税务局:

你局《关于对政府以零地价方式出让国有土地使用权征收契税问题的请示》(京地税地〔2005〕166号)收悉,批复如下:

根据《中华人民共和国契税暂行条例》及其细则的有关规定,对承受国有土地使用权所应支付的土地出让金,要计征契税。不得因减免土地出让金,而减免契税。

3－9－9

国家税务总局关于应用评税技术核定房地产交易计税价格的意见

2008年4月8日 国税函〔2008〕309号

江苏、浙江、重庆、青岛省（市）财政厅（局）、地方税务局，北京、辽宁、深圳省（市）地方税务局：

2007年以来，各地按照税务总局房地产税收一体化管理和《国家税务总局关于个人转让房屋有关税收征管问题的通知》（国税发〔2007〕33号）的要求，针对一些地区房屋买卖双方通过订立虚假合同低报成交价格、不如实申报缴纳有关税收的问题，建立了房屋交易最低计税价格管理制度，加强了房屋交易计税价格管理。为深化房地产税收一体化管理工作，夯实交易环节税收征管基础，进一步提高计税价格管理水平，税务总局决定，先在北京、重庆、青岛、深圳、南京、杭州、丹东等城市开展应用评税技术核定计税价格工作，并提出以下工作意见：

一、指导思想

根据《中华人民共和国税收征收管理法》及《中华人民共和国契税暂行条例》的有关规定，对于房地产交易中纳税人申报的计税依据明显低于市场价格并且无正当理由的，参照市场价格核定计税价格，逐步将房地产评税技术应用到计税价格的核定工作中，增强核定工作的科学性和权威性，同时在实践中检验评税技术，推动相关税收改革。

二、总体思路

按照房地产评税原理，在测算房地产基准价格和价格影响因素修正系数的工作基础上，开发计税价格核定模块（以下简称“核定模块”），建立房地产交易计税价格核定应用功能，并将其应用到实际征管工作中核定计税价格，用核定结果与纳税人申报价格相比较，按照孰高原则确定计税价格，征收交易环节各项税收。在核定功能的应用过程中，通过定期评测核定效果，及时调整基准价格和价格影响因素修正系数，调整完善核定模块。同时，以公平、简便、有效化解征纳矛盾为原则，在现行税收法律法规框架下，制定适合本地情况的争议处理办法。

三、工作内容

（一）建立房地产交易计税价格核定应用功能

开展此项工作的城市，应根据本地情况选择核定模块的建立方式。首先应考虑利用现有的系统资源：可移植使用现有评税系统中的模块，也可以根据评税原理，完善现有契税征管系统中的相应模块。不具备利用现有系统资源条件的，应根据评税原理重新设计核定模块，核定模块的模型与评税系统的模型间应存在对应关系。

1. 移植使用现有评税系统中的模块

已开发评税系统的城市，可直接将评税系统中的评税模块移植应用到征管系统作为核定模块；或者以评税系统为基础，修改相关参数，简化数学模型，形成新的核定模块。

2. 根据评税原理，完善现有契税征管系统中的模块

在契税征管系统中已开发应用核定模块的城市，应根据评税原理完善核定模块。

3. 以上条件均不具备的城市，可根据评税原理，重新设计核定模块。具体步骤为：

（1）抽样采集数据信息

采集覆盖本地各个区域的房地产数据信息，数据来源包括：从国土、房管等部门取得信息、在税收征管中取得信息、从房地产中介机构取得信息等。采集大批量房地产信息存在困难的，可分区域抽样取得信息。

（2）测算基准价格和价格影响因素修正系数

根据采集数据中的房地产价格构成情况，应用市场比较法原理，将数据分片区、分类别进行整理，测算分片区、分类别房地产基准价格及价格影响因素修正系数。

（3）开发核定模块

以方便征管为原则，按照税务总局规定的有关数据存储、传输标准，应用评税原理开发设计核定模块。

（二）运行、完善房地产交易计税价格核定应用功能

1. 试运行核定应用功能

选择部分交易环节税收征收窗口进行核定应用功能的试运行工作，用核定模块核定的价格作为参考计税价格，征收交易环节各项税收。

2. 测评核定效果

（1）设置检测指标。选择能够对核定模块的核定结果进行量化评价和分析的检测指标，如：纳税人对于核定结果的投诉量，核定结果与市场交易价格的偏离值等。

（2）采集标准数据。采集房地产成交案例作为检测的标准数据，各地可以根据本地情况确定数据采集量，但每个片区的标准数据一般应不少于5例。标准数据可来源于：房地产市场一手房价格，中介机构提供的二手房成交价格，房地产交易信息网发布的一手、二手房交易价格信息等。

（3）检测核定结果。根据征管人员的反馈意见、纳税人对于核定结果的投诉量及个案的调整数量，确定核定模块的适用性；根据核定结果与市场价格水平的偏离程度，确定基准价格及价格影响因素修正系数设置的合理性。具体检测标准暂由各地根据市场状况和征管实际情况确定。

3. 调整完善核定应用功能

根据核定应用功能试运行中发现的问题，适时调整基准价格及价格影响因素修正系数，并对核定模块中的数学模型进行调整。

（三）制定计税价格争议解决机制

按照公平、简便、有效化解征纳矛盾的原则，在现行税收法律法规框架下，制定适合本地情况的争议处理办法，建立争议解决机制：

1. 履行事前告知程序。在纳税人申报前，应向纳税人告知虚假申报所需承担的法律责任及相应处罚标准。

2. 纳税人对核定价格持有异议的，各地根据本地情况探索解决方式，如可采取：由征收

机关指定具有公信力及资质等级的评估机构进行评估,参考评估结果,确定计税价格;由征收机关成立争议处理小组,派人员(两人以上)实地勘察房产情况,根据查看情况参照计算机核定价格,酌情确定计税价格;从银行等相关部门获取房产交易的资金往来记录作为计税依据等方式。

(四)正式运行核定应用功能

核定应用功能的各项检测指标达到标准后,在各交易环节税收征收窗口正式应用核定功能进行计税价格的核定工作。用核定价格与纳税人申报价格进行比较,按照孰高原则,取较大值为计税价格,征收交易环节各项税收。根据核定应用功能实际运行中出现的问题,定期调整核定模块的数学模型。

设有评税部门的,征管部门应将核定应用功能的运行及调整情况,定期向评税部门反馈,提出调整完善评税系统的建议,以便及时研究评税系统模型的调整方案。(工作流程图见附件1)

四、工作要求

(一)加强组织领导,制定工作方案。开展此项工作的各城市要高度重视此项工作,加强组织领导,配备专门人员,明确工作责任,保障工作的顺利实施。要尽快制定本地具体的工作方案,明确工作范围、工作内容、工作步骤、工作进度安排、工作流程、人员组织和经费预算等。

(二)加强部门配合,广泛采集信息。开展此项工作城市的财政、税务征收部门之间应加强工作沟通,协调好与国土、房管、建设等部门的关系,既要取得相关部门工作上的支持配合,又要主动工作。要广泛收集房地产信息,一方面,建立从国土、房管以及中介机构等部门取得信息的固定信息渠道;另一方面,在税收征管中积累信息,为核定模块提供数据支持。

(三)做好内部协调,建立沟通机制。设有评税部门的,税收征管部门和评税部门要建立信息沟通机制。对于征管中出现的价格评估问题,评税部门应提供评税技术支持;对于核定模块的调整修正情况,税收征管部门要向评税部门及时反馈。

(四)及时总结经验,定期报告情况。自2008年7月1日起,开展此项工作的各城市每季度初10日前要向总局书面报告工作进展情况。首次报告材料中应附送本地区工作方案。(报告内容提纲见附件2)

附件:1. 应用评税技术核定房地产交易计税价格工作流程图(编者略)

2. 关于应用评税技术核定房地产交易计税价格工作情况的报告提纲(编者略)

3-9-10

财政部　国家税务总局关于企业以售后回租方式进行融资等有关契税政策的通知

2012年12月6日　财税〔2012〕82号

各省、自治区、直辖市、计划单列市财政厅(局)、地方税务局,西藏、宁夏、青海省(自治区)国家税务局，新疆生产建设兵团财务局：

经研究，现就近期各地反映的契税政策执行中若干问题通知如下：

一、对金融租赁公司开展售后回租业务，承受承租人房屋、土地权属的，照章征税。对售后回租合同期满，承租人回购原房屋、土地权属的，免征契税。

二、以招拍挂方式出让国有土地使用权的，纳税人为最终与土地管理部门签订出让合同的土地使用权承受人。

三、市、县级人民政府根据《国有土地上房屋征收与补偿条例》有关规定征收居民房屋，居民因个人房屋被征收而选择货币补偿用以重新购置房屋，并且购房成交价格不超过货币补偿的，对新购房屋免征契税；购房成交价格超过货币补偿的，对差价部分按规定征收契税。居民因个人房屋被征收而选择房屋产权调换，并且不缴纳房屋产权调换差价的，对新换房屋免征契税；缴纳房屋产权调换差价的，对差价部分按规定征收契税。

四、企业承受土地使用权用于房地产开发，并在该土地上代政府建设保障性住房的，计税价格为取得全部土地使用权的成交价格。

五、单位、个人以房屋、土地以外的资产增资，相应扩大其在被投资公司的股权持有比例，无论被投资公司是否变更工商登记，其房屋、土地权属不发生转移，不征收契税。

六、个体工商户的经营者将其个人名下的房屋、土地权属转移至个体工商户名下，或个体工商户将其名下的房屋、土地权属转回原经营者个人名下，免征契税。

合伙企业的合伙人将其名下的房屋、土地权属转移至合伙企业名下，或合伙企业将其名下的房屋、土地权属转回原合伙人名下，免征契税。

本通知自发文之日起执行。《财政部、国家税务总局关于城镇房屋拆迁有关税收政策的通知》（财税〔2005〕45 号）第二条同时废止。

注释：

条款废止。第二条至第四条自 2021 年 9 月 1 日起废止。参见：《财政部　税务总局关于契税法实施后有关优惠政策衔接问题的公告》（财政部　税务总局公告 2021 年第29 号）。

3－9－11

国家税务总局关于契税纳税申报有关问题的公告

2015 年 9 月 25 日　国家税务总局公告 2015 年第 67 号

根据房地产权属转移契税征管中遇到的实际情况，现将下列情形契税纳税申报有关问题公告如下：

一、根据人民法院、仲裁委员会的生效法律文书发生土地、房屋权属转移，纳税人不能取得销售不动产发票的，可持人民法院执行裁定书原件及相关材料办理契税纳税申报，税务机关应予受理。

二、购买新建商品房的纳税人在办理契税纳税申报时，由于销售新建商品房的房地产开发企业已办理注销税务登记或者被税务机关列为非正常户等原因，致使纳税人不能取得销售不动产发票的，税务机关在核实有关情况后应予受理。

三、本公告自公布之日起施行。

特此公告。

3 -9 -12

国家税务总局关于简化契税办理流程取消（无）婚姻登记记录证明的公告

2015 年 10 月 9 日　国家税务总局公告 2015 年第 71 号

为落实国务院关于简化优化公共服务流程，方便群众办事和为基层减负等要求，国家税务总局决定，税务机关在受理契税申报缴税过程中，不再要求纳税人提供（无）婚姻登记记录证明。现将有关事项公告如下：

一、纳税人在申请办理家庭唯一普通住房契税优惠时，无须提供原民政部门开具的（无）婚姻登记记录证明。

二、税务机关在受理纳税人家庭唯一普通住房契税优惠申请时，应当做好纳税人家庭成员状况认定工作。如果纳税人为成年人，可以结合户口簿、结婚（离婚）证等信息判断其婚姻状况。无法做出判断的，可以要求其提供承诺书，就其申报的婚姻状况的真实性做出承诺。如果纳税人为未成年人，可结合户口簿等材料认定家庭成员状况。

三、各级税务机关应当迅速将这一便民措施落实到位，切实做好对一线工作人员的业务培训，确保措施落实不折不扣；同时，应当加强督导检查，及时发现落实过程中出现的问题，发现一起、纠正一起。

四、本公告自公布之日起施行。

特此公告。

3 -9 -13

财政部　税务总局关于继续执行企业事业单位改制重组有关契税政策的公告

2021 年 4 月 26 日　财政部　税务总局公告 2021 年第 17 号

为支持企业、事业单位改制重组，优化市场环境，现就继续执行有关契税政策公告如下：

一、企业改制

企业按照《中华人民共和国公司法》有关规定整体改制，包括非公司制企业改制为有限责任公司或股份有限公司，有限责任公司变更为股份有限公司，股份有限公司变更为有限责任公司，原企业投资主体存续并在改制（变更）后的公司中所持股权（股份）比例超过75%，且改制（变更）后公司承继原企业权利、义务的，对改制（变更）后公司承受原企业土地、房屋权属，免征契税。

二、事业单位改制

事业单位按照国家有关规定改制为企业，原投资主体存续并在改制后企业中出资（股权、股份）比例超过50%的，对改制后企业承受原事业单位土地、房屋权属，免征契税。

三、公司合并

两个或两个以上的公司，依照法律规定、合同约定，合并为一个公司，且原投资主体存续的，对合并后公司承受原合并各方土地、房屋权属，免征契税。

四、公司分立

公司依照法律规定、合同约定分立为两个或两个以上与原公司投资主体相同的公司，对分立后公司承受原公司土地、房屋权属，免征契税。

五、企业破产

企业依照有关法律法规规定实施破产，债权人（包括破产企业职工）承受破产企业抵偿债务的土地、房屋权属，免征契税；对非债权人承受破产企业土地、房屋权属，凡按照《中华人民共和国劳动法》等国家有关法律法规政策妥善安置原企业全部职工规定，与原企业全部职工签订服务年限不少于三年的劳动用工合同的，对其承受所购企业土地、房屋权属，免征契税；与原企业超过30%的职工签订服务年限不少于三年的劳动用工合同的，减半征收契税。

六、资产划转

对承受县级以上人民政府或国有资产管理部门按规定进行行政性调整、划转国有土地、房屋权属的单位，免征契税。

同一投资主体内部所属企业之间土地、房屋权属的划转，包括母公司与其全资子公司之间，同一公司所属全资子公司之间，同一自然人与其设立的个人独资企业、一人有限公司之间土地、房屋权属的划转，免征契税。

母公司以土地、房屋权属向其全资子公司增资，视同划转，免征契税。

七、债权转股权

经国务院批准实施债权转股权的企业，对债权转股权后新设立的公司承受原企业的土地、房屋权属，免征契税。

八、划拨用地出让或作价出资

以出让方式或国家作价出资（入股）方式承受原改制重组企业、事业单位划拨用地的，不属上述规定的免税范围，对承受方应按规定征收契税。

九、公司股权（股份）转让

在股权（股份）转让中，单位、个人承受公司股权（股份），公司土地、房屋权属不发生转移，不征收契税。

十、有关用语含义

本公告所称企业、公司，是指依照我国有关法律法规设立并在中国境内注册的企业、公司。

本公告所称投资主体存续，是指原改制重组企业、事业单位的出资人必须存在于改制重组后的企业，出资人的出资比例可以发生变动。

本公告所称投资主体相同，是指公司分立前后出资人不发生变动，出资人的出资比例可以发生变动。

十一、本公告自2021年1月1日起至2023年12月31日执行。自执行之日起，企业、事业单位在改制重组过程中，符合本公告规定但已缴纳契税的，可申请退税；涉及的契税尚未处理且符合本公告规定的，可按本公告执行。

3－9－14

财政部　税务总局关于继续实施企业、事业单位改制重组有关契税政策的公告

2023年9月22日　财政部　税务总局公告2023年第49号

为支持企业、事业单位改制重组，优化市场环境，现就继续实施有关契税政策公告如下：

一、企业改制

企业按照《中华人民共和国公司法》有关规定整体改制，包括非公司制企业改制为有限责任公司或股份有限公司，有限责任公司变更为股份有限公司，股份有限公司变更为有限责任公司，原企业投资主体存续并在改制（变更）后的公司中所持股权（股份）比例超过75%，且改制（变更）后公司承继原企业权利、义务的，对改制（变更）后公司承受原企业土地、房屋权属，免征契税。

二、事业单位改制

事业单位按照国家有关规定改制为企业，原投资主体存续并在改制后企业中出资（股权、股份）比例超过50%的，对改制后企业承受原事业单位土地、房屋权属，免征契税。

三、公司合并

两个或两个以上的公司，依照法律规定、合同约定，合并为一个公司，且原投资主体存续的，对合并后公司承受原合并各方土地、房屋权属，免征契税。

四、公司分立

公司依照法律规定、合同约定分立为两个或两个以上与原公司投资主体相同的公司，对分立后公司承受原公司土地、房屋权属，免征契税。

五、企业破产

企业依照有关法律法规规定实施破产，债权人（包括破产企业职工）承受破产企业抵偿债务的土地、房屋权属，免征契税；对非债权人承受破产企业土地、房屋权属，凡按照《中华人民共和国劳动法》等国家有关法律法规政策妥善安置原企业全部职工规定，与原企业全部职工签订服务年限不少于三年的劳动用工合同的，对其承受所购企业土地、房屋权属，免征契

税;与原企业超过30%的职工签订服务年限不少于三年的劳动用工合同的,减半征收契税。

六、资产划转

对承受县级以上人民政府或国有资产管理部门按规定进行行政性调整、划转国有土地、房屋权属的单位,免征契税。

同一投资主体内部所属企业之间土地、房屋权属的划转,包括母公司与其全资子公司之间,同一公司所属全资子公司之间,同一自然人与其设立的个人独资企业、一人有限公司之间土地、房屋权属的划转,免征契税。

母公司以土地、房屋权属向其全资子公司增资,视同划转,免征契税。

七、债权转股权

经国务院批准实施债权转股权的企业,对债权转股权后新设立的公司承受原企业的土地、房屋权属,免征契税。

八、划拨用地出让或作价出资

以出让方式或国家作价出资(入股)方式承受原改制重组企业、事业单位划拨用地的,不属上述规定的免税范围,对承受方应按规定征收契税。

九、公司股权(股份)转让

在股权(股份)转让中,单位、个人承受公司股权(股份),公司土地、房屋权属不发生转移,不征收契税。

十、有关用语含义

本公告所称企业、公司,是指依照我国有关法律法规设立并在中国境内注册的企业、公司。

本公告所称投资主体存续,企业改制重组的,是指原改制重组企业的出资人必须存在于改制重组后的企业;事业单位改制的,是指履行国有资产出资人职责的单位必须存在于改制后的企业。出资人的出资比例可以发生变动。

本公告所称投资主体相同,是指公司分立前后出资人不发生变动,出资人的出资比例可以发生变动。

十一、本公告执行期限为2024年1月1日至2027年12月31日。

特此公告。

10

耕地占用税

3－10－1

中华人民共和国耕地占用税法

2018年12月29日第十三届全国人民代表大会常务委员会
第七次会议通过　同日中华人民共和国主席令第18号公布

第一条　为了合理利用土地资源，加强土地管理，保护耕地，制定本法。

第二条　在中华人民共和国境内占用耕地建设建筑物、构筑物或者从事非农业建设的单位和个人，为耕地占用税的纳税人，应当依照本法规定缴纳耕地占用税。

占用耕地建设农田水利设施的，不缴纳耕地占用税。

本法所称耕地，是指用于种植农作物的土地。

第三条　耕地占用税以纳税人实际占用的耕地面积为计税依据，按照规定的适用税额一次性征收，应纳税额为纳税人实际占用的耕地面积（平方米）乘以适用税额。

第四条　耕地占用税的税额如下：

（一）人均耕地不超过一亩的地区（以县、自治县、不设区的市、市辖区为单位，下同），每平方米为十元至五十元；

（二）人均耕地超过一亩但不超过二亩的地区，每平方米为八元至四十元；

（三）人均耕地超过二亩但不超过三亩的地区，每平方米为六元至三十元；

（四）人均耕地超过三亩的地区，每平方米为五元至二十五元。

各地区耕地占用税的适用税额，由省、自治区、直辖市人民政府根据人均耕地面积和经济发展等情况，在前款规定的税额幅度内提出，报同级人民代表大会常务委员会决定，并报全国人民代表大会常务委员会和国务院备案。各省、自治区、直辖市耕地占用税适用税额的平均水平，不得低于本法所附《各省、自治区、直辖市耕地占用税平均税额表》规定的平均税额。

第五条　在人均耕地低于零点五亩的地区，省、自治区、直辖市可以根据当地经济发展情况，适当提高耕地占用税的适用税额，但提高的部分不得超过本法第四条第二款确定的适用税额的百分之五十。具体适用税额按照本法第四条第二款规定的程序确定。

第六条　占用基本农田的，应当按照本法第四条第二款或者第五条确定的当地适用税额，加按百分之一百五十征收。

第七条　军事设施、学校、幼儿园、社会福利机构、医疗机构占用耕地，免征耕地占用税。

铁路线路、公路线路、飞机场跑道、停机坪、港口、航道、水利工程占用耕地，减按每平方米二元的税额征收耕地占用税。

农村居民在规定用地标准以内占用耕地新建自用住宅，按照当地适用税额减半征收耕地占用税；其中农村居民经批准搬迁，新建自用住宅占用耕地不超过原宅基地面积的部分，免征耕地占用税。

农村烈士遗属、因公牺牲军人遗属、残疾军人以及符合农村最低生活保障条件的农村居民，在规定用地标准以内新建自用住宅，免征耕地占用税。

根据国民经济和社会发展的需要，国务院可以规定免征或者减征耕地占用税的其他情形，报全国人民代表大会常务委员会备案。

第八条 依照本法第七条第一款、第二款规定免征或者减征耕地占用税后，纳税人改变原占地用途，不再属于免征或者减征耕地占用税情形的，应当按照当地适用税额补缴耕地占用税。

第九条 耕地占用税由税务机关负责征收。

第十条 耕地占用税的纳税义务发生时间为纳税人收到自然资源主管部门办理占用耕地手续的书面通知的当日。纳税人应当自纳税义务发生之日起三十日内申报缴纳耕地占用税。

自然资源主管部门凭耕地占用税完税凭证或者免税凭证和其他有关文件发放建设用地批准书。

第十一条 纳税人因建设项目施工或者地质勘查临时占用耕地，应当依照本法的规定缴纳耕地占用税。纳税人在批准临时占用耕地期满之日起一年内依法复垦，恢复种植条件的，全额退还已经缴纳的耕地占用税。

第十二条 占用园地、林地、草地、农田水利用地、养殖水面、渔业水域滩涂以及其他农用地建设建筑物、构筑物或者从事非农业建设的，依照本法的规定缴纳耕地占用税。

占用前款规定的农用地的，适用税额可以适当低于本地区按照本法第四条第二款确定的适用税额，但降低的部分不得超过百分之五十。具体适用税额由省、自治区、直辖市人民政府提出，报同级人民代表大会常务委员会决定，并报全国人民代表大会常务委员会和国务院备案。

占用本条第一款规定的农用地建设直接为农业生产服务的生产设施的，不缴纳耕地占用税。

第十三条 税务机关应当与相关部门建立耕地占用税涉税信息共享机制和工作配合机制。县级以上地方人民政府自然资源、农业农村、水利等相关部门应当定期向税务机关提供农用地转用、临时占地等信息，协助税务机关加强耕地占用税征收管理。

税务机关发现纳税人的纳税申报数据资料异常或者纳税人未按照规定期限申报纳税的，可以提请相关部门进行复核，相关部门应当自收到税务机关复核申请之日起三十日内向税务机关出具复核意见。

第十四条 耕地占用税的征收管理，依照本法和《中华人民共和国税收征收管理法》的规定执行。

第十五条 纳税人、税务机关及其工作人员违反本法规定的，依照《中华人民共和国税收征收管理法》和有关法律法规的规定追究法律责任。

第十六条 本法自2019年9月1日起施行。2007年12月1日国务院公布的《中华人民共和国耕地占用税暂行条例》同时废止。

附：

各省、自治区、直辖市耕地占用税平均税额表

省、自治区、直辖市	平均税额（元/平方米）
上海	45
北京	40
天津	35
江苏、浙江、福建、广东	30
辽宁、湖北、湖南	25
河北、安徽、江西、山东、河南、重庆、四川	22.5
广西、海南、贵州、云南、陕西	20
山西、吉林、黑龙江	17.5
内蒙古、西藏、甘肃、青海、宁夏、新疆	12.5

3－10－2

财政部　税务总局　自然资源部　农业农村部　生态环境部关于发布《中华人民共和国耕地占用税法实施办法》的公告

2019 年 8 月 29 日　财政部　税务总局　自然资源部
农业农村部　生态环境部公告 2019 年第 81 号

为贯彻落实《中华人民共和国耕地占用税法》，财政部、税务总局、自然资源部、农业农村部、生态环境部制定了《中华人民共和国耕地占用税法实施办法》，现予以发布，自 2019 年 9 月 1 日起施行。

特此公告。

附件：中华人民共和国耕地占用税法实施办法

附件

中华人民共和国耕地占用税法实施办法

第一条　为了贯彻实施《中华人民共和国耕地占用税法》（以下简称税法），制定本办法。

第二条　经批准占用耕地的，纳税人为农用地转用审批文件中标明的建设用地人；农用地转用审批文件中未标明建设用地人的，纳税人为用地申请人，其中用地申请人为各级人民政府的，由同级土地储备中心、自然资源主管部门或政府委托的其他部门、单位履行耕地占用税申报纳税义务。

未经批准占用耕地的，纳税人为实际用地人。

第三条 实际占用的耕地面积，包括经批准占用的耕地面积和未经批准占用的耕地面积。

第四条 基本农田，是指依据《基本农田保护条例》划定的基本农田保护区范围内的耕地。

第五条 免税的军事设施，具体范围为《中华人民共和国军事设施保护法》规定的军事设施。

第六条 免税的学校，具体范围包括县级以上人民政府教育行政部门批准成立的大学、中学、小学，学历性职业教育学校和特殊教育学校，以及经省级人民政府或其人力资源社会保障行政部门批准成立的技工院校。

学校内经营性场所和教职工住房占用耕地的，按照当地适用税额缴纳耕地占用税。

第七条 免税的幼儿园，具体范围限于县级以上人民政府教育行政部门批准成立的幼儿园内专门用于幼儿保育、教育的场所。

第八条 免税的社会福利机构，具体范围限于依法登记的养老服务机构、残疾人服务机构、儿童福利机构、救助管理机构、未成年人救助保护机构内，专门为老年人、残疾人、未成年人、生活无着的流浪乞讨人员提供养护、康复、托管等服务的场所。

第九条 免税的医疗机构，具体范围限于县级以上人民政府卫生健康行政部门批准设立的医疗机构内专门从事疾病诊断、治疗活动的场所及其配套设施。

医疗机构内职工住房占用耕地的，按照当地适用税额缴纳耕地占用税。

第十条 减税的铁路线路，具体范围限于铁路路基、桥梁、涵洞、隧道及其按照规定两侧留地、防火隔离带。

专用铁路和铁路专用线占用耕地的，按照当地适用税额缴纳耕地占用税。

第十一条 减税的公路线路，具体范围限于经批准建设的国道、省道、县道、乡道和属于农村公路的村道的主体工程以及两侧边沟或者截水沟。

专用公路和城区内机动车道占用耕地的，按照当地适用税额缴纳耕地占用税。

第十二条 减税的飞机场跑道、停机坪，具体范围限于经批准建设的民用机场专门用于民用航空器起降、滑行、停放的场所。

第十三条 减税的港口，具体范围限于经批准建设的港口内供船舶进出、停靠以及旅客上下、货物装卸的场所。

第十四条 减税的航道，具体范围限于在江、河、湖泊、港湾等水域内供船舶安全航行的通道。

第十五条 减税的水利工程，具体范围限于经县级以上人民政府水行政主管部门批准建设的防洪、排涝、灌溉、引（供）水、滩涂治理、水土保持、水资源保护等各类工程及其配套和附属工程的建筑物、构筑物占压地和经批准的管理范围用地。

第十六条 纳税人符合税法第七条规定情形，享受免征或者减征耕地占用税的，应当留存相关证明资料备查。

第十七条　根据税法第八条的规定，纳税人改变原占地用途，不再属于免征或减征情形的，应自改变用途之日起30日内申报补缴税款，补缴税款按改变用途的实际占用耕地面积和改变用途时当地适用税额计算。

第十八条　临时占用耕地，是指经自然资源主管部门批准，在一般不超过2年内临时使用耕地并且没有修建永久性建筑物的行为。

依法复垦应由自然资源主管部门会同有关行业管理部门认定并出具验收合格确认书。

第十九条　因挖损、采矿塌陷、压占、污染等损毁耕地属于税法所称的非农业建设，应依照税法规定缴纳耕地占用税；自自然资源、农业农村等相关部门认定损毁耕地之日起3年内依法复垦或修复，恢复种植条件的，比照税法第十一条规定办理退税。

第二十条　园地，包括果园、茶园、橡胶园、其他园地。

前款的其他园地包括种植桑树、可可、咖啡、油棕、胡椒、药材等其他多年生作物的园地。

第二十一条　林地，包括乔木林地、竹林地、红树林地、森林沼泽、灌木林地、灌丛沼泽、其他林地，不包括城镇村庄范围内的绿化林木用地，铁路、公路征地范围内的林木用地，以及河流、沟渠的护堤林用地。

前款的其他林地包括疏林地、未成林地、迹地、苗圃等林地。

第二十二条　草地，包括天然牧草地、沼泽草地、人工牧草地，以及用于农业生产并已由相关行政主管部门发放使用权证的草地。

第二十三条　农田水利用地，包括农田排灌沟渠及相应附属设施用地。

第二十四条　养殖水面，包括人工开挖或者天然形成的用于水产养殖的河流水面、湖泊水面、水库水面、坑塘水面及相应附属设施用地。

第二十五条　渔业水域滩涂，包括专门用于种植或者养殖水生动植物的海水潮浸地带和滩地，以及用于种植芦苇并定期进行人工养护管理的苇田。

第二十六条　直接为农业生产服务的生产设施，是指直接为农业生产服务而建设的建筑物和构筑物。具体包括：储存农用机具和种子、苗木、木材等农业产品的仓储设施；培育、生产种子、种苗的设施；畜禽养殖设施；木材集材道、运材道；农业科研、试验、示范基地；野生动植物保护、护林、森林病虫害防治、森林防火、木材检疫的设施；专为农业生产服务的灌溉排水、供水、供电、供热、供气、通讯基础设施；农业生产者从事农业生产必需的食宿和管理设施；其他直接为农业生产服务的生产设施。

第二十七条　未经批准占用耕地的，耕地占用税纳税义务发生时间为自然资源主管部门认定的纳税人实际占用耕地的当日。

因挖损、采矿塌陷、压占、污染等损毁耕地的纳税义务发生时间为自然资源、农业农村等相关部门认定损毁耕地的当日。

第二十八条　纳税人占用耕地，应当在耕地所在地申报纳税。

第二十九条　在农用地转用环节，用地申请人能证明建设用地人符合税法第七条第一款规定的免税情形的，免征用地申请人的耕地占用税；在供地环节，建设用地人使用耕地用途符合税法第七条第一款规定的免税情形的，由用地申请人和建设用地人共同申请，按退税管理的规定退还用地申请人已经缴纳的耕地占用税。

第三十条 县级以上地方人民政府自然资源、农业农村、水利、生态环境等相关部门向税务机关提供的农用地转用、临时占地等信息，包括农用地转用信息、城市和村庄集镇按批次建设用地转而未供信息、经批准临时占地信息、改变原占地用途信息、未批先占农用地查处信息、土地损毁信息、土壤污染信息、土地复垦信息、草场使用和渔业养殖权证发放信息等。

各省、自治区、直辖市人民政府应当建立健全本地区跨部门耕地占用税部门协作和信息交换工作机制。

第三十一条 纳税人占地类型、占地面积和占地时间等纳税申报数据材料以自然资源等相关部门提供的相关材料为准；未提供相关材料或者材料信息不完整的，经主管税务机关提出申请，由自然资源等相关部门自收到申请之日起30日内出具认定意见。

第三十二条 纳税人的纳税申报数据资料异常或者纳税人未按照规定期限申报纳税的，包括下列情形：

（一）纳税人改变原占地用途，不再属于免征或者减征耕地占用税情形，未按照规定进行申报的；

（二）纳税人已申请用地但尚未获得批准先行占地开工，未按照规定进行申报的；

（三）纳税人实际占用耕地面积大于批准占用耕地面积，未按照规定进行申报的；

（四）纳税人未履行报批程序擅自占用耕地，未按照规定进行申报的；

（五）其他应提请相关部门复核的情形。

第三十三条 本办法自2019年9月1日起施行。

3－10－3

国家税务总局关于耕地占用税征收管理有关事项的公告

2019年8月30日　国家税务总局公告2019年第30号

为落实《中华人民共和国耕地占用税法》（以下简称《耕地占用税法》）及《中华人民共和国耕地占用税法实施办法》（以下简称《实施办法》），规范耕地占用税征收管理，现就有关事项公告如下：

一、耕地占用税以纳税人实际占用的属于耕地占用税征税范围的土地（以下简称“应税土地”）面积为计税依据，按应税土地当地适用税额计税，实行一次性征收。

耕地占用税计算公式为：应纳税额＝应税土地面积×适用税额。

应税土地面积包括经批准占用面积和未经批准占用面积，以平方米为单位。

当地适用税额是指省、自治区、直辖市人民代表大会常务委员会决定的应税土地所在地县级行政区的现行适用税额。

二、按照《耕地占用税法》第六条规定，加按百分之一百五十征收耕地占用税的计算公式为：应纳税额＝应税土地面积×适用税额×百分之一百五十。

三、按照《耕地占用税法》及《实施办法》的规定，免征、减征耕地占用税的部分项目按以下口径执行：

（一）免税的军事设施，是指《中华人民共和国军事设施保护法》第二条所列建筑物、场地和设备。具体包括：指挥机关，地面和地下的指挥工程、作战工程；军用机场、港口、码头；营区、训练场、试验场；军用洞库、仓库；军用通信、侦察、导航、观测台站，测量、导航、助航标志；军用公路、铁路专用线，军用通信、输电线路，军用输油、输水管道；边防、海防管控设施；国务院和中央军事委员会规定的其他军事设施。

（二）免税的社会福利机构，是指依法登记的养老服务机构、残疾人服务机构、儿童福利机构及救助管理机构、未成年人救助保护机构内专门为老年人、残疾人、未成年人及生活无着的流浪乞讨人员提供养护、康复、托管等服务的场所。

养老服务机构，是指为老年人提供养护、康复、托管等服务的老年人社会福利机构。具体包括老年社会福利院、养老院（或老人院）、老年公寓、护老院、护养院、敬老院、托老所、老年人服务中心等。

残疾人服务机构，是指为残疾人提供养护、康复、托管等服务的社会福利机构。具体包括为肢体、智力、视力、听力、语言、精神方面有残疾的人员提供康复和功能补偿的辅助器具，进行康复治疗、康复训练，承担教育、养护和托管服务的社会福利机构。

儿童福利机构，是指为孤、弃、残儿童提供养护、康复、医疗、教育、托管等服务的儿童社会福利服务机构。具体包括儿童福利院、社会福利院、SOS 儿童村、孤儿学校、残疾儿童康复中心、社区特教班等。

社会救助机构，是指为生活无着的流浪乞讨人员提供寻亲、医疗、未成年人教育、离站等服务的救助管理机构。具体包括县级以上人民政府设立的救助管理站、未成年人救助保护中心等专门机构。

（三）免税的医疗机构，是指县级以上人民政府卫生健康行政部门批准设立的医疗机构内专门从事疾病诊断、治疗活动的场所及其配套设施。

（四）减税的公路线路，是指经批准建设的国道、省道、县道、乡道和属于农村公路的村道的主体工程以及两侧边沟或者截水沟。具体包括高速公路、一级公路、二级公路、三级公路、四级公路和等外公路的主体工程及两侧边沟或者截水沟。

四、根据《耕地占用税法》第八条的规定，纳税人改变原占地用途，需要补缴耕地占用税的，其纳税义务发生时间为改变用途当日，具体为：经批准改变用途的，纳税义务发生时间为纳税人收到批准文件的当日；未经批准改变用途的，纳税义务发生时间为自然资源主管部门认定纳税人改变原占地用途的当日。

五、未经批准占用应税土地的纳税人，其纳税义务发生时间为自然资源主管部门认定其实际占地的当日。

六、耕地占用税实行全国统一的纳税申报表（见附件）。

七、耕地占用税纳税人依法纳税申报时，应填报《耕地占用税纳税申报表》，同时依占用应税土地的不同情形分别提交下列材料：

（一）农用地转用审批文件复印件；

（二）临时占用耕地批准文件复印件；

（三）未经批准占用应税土地的，应提供实际占地的相关证明材料复印件。

其中第（一）项和第（二）项，纳税人提交的批准文书信息能够通过政府信息共享获取的，纳税人只需要提供上述材料的名称、文号、编码等信息供查询验证，不再提交材料复印件。

八、主管税务机关接收纳税人申报资料后，应审核资料是否齐全、是否符合法定形式、填写内容是否完整、项目间逻辑关系是否相符。审核无误的即时受理；审核发现问题的当场一次性告知应补正资料或不予受理原因。

九、耕地占用税减免优惠实行"自行判别、申报享受、有关资料留存备查"办理方式。纳税人根据政策规定自行判断是否符合优惠条件，符合条件的，纳税人申报享受税收优惠，并将有关资料留存备查。纳税人对留存材料的真实性和合法性承担法律责任。

符合耕地占用税减免条件的纳税人，应留存下列材料：

（一）军事设施占用应税土地的证明材料；

（二）学校、幼儿园、社会福利机构、医疗机构占用应税土地的证明材料；

（三）铁路线路、公路线路、飞机场跑道、停机坪、港口、航道、水利工程占用应税土地的证明材料；

（四）农村居民建房占用土地及其他相关证明材料；

（五）其他减免耕地占用税情形的证明材料。

十、纳税人符合《耕地占用税法》第十一条、《实施办法》第十九条的规定申请退税的，纳税人应提供身份证明查验，并提交以下材料复印件：

（一）税收缴款书、税收完税证明；

（二）复垦验收合格确认书。

十一、纳税人、建设用地人符合《实施办法》第二十九条规定共同申请退税的，纳税人、建设用地人应提供身份证明查验，并提交以下材料复印件：

（一）纳税人应提交税收缴款书、税收完税证明；

（二）建设用地人应提交使用耕地用途符合免税规定的证明材料。

十二、本公告自 2019 年 9 月 1 日起施行。《国家税务总局关于农业税、牧业税、耕地占用税、契税征收管理暂参照〈中华人民共和国税收征收管理法〉执行的通知》（国税发〔2001〕110 号）、《国家税务总局关于耕地占用税征收管理有关问题的通知》（国税发〔2007〕129 号）、《国家税务总局关于发布〈耕地占用税管理规程（试行）〉的公告》（国家税务总局公告 2016 年第 2 号发布，国家税务总局公告 2018 年第 31 号修改）同时废止。

特此公告。

附件：耕地占用税纳税申报表（编者略）

注释：

条款废止。附件自 2021 年 6 月 1 日起废止。参见：《国家税务总局关于简并税费申报有关事项的公告》（国家税务总局公告 2021 年第 9 号）。

11

环境保护税

3－11－1

中华人民共和国环境保护税法

2016年12月25日第十二届全国人民代表大会常务委员会第二十五次会议通过 同日中华人民共和国主席令第61号公布 2018年10月26日第十三届全国人民代表大会常务委员会第六次会议修正 同日中华人民共和国主席令第16号公布

目　　录

第一章　总　　则

第一条　为了保护和改善环境，减少污染物排放，推进生态文明建设，制定本法。

第二条　在中华人民共和国领域和中华人民共和国管辖的其他海域，直接向环境排放应税污染物的企业事业单位和其他生产经营者为环境保护税的纳税人，应当依照本法规定缴纳环境保护税。

第三条　本法所称应税污染物，是指本法所附《环境保护税税目税额表》、《应税污染物和当量值表》规定的大气污染物、水污染物、固体废物和噪声。

第四条　有下列情形之一的，不属于直接向环境排放污染物，不缴纳相应污染物的环境保护税：

（一）企业事业单位和其他生产经营者向依法设立的污水集中处理、生活垃圾集中处理场所排放应税污染物的；

（二）企业事业单位和其他生产经营者在符合国家和地方环境保护标准的设施、场所贮存或者处置固体废物的。

第五条　依法设立的城乡污水集中处理、生活垃圾集中处理场所超过国家和地方规定的排放标准向环境排放应税污染物的，应当缴纳环境保护税。

企业事业单位和其他生产经营者贮存或者处置固体废物不符合国家和地方环境保护标准的，应当缴纳环境保护税。

第六条　环境保护税的税目、税额，依照本法所附《环境保护税税目税额表》执行。

应税大气污染物和水污染物的具体适用税额的确定和调整，由省、自治区、直辖市人民政府统筹考虑本地区环境承载能力、污染物排放现状和经济社会生态发展目标要求，在本法所附《环境保护税税目税额表》规定的税额幅度内提出，报同级人民代表大会常务委员会决定,并报全国人民代表大会常务委员会和国务院备案。

第二章　计税依据和应纳税额

第七条　应税污染物的计税依据,按照下列方法确定:

(一)应税大气污染物按照污染物排放量折合的污染当量数确定;

(二)应税水污染物按照污染物排放量折合的污染当量数确定;

(三)应税固体废物按照固体废物的排放量确定;

(四)应税噪声按照超过国家规定标准的分贝数确定。

第八条　应税大气污染物、水污染物的污染当量数,以该污染物的排放量除以该污染物的污染当量值计算。每种应税大气污染物、水污染物的具体污染当量值,依照本法所附《应税污染物和当量值表》执行。

第九条　每一排放口或者没有排放口的应税大气污染物,按照污染当量数从大到小排序,对前三项污染物征收环境保护税。

每一排放口的应税水污染物,按照本法所附《应税污染物和当量值表》,区分第一类水污染物和其他类水污染物,按照污染当量数从大到小排序,对第一类水污染物按照前五项征收环境保护税,对其他类水污染物按照前三项征收环境保护税。

省、自治区、直辖市人民政府根据本地区污染物减排的特殊需要,可以增加同一排放口征收环境保护税的应税污染物项目数,报同级人民代表大会常务委员会决定,并报全国人民代表大会常务委员会和国务院备案。

第十条　应税大气污染物、水污染物、固体废物的排放量和噪声的分贝数,按照下列方法和顺序计算:

(一)纳税人安装使用符合国家规定和监测规范的污染物自动监测设备的,按照污染物自动监测数据计算;

(二)纳税人未安装使用污染物自动监测设备的,按照监测机构出具的符合国家有关规定和监测规范的监测数据计算;

(三)因排放污染物种类多等原因不具备监测条件的,按照国务院生态环境主管部门规定的排污系数、物料衡算方法计算;

(四)不能按照本条第一项至第三项规定的方法计算的,按照省、自治区、直辖市人民政府生态环境主管部门规定的抽样测算的方法核定计算。

第十一条　环境保护税应纳税额按照下列方法计算:

(一)应税大气污染物的应纳税额为污染当量数乘以具体适用税额;

(二)应税水污染物的应纳税额为污染当量数乘以具体适用税额;

(三)应税固体废物的应纳税额为固体废物排放量乘以具体适用税额;

(四)应税噪声的应纳税额为超过国家规定标准的分贝数对应的具体适用税额。

第三章　税收减免

第十二条　下列情形,暂予免征环境保护税:

(一)农业生产(不包括规模化养殖)排放应税污染物的;

（二）机动车、铁路机车、非道路移动机械、船舶和航空器等流动污染源排放应税污染物的；

（三）依法设立的城乡污水集中处理、生活垃圾集中处理场所排放相应应税污染物，不超过国家和地方规定的排放标准的；

（四）纳税人综合利用的固体废物，符合国家和地方环境保护标准的；

（五）国务院批准免税的其他情形。

前款第五项免税规定，由国务院报全国人民代表大会常务委员会备案。

第十三条 纳税人排放应税大气污染物或者水污染物的浓度值低于国家和地方规定的污染物排放标准百分之三十的，减按百分之七十五征收环境保护税。纳税人排放应税大气污染物或者水污染物的浓度值低于国家和地方规定的污染物排放标准百分之五十的，减按百分之五十征收环境保护税。

第四章 征收管理

第十四条 环境保护税由税务机关依照《中华人民共和国税收征收管理法》和本法的有关规定征收管理。

生态环境主管部门依照本法和有关环境保护法律法规的规定负责对污染物的监测管理。

县级以上地方人民政府应当建立税务机关、生态环境主管部门和其他相关单位分工协作工作机制，加强环境保护税征收管理，保障税款及时足额入库。

第十五条 生态环境主管部门和税务机关应当建立涉税信息共享平台和工作配合机制。

生态环境主管部门应当将排污单位的排污许可、污染物排放数据、环境违法和受行政处罚情况等环境保护相关信息，定期交送税务机关。

税务机关应当将纳税人的纳税申报、税款入库、减免税额、欠缴税款以及风险疑点等环境保护税涉税信息，定期交送生态环境主管部门。

第十六条 纳税义务发生时间为纳税人排放应税污染物的当日。

第十七条 纳税人应当向应税污染物排放地的税务机关申报缴纳环境保护税。

第十八条 环境保护税按月计算，按季申报缴纳。不能按固定期限计算缴纳的，可以按次申报缴纳。

纳税人申报缴纳时，应当向税务机关报送所排放应税污染物的种类、数量，大气污染物、水污染物的浓度值，以及税务机关根据实际需要要求纳税人报送的其他纳税资料。

第十九条 纳税人按季申报缴纳的，应当自季度终了之日起十五日内，向税务机关办理纳税申报并缴纳税款。纳税人按次申报缴纳的，应当自纳税义务发生之日起十五日内，向税务机关办理纳税申报并缴纳税款。

纳税人应当依法如实办理纳税申报，对申报的真实性和完整性承担责任。

第二十条 税务机关应当将纳税人的纳税申报数据资料与生态环境主管部门交送的相关数据资料进行比对。

税务机关发现纳税人的纳税申报数据资料异常或者纳税人未按照规定期限办理纳税申报的，可以提请生态环境主管部门进行复核，生态环境主管部门应当自收到税务机关的数据资料之日起十五日内向税务机关出具复核意见。税务机关应当按照生态环境主管部门复核的数据资料调整纳税人的应纳税额。

第二十一条 依照本法第十条第四项的规定核定计算污染物排放量的,由税务机关会同生态环境主管部门核定污染物排放种类、数量和应纳税额。

第二十二条 纳税人从事海洋工程向中华人民共和国管辖海域排放应税大气污染物、水污染物或者固体废物,申报缴纳环境保护税的具体办法,由国务院税务主管部门会同国务院生态环境主管部门规定。

第二十三条 纳税人和税务机关、生态环境主管部门及其工作人员违反本法规定的,依照《中华人民共和国税收征收管理法》《中华人民共和国环境保护法》和有关法律法规的规定追究法律责任。

第二十四条 各级人民政府应当鼓励纳税人加大环境保护建设投入,对纳税人用于污染物自动监测设备的投资予以资金和政策支持。

第五章 附 则

第二十五条 本法下列用语的含义:

(一)污染当量,是指根据污染物或者污染排放活动对环境的有害程度以及处理的技术经济性,衡量不同污染物对环境污染的综合性指标或者计量单位。同一介质相同污染当量的不同污染物,其污染程度基本相当。

(二)排污系数,是指在正常技术经济和管理条件下,生产单位产品所应排放的污染物量的统计平均值。

(三)物料衡算,是指根据物质质量守恒原理对生产过程中使用的原料、生产的产品和产生的废物等进行测算的一种方法。

第二十六条 直接向环境排放应税污染物的企业事业单位和其他生产经营者,除依照本法规定缴纳环境保护税外,应当对所造成的损害依法承担责任。

第二十七条 自本法施行之日起,依照本法规定征收环境保护税,不再征收排污费。

第二十八条 本法自2018年1月1日起施行。

附表一

环境保护税税目税额表

税目		计税单位	税额	备注
大气污染物		每污染当量	1.2元至12元	
水污染物		每污染当量	1.4元至14元	
固体废物	煤矸石	每吨	5元	
	尾矿	每吨	15元	
	危险废物	每吨	1000元	
	冶炼渣、粉煤灰、炉渣、其他固体废物(含半固态、液态废物)	每吨	25元	

续表

税目		计税单位	税额	备注
噪声	工业噪声	超标 1—3 分贝	每月 350 元	1. 一个单位边界上有多处噪声超标，根据最高一处超标声级计算应纳税额；当沿边界长度超过 100 米有两处以上噪声超标，按照两个单位计算应纳税额。 2. 一个单位有不同地点作业场所的，应当分别计算应纳税额，合并计征。 3. 昼、夜均超标的环境噪声，昼、夜分别计算应纳税额，累计计征。 4. 声源一个月内超标不足 15 天的，减半计算应纳税额。 5. 夜间频繁突发和夜间偶然突发厂界超标噪声，按等效声级和峰值噪声两种指标中超标分贝值高的一项计算应纳税额。
		超标 4—6 分贝	每月 700 元	
		超标 7—9 分贝	每月 1400 元	
		超标 10—12 分贝	每月 2800 元	
		超标 13—15 分贝	每月 5600 元	
		超标 16 分贝以上	每月 11200 元	

附表二

应税污染物和当量值表

一、第一类水污染物污染当量值

污染物	污染当量值(千克)
1. 总汞	0. 0005
2. 总镉	0. 005
3. 总铬	0. 04
4. 六价铬	0. 02
5. 总砷	0. 02
6. 总铅	0. 025
7. 总镍	0. 025
8. 苯并(a)芘	0. 0000003
9. 总铍	0. 01
10. 总银	0. 02

二、第二类水污染物污染当量值

污染物	污染当量值(千克)	备注
11. 悬浮物(SS)	4	
12. 生化需氧量(BOD_5)	0. 5	同一排放口中的化学需氧量、生化需氧量和总有机碳，只征收一项。
13. 化学需氧量(CODcr)	1	
14. 总有机碳(TOC)	0. 49	
15. 石油类	0. 1	
16. 动植物油	0. 16	
17. 挥发酚	0. 08	
18. 总氰化物	0. 05	

续表

污染物	污染当量值(千克)	备注
19. 硫化物	0.125	
20. 氨氮	0.8	
21. 氟化物	0.5	
22. 甲醛	0.125	
23. 苯胺类	0.2	
24. 硝基苯类	0.2	
25. 阴离子表面活性剂(LAS)	0.2	
26. 总铜	0.1	
27. 总锌	0.2	
28. 总锰	0.2	
29. 彩色显影剂(CD-2)	0.2	
30. 总磷	0.25	
31. 单质磷(以P计)	0.05	
32. 有机磷农药(以P计)	0.05	
33. 乐果	0.05	
34. 甲基对硫磷	0.05	
35. 马拉硫磷	0.05	
36. 对硫磷	0.05	
37. 五氯酚及五氯酚钠(以五氯酚计)	0.25	
38. 三氯甲烷	0.04	
39. 可吸附有机卤化物(AOX)(以Cl计)	0.25	
40. 四氯化碳	0.04	
41. 三氯乙烯	0.04	
42. 四氯乙烯	0.04	
43. 苯	0.02	
44. 甲苯	0.02	
45. 乙苯	0.02	
46. 邻-二甲苯	0.02	
47. 对-二甲苯	0.02	
48. 间-二甲苯	0.02	
49. 氯苯	0.02	
50. 邻二氯苯	0.02	
51. 对二氯苯	0.02	
52. 对硝基氯苯	0.02	
53. 2,4-二硝基氯苯	0.02	

续表

污染物	污染当量值(千克)	备注
54. 苯酚	0.02	
55. 间-甲酚	0.02	
56. 2,4-二氯酚	0.02	
57. 2,4,6-三氯酚	0.02	
58. 邻苯二甲酸二丁酯	0.02	
59. 邻苯二甲酸二辛酯	0.02	
60. 丙烯腈	0.125	
61. 总硒	0.02	

三、pH值、色度、大肠菌群数、余氯量水污染物污染当量值

污染物		污染当量值	备注
1. pH值	1. 0—1,13—14 2. 1—2,12—13 3. 2—3,11—12 4. 3—4,10—11 5. 4—5,9—10 6. 5—6	0.06吨污水 0.125吨污水 0.25吨污水 0.5吨污水 1吨污水 5吨污水	pH值5—6指大于等于5,小于6;pH值9—10指大于9,小于等于10,其余类推。
2. 色度		5吨水·倍	
3. 大肠菌群数(超标)		3.3吨污水	大肠菌群数和余氯量只征收一项。
4. 余氯量(用氯消毒的医院废水)		3.3吨污水	

四、禽畜养殖业、小型企业和第三产业水污染物污染当量值

(本表仅适用于计算无法进行实际监测或者物料衡算的禽畜养殖业、小型企业和第三产业等小型排污者的水污染物污染当量数)

类型		污染当量值	备注
禽畜养殖场	1. 牛	0.1头	仅对存栏规模大于50头牛、500头猪、5000羽鸡鸭等的禽畜养殖场征收。
	2. 猪	1头	
	3. 鸡、鸭等家禽	30羽	
4. 小型企业		1.8吨污水	
5. 饮食娱乐服务业		0.5吨污水	
6. 医院	消毒	0.14床	医院病床数大于20张的按照本表计算污染当量。
		2.8吨污水	
	不消毒	0.07床	
		1.4吨污水	

五、大气污染物污染当量值

污染物	污染当量值(千克)
1. 二氧化硫	0.95
2. 氮氧化物	0.95
3. 一氧化碳	16.7
4. 氯气	0.34
5. 氯化氢	10.75
6. 氟化物	0.87
7. 氰化氢	0.005
8. 硫酸雾	0.6
9. 铬酸雾	0.0007
10. 汞及其化合物	0.0001
11. 一般性粉尘	4
12. 石棉尘	0.53
13. 玻璃棉尘	2.13
14. 碳黑尘	0.59
15. 铅及其化合物	0.02
16. 镉及其化合物	0.03
17. 铍及其化合物	0.0004
18. 镍及其化合物	0.13
19. 锡及其化合物	0.27
20. 烟尘	2.18
21. 苯	0.05
22. 甲苯	0.18
23. 二甲苯	0.27
24. 苯并(a)芘	0.000002
25. 甲醛	0.09
26. 乙醛	0.45
27. 丙烯醛	0.06
28. 甲醇	0.67
29. 酚类	0.35
30. 沥青烟	0.19
31. 苯胺类	0.21
32. 氯苯类	0.72
33. 硝基苯	0.17
34. 丙烯腈	0.22
35. 氯乙烯	0.55

续表

污染物	污染当量值(千克)
36. 光气	0.04
37. 硫化氢	0.29
38. 氨	9.09
39. 三甲胺	0.32
40. 甲硫醇	0.04
41. 甲硫醚	0.28
42. 二甲二硫	0.28
43. 苯乙烯	25
44. 二硫化碳	20

3－11－2

中华人民共和国环境保护税法实施条例

2017年12月25日　中华人民共和国国务院令第693号公布

第一章　总　　则

第一条　根据《中华人民共和国环境保护税法》(以下简称环境保护税法),制定本条例。

第二条　环境保护税法所附《环境保护税税目税额表》所称其他固体废物的具体范围,依照环境保护税法第六条第二款规定的程序确定。

第三条　环境保护税法第五条第一款、第十二条第一款第三项规定的城乡污水集中处理场所,是指为社会公众提供生活污水处理服务的场所,不包括为工业园区、开发区等工业聚集区域内的企业事业单位和其他生产经营者提供污水处理服务的场所,以及企业事业单位和其他生产经营者自建自用的污水处理场所。

第四条　达到省级人民政府确定的规模标准并且有污染物排放口的畜禽养殖场,应当依法缴纳环境保护税;依法对畜禽养殖废弃物进行综合利用和无害化处理的,不属于直接向环境排放污染物,不缴纳环境保护税。

第二章　计税依据

第五条　应税固体废物的计税依据,按照固体废物的排放量确定。固体废物的排放量为当期应税固体废物的产生量减去当期应税固体废物的贮存量、处置量、综合利用量的余额。

前款规定的固体废物的贮存量、处置量,是指在符合国家和地方环境保护标准的设施、场所贮存或者处置的固体废物数量；固体废物的综合利用量，是指按照国务院发展改革、工业和信息化主管部门关于资源综合利用要求以及国家和地方环境保护标准进行综合利用的固体废物数量。

第六条 纳税人有下列情形之一的，以其当期应税固体废物的产生量作为固体废物的排放量：

（一）非法倾倒应税固体废物；

（二）进行虚假纳税申报。

第七条 应税大气污染物、水污染物的计税依据，按照污染物排放量折合的污染当量数确定。

纳税人有下列情形之一的，以其当期应税大气污染物、水污染物的产生量作为污染物的排放量：

（一）未依法安装使用污染物自动监测设备或者未将污染物自动监测设备与环境保护主管部门的监控设备联网；

（二）损毁或者擅自移动、改变污染物自动监测设备；

（三）篡改、伪造污染物监测数据；

（四）通过暗管、渗井、渗坑、灌注或者稀释排放以及不正常运行防治污染设施等方式违法排放应税污染物；

（五）进行虚假纳税申报。

第八条 从两个以上排放口排放应税污染物的，对每一排放口排放的应税污染物分别计算征收环境保护税；纳税人持有排污许可证的，其污染物排放口按照排污许可证载明的污染物排放口确定。

第九条 属于环境保护税法第十条第二项规定情形的纳税人，自行对污染物进行监测所获取的监测数据，符合国家有关规定和监测规范的，视同环境保护税法第十条第二项规定的监测机构出具的监测数据。

第三章 税收减免

第十条 环境保护税法第十三条所称应税大气污染物或者水污染物的浓度值，是指纳税人安装使用的污染物自动监测设备当月自动监测的应税大气污染物浓度值的小时平均值再平均所得数值或者应税水污染物浓度值的日平均值再平均所得数值，或者监测机构当月监测的应税大气污染物、水污染物浓度值的平均值。

依照环境保护税法第十三条的规定减征环境保护税的，前款规定的应税大气污染物浓度值的小时平均值或者应税水污染物浓度值的日平均值，以及监测机构当月每次监测的应税大气污染物、水污染物的浓度值，均不得超过国家和地方规定的污染物排放标准。

第十一条 依照环境保护税法第十三条的规定减征环境保护税的，应当对每一排放口排放的不同应税污染物分别计算。

第四章 征收管理

第十二条 税务机关依法履行环境保护税纳税申报受理、涉税信息比对、组织税款入库等职责。

环境保护主管部门依法负责应税污染物监测管理,制定和完善污染物监测规范。

第十三条　县级以上地方人民政府应当加强对环境保护税征收管理工作的领导,及时协调、解决环境保护税征收管理工作中的重大问题。

第十四条　国务院税务、环境保护主管部门制定涉税信息共享平台技术标准以及数据采集、存储、传输、查询和使用规范。

第十五条　环境保护主管部门应当通过涉税信息共享平台向税务机关交送在环境保护监督管理中获取的下列信息:

(一)排污单位的名称、统一社会信用代码以及污染物排放口、排放污染物种类等基本信息;

(二)排污单位的污染物排放数据(包括污染物排放量以及大气污染物、水污染物的浓度值等数据);

(三)排污单位环境违法和受行政处罚情况;

(四)对税务机关提请复核的纳税人的纳税申报数据资料异常或者纳税人未按照规定期限办理纳税申报的复核意见;

(五)与税务机关商定交送的其他信息。

第十六条　税务机关应当通过涉税信息共享平台向环境保护主管部门交送下列环境保护税涉税信息:

(一)纳税人基本信息;

(二)纳税申报信息;

(三)税款入库、减免税额、欠缴税款以及风险疑点等信息;

(四)纳税人涉税违法和受行政处罚情况;

(五)纳税人的纳税申报数据资料异常或者纳税人未按照规定期限办理纳税申报的信息;

(六)与环境保护主管部门商定交送的其他信息。

第十七条　环境保护税法第十七条所称应税污染物排放地是指:

(一)应税大气污染物、水污染物排放口所在地;

(二)应税固体废物产生地;

(三)应税噪声产生地。

第十八条　纳税人跨区域排放应税污染物,税务机关对税收征收管辖有争议的,由争议各方按照有利于征收管理的原则协商解决;不能协商一致的,报请共同的上级税务机关决定。

第十九条　税务机关应当依据环境保护主管部门交送的排污单位信息进行纳税人识别。

在环境保护主管部门交送的排污单位信息中没有对应信息的纳税人,由税务机关在纳税人首次办理环境保护税纳税申报时进行纳税人识别,并将相关信息交送环境保护主管部门。

第二十条　环境保护主管部门发现纳税人申报的应税污染物排放信息或者适用的排

污系数、物料衡算方法有误的，应当通知税务机关处理。

第二十一条 纳税人申报的污染物排放数据与环境保护主管部门交送的相关数据不一致的，按照环境保护主管部门交送的数据确定应税污染物的计税依据。

第二十二条 环境保护税法第二十条第二款所称纳税人的纳税申报数据资料异常，包括但不限于下列情形：

（一）纳税人当期申报的应税污染物排放量与上一年同期相比明显偏低，且无正当理由；

（二）纳税人单位产品污染物排放量与同类型纳税人相比明显偏低，且无正当理由。

第二十三条 税务机关、环境保护主管部门应当无偿为纳税人提供与缴纳环境保护税有关的辅导、培训和咨询服务。

第二十四条 税务机关依法实施环境保护税的税务检查，环境保护主管部门予以配合。

第二十五条 纳税人应当按照税收征收管理的有关规定，妥善保管应税污染物监测和管理的有关资料。

第五章 附 则

第二十六条 本条例自2018年1月1日起施行。2003年1月2日国务院公布的《排污费征收使用管理条例》同时废止。

※ ※ ※ ※

3－11－3

国务院关于环境保护税收入归属问题的通知

2017年12月22日 国发〔2017〕56号

各省、自治区、直辖市人民政府，国务院各部委、各直属机构：

《中华人民共和国环境保护税法》已由第十二届全国人民代表大会常务委员会第二十五次会议于2016年12月25日通过，自2018年1月1日起施行。《中华人民共和国环境保护税法》第二条规定，在中华人民共和国领域和中华人民共和国管辖的其他海域，直接向环境排放应税污染物的企业事业单位和其他生产经营者为环境保护税的纳税人，应当依法缴纳环境保护税。为促进各地保护和改善环境、增加环境保护投入，国务院决定，环境保护税全部作为地方收入。

3 -11 -4

国家税务总局　国家海洋局关于发布《海洋工程环境保护税申报征收办法》的公告

2017 年 12 月 27 日　国家税务总局　国家海洋局公告 2017 年第 50 号

现将国家税务总局、国家海洋局制定的《海洋工程环境保护税申报征收办法》予以发布,自 2018 年 1 月 1 日起施行,请遵照执行。

特此公告。

海洋工程环境保护税申报征收办法

第一条　为规范海洋工程环境保护税征收管理,根据《中华人民共和国环境保护税法》(以下简称《环境保护税法》)、《中华人民共和国税收征收管理法》及《中华人民共和国海洋环境保护法》,制定本办法。

第二条　本办法适用于在中华人民共和国内水、领海、毗连区、专属经济区、大陆架以及中华人民共和国管辖的其他海域内从事海洋石油、天然气勘探开发生产等作业活动,并向海洋环境排放应税污染物的企业事业单位和其他生产经营者(以下简称纳税人)。

第三条　本办法所称应税污染物,是指大气污染物、水污染物和固体废物。纳税人排放应税污染物,按照下列方法计征环境保护税:

(一)大气污染物。对向海洋环境排放大气污染物的,按照每一排放口或者没有排放口的应税污染物排放量折合的污染当量数从大到小排序后的前三项污染物计征。

(二)水污染物。对向海洋水体排放生产污水和机舱污水、钻井泥浆(包括水基泥浆和无毒复合泥浆,下同)和钻屑及生活污水的,按照应税污染物排放量折合的污染当量数计征。其中,生产污水和机舱污水,按照生产污水和机舱污水中石油类污染物排放量折合的污染当量数计征;钻井泥浆和钻屑按照泥浆和钻屑中石油类、总镉、总汞的污染物排放量折合的污染当量数计征;生活污水按照生活污水中化学需氧量(CODcr)排放量折合的污染当量数计征。

(三)固体废物。对向海洋水体排放生活垃圾的,按照排放量计征。

第四条　海洋工程环境保护税的具体适用税额按照负责征收环境保护税的海洋石油税务(收)管理分局所在地适用的税额标准执行。

生活垃圾按照环境保护税法"其他固体废物"税额标准执行。

第五条　海洋工程环境保护税应纳税额按照下列方法计算:

(一)应税大气污染物的应纳税额为污染当量数乘以具体适用税额。

（二）应税水污染物的应纳税额为污染当量数乘以具体适用税额。

（三）应税固体废物的应纳税额为固体废物排放量乘以具体适用税额。

第六条 海洋工程环境保护税由纳税人所属海洋石油税务（收）管理分局负责征收。纳税人同属两个海洋石油税务（收）管理分局管理的，由国家税务总局确定征收机关。

第七条 海洋工程环境保护税实行按月计算，按季申报缴纳。纳税人应当自季度终了之日起15日内，向税务机关办理纳税申报并缴纳税款。

不能按固定期限计算缴纳的，可以按次申报缴纳。纳税人应当自纳税义务发生之日起15日内，向税务机关办理纳税申报并缴纳税款。

第八条 纳税人应根据排污许可有关规定，向税务机关如实填报纳税人及排放应税污染物的基本信息。纳税人基本信息发生变更的，应及时到税务机关办理变更手续。

纳税人应当按照税收征收管理有关规定，妥善保存应税污染物的监测资料以及税务机关要求留存备查的其他涉税资料。

第九条 海洋行政主管部门和税务机关应当建立涉税信息共享和协作机制。

海洋行政主管部门应当将纳税人的基本信息、污染物排放数据、污染物样品检测校验结果、处理处罚等海洋工程环境保护涉税信息，定期交送税务机关。

税务机关应当将纳税人的纳税申报数据、异常申报情况等环境保护税涉税信息，定期交送海洋行政主管部门。

第十条 国家海洋行政主管部门应当建立健全污染物监测规范，加强应税污染物排放的监测管理。

第十一条 纳税人应当使用符合国家环境监测、计量认证规定和技术规范的污染物流量自动监控仪器对大气污染物和水污染物的排放进行计量，其计量数据作为应税污染物排放数量的依据。

纳税人对生活垃圾排放量应当建立台账管理，留存备查。

第十二条 从事海洋石油勘探开发生产的纳税人，应当按规定对生产污水和机舱污水的含油量进行检测，并使用化学需氧量（CODcr）自动检测仪对生活污水的化学需氧量（CODcr）进行检测。其检测值作为计算应税污染物排放量的依据。

第十三条 纳税人应当留取钻井泥浆和钻屑的排放样品，按规定定期进行污染物含量检测，其检测值作为计算应税污染物排放量的依据。

第十四条 纳税人运回陆域处理的海洋工程应税污染物，应当按照《环境保护税法》及其相关规定，向污染物排放地税务机关申报缴纳环境保护税。

第十五条 本办法自2018年1月1日起施行。《国家海洋局关于印发〈海洋工程排污费征收标准实施办法〉的通知》（国海环字〔2003〕214号）同时废止。

3-11-5

财政部 税务总局 生态环境部关于环境保护税有关问题的通知

2018年3月30日 财税〔2018〕23号

各省、自治区、直辖市、计划单列市财政厅(局)、国家税务局、地方税务局、环境保护厅(局):

根据《中华人民共和国环境保护税法》及其实施条例的规定,现就环境保护税征收有关问题通知如下:

一、关于应税大气污染物和水污染物排放量的监测计算问题

纳税人委托监测机构对应税大气污染物和水污染物排放量进行监测时,其当月同一个排放口排放的同一种污染物有多个监测数据的,应税大气污染物按照监测数据的平均值计算应税污染物的排放量;应税水污染物按照监测数据以流量为权的加权平均值计算应税污染物的排放量。在环境保护主管部门规定的监测时限内当月无监测数据的,可以跨月沿用最近一次的监测数据计算应税污染物排放量。纳入排污许可管理行业的纳税人,其应税污染物排放量的监测计算方法按照排污许可管理要求执行。

因排放污染物种类多等原因不具备监测条件的,纳税人应当按照《关于发布计算污染物排放量的排污系数和物料衡算方法的公告》(原环境保护部公告2017年第81号)的规定计算应税污染物排放量。其中,相关行业适用的排污系数方法中产排污系数为区间值的,纳税人结合实际情况确定具体适用的产排污系数值;纳入排污许可管理行业的纳税人按照排污许可证的规定确定。生态环境部尚未规定适用排污系数、物料衡算方法的,暂由纳税人参照缴纳排污费时依据的排污系数、物料衡算方法及抽样测算方法计算应税污染物的排放量。

二、关于应税水污染物污染当量数的计算问题

应税水污染物的污染当量数,以该污染物的排放量除以该污染物的污染当量值计算。其中,色度的污染当量数,以污水排放量乘以色度超标倍数再除以适用的污染当量值计算。畜禽养殖业水污染物的污染当量数,以该畜禽养殖场的月均存栏量除以适用的污染当量值计算。畜禽养殖场的月均存栏量按照月初存栏量和月末存栏量的平均数计算。

三、关于应税固体废物排放量计算和纳税申报问题

应税固体废物的排放量为当期应税固体废物的产生量减去当期应税固体废物贮存量、处置量、综合利用量的余额。纳税人应当准确计量应税固体废物的贮存量、处置量和综合利用量,未准确计量的,不得从其应税固体废物的产生量中减去。纳税人依法将应税固体废物转移至其他单位和个人进行贮存、处置或者综合利用的,固体废物的转移量相应计入其当期应税固体废物的贮存量、处置量或者综合利用量;纳税人接收的应税固体废物转移量,不计入其当期应税固体废物的产生量。纳税人对应税固体废物进行综合利用的,应当符合工业和信息化部制定的工业固体废物综合利用评价管理规范。

纳税人申报纳税时，应当向税务机关报送应税固体废物的产生量、贮存量、处置量和综合利用量，同时报送能够证明固体废物流向和数量的纳税资料，包括固体废物处置利用委托合同、受委托方资质证明、固体废物转移联单、危险废物管理台账复印件等。有关纳税资料已在环境保护税基础信息采集表中采集且未发生变化的，纳税人不再报送。纳税人应当参照危险废物台账管理要求，建立其他应税固体废物管理台账，如实记录产生固体废物的种类、数量、流向以及贮存、处置、综合利用、接收转入等信息，并将应税固体废物管理台账和相关资料留存备查。

四、关于应税噪声应纳税额的计算问题

应税噪声的应纳税额为超过国家规定标准分贝数对应的具体适用税额。噪声超标分贝数不是整数值的，按四舍五入取整。一个单位的同一监测点当月有多个监测数据超标的，以最高一次超标声级计算应纳税额。声源一个月内累计昼间超标不足 15 昼或者累计夜间超标不足 15 夜的，分别减半计算应纳税额。

注释：

条款修改。第一条第二款自 2021 年 5 月 1 日起改按生态环境部　财政部　税务总局公告 2021 年第 16 号的规定执行。参见：《生态环境部　财政部　税务总局关于发布计算环境保护税应税污染物排放量的排污系数和物料衡算方法的公告》（生态环境部　财政部　税务总局公告 2021 年第 16 号）。

3 – 11 – 6

财政部　税务总局　生态环境部关于明确环境保护税应税污染物适用等有关问题的通知

2018 年 10 月 25 日　财税〔2018〕117 号

各省、自治区、直辖市、计划单列市财政厅（局）、环境保护厅（局），国家税务总局各省、自治区、直辖市、计划单列市税务局，新疆生产建设兵团财政局、环境保护局：

为保障《中华人民共和国环境保护税法》及其实施条例有效实施，现就环境保护税征收有关问题通知如下：

一、关于应税污染物适用问题

燃烧产生废气中的颗粒物，按照烟尘征收环境保护税。排放的扬尘、工业粉尘等颗粒物，除可以确定为烟尘、石棉尘、玻璃棉尘、炭黑尘的外，按照一般性粉尘征收环境保护税。

二、关于税收减免适用问题

依法设立的生活垃圾焚烧发电厂、生活垃圾填埋场、生活垃圾堆肥厂，属于生活垃圾集中处理场所，其排放应税污染物不超过国家和地方规定的排放标准的，依法予以免征环境保护税。纳税人任何一个排放口排放应税大气污染物、水污染物的浓度值，以及没有排放口排放应税大气污染物的浓度值，超过国家和地方规定的污染物排放标准的，依法不予减征环境保护税。

三、关于应税污染物排放量的监测计算问题

（一）纳税人按照规定须安装污染物自动监测设备并与生态环境主管部门联网的，当自动监测设备发生故障、设备维护、启停炉、停运等状态时，应当按照相关法律法规和《固定污染源烟气（SO_2、NO_x、颗粒物）排放连续监测技术规范》（HJ75－2017）、《水污染源在线监测系统数据有效性判别技术规范》（HJ/T356－2007）等规定，对数据状态进行标记，以及对数据缺失、无效时段的污染物排放量进行修约和替代处理，并按标记、处理后的自动监测数据计算应税污染物排放量。相关纳税人当月不能提供符合国家规定和监测规范的自动监测数据的，应当按照排污系数、物料衡算方法计算应税污染物排放量。纳入排污许可管理行业的纳税人，其应税污染物排放量的监测计算方法按照排污许可管理要求执行。

纳税人主动安装使用符合国家规定和监测规范的污染物自动监测设备，但未与生态环境主管部门联网的，可以按照自动监测数据计算应税污染物排放量；不能提供符合国家规定和监测规范的自动监测数据的，应当按照监测机构出具的符合监测规范的监测数据或者排污系数、物料衡算方法计算应税污染物排放量。

（二）纳税人委托监测机构监测应税污染物排放量的，应当按照国家有关规定制定监测方案，并将监测数据资料及时报送生态环境主管部门。监测机构实施的监测项目、方法、时限和频次应当符合国家有关规定和监测规范要求。监测机构出具的监测报告应当包括应税水污染物种类、浓度值和污水流量；应税大气污染物种类、浓度值、排放速率和烟气量；执行的污染物排放标准和排放浓度限值等信息。监测机构对监测数据的真实性、合法性负责，凡发现监测数据弄虚作假的，依照相关法律法规的规定追究法律责任。

纳税人采用委托监测方式，在规定监测时限内当月无监测数据的，可以沿用最近一次的监测数据计算应税污染物排放量，但不得跨季度沿用监测数据。纳税人采用监测机构出具的监测数据申报减免环境保护税的，应当取得申报当月的监测数据；当月无监测数据的，不予减免环境保护税。有关污染物监测浓度值低于生态环境主管部门规定的污染物检出限的，除有特殊管理要求外，视同该污染物排放量为零。生态环境主管部门、计量主管部门发现委托监测数据失真或者弄虚作假的，税务机关应当按照同一纳税期内的监督性监测数据或者排污系数、物料衡算方法计算应税污染物排放量。

（三）在建筑施工、货物装卸和堆存过程中无组织排放应税大气污染物的，按照生态环境部规定的排污系数、物料衡算方法计算应税污染物排放量；不能按照生态环境部规定的排污系数、物料衡算方法计算的，按照省、自治区、直辖市生态环境主管部门规定的抽样测算的方法核定计算应税污染物排放量。

（四）纳税人因环境违法行为受到行政处罚的，应当依据相关法律法规和处罚信息计算违法行为所属期的应税污染物排放量。生态环境主管部门发现纳税人申报信息有误的，应当通知税务机关处理。

四、关于环境保护税征管协作配合问题

各级税务、生态环境主管部门要加快建设和完善涉税信息共享平台，进一步规范涉税信息交换的数据项、交换频率和数据格式，并提高涉税信息交换的及时性、准确性，保障环境保护税征管工作运转顺畅。

3－11－7

生态环境部　财政部　税务总局关于发布计算环境保护税应税污染物排放量的排污系数和物料衡算方法的公告

2021年4月28日　生态环境部　财政部　税务总局公告2021年第16号

为贯彻落实《中华人民共和国环境保护税法》，进一步规范因排放污染物种类多等原因不具备监测条件的排污单位应税污染物排放量计算方法，现公告如下：

一、属于排污许可管理的排污单位，适用生态环境部发布的排污许可证申请与核发技术规范中规定的排（产）污系数、物料衡算方法计算应税污染物排放量；排污许可证申请与核发技术规范未规定相关排（产）污系数的，适用生态环境部发布的排放源统计调查制度规定的排（产）污系数方法计算应税污染物排放量。

二、不属于排污许可管理的排污单位，适用生态环境部发布的排放源统计调查制度规定的排（产）污系数方法计算应税污染物排放量。

三、上述情形中仍无相关计算方法的，由各省、自治区、直辖市生态环境主管部门结合本地实际情况，科学合理制定抽样测算方法。

四、本公告自2021年5月1日起施行，《关于发布计算污染物排放量的排污系数和物料衡算方法的公告》（环境保护部公告2017年第81号）同时废止。《财政部　税务总局　生态环境部关于环境保护税有关问题的通知》（财税〔2018〕23号）第一条第二款同时改按本公告规定执行。

生态环境部将适时对排污许可证申请与核发技术规范、排放源统计调查制度规定的排（产）污系数、物料衡算方法进行制修订，排污单位自制修订后的排（产）污系数、物料衡算方法实施之日的次月起（未明确实施日期的，以发布日期为实施日期），依据新的系数和方法计算应税污染物排放量。

特此公告。

附件：1. 生态环境部已发布的排污许可证申请与核发技术规范清单（编者略）

2. 生态环境部已发布的排放源统计调查制度排（产）污系数清单（编者略）

12

船舶吨税

3－12－1

中华人民共和国船舶吨税法

2017年12月27日第十二届全国人民代表大会常务委员会第三十一次会议通过 同日中华人民共和国主席令第85号公布 2018年10月26日第十三届全国人民代表大会常务委员会第六次会议修正 同日中华人民共和国主席令第16号公布

第一条 自中华人民共和国境外港口进入境内港口的船舶(以下称应税船舶),应当依照本法缴纳船舶吨税(以下简称吨税)。

第二条 吨税的税目、税率依照本法所附的《吨税税目税率表》执行。

第三条 吨税设置优惠税率和普通税率。

中华人民共和国籍的应税船舶,船籍国(地区)与中华人民共和国签订含有相互给予船舶税费最惠国待遇条款的条约或者协定的应税船舶,适用优惠税率。

其他应税船舶,适用普通税率。

第四条 吨税按照船舶净吨位和吨税执照期限征收。

应税船舶负责人在每次申报纳税时,可以按照《吨税税目税率表》选择申领一种期限的吨税执照。

第五条 吨税的应纳税额按照船舶净吨位乘以适用税率计算。

第六条 吨税由海关负责征收。海关征收吨税应当制发缴款凭证。

应税船舶负责人缴纳吨税或者提供担保后,海关按照其申领的执照期限填发吨税执照。

第七条 应税船舶在进入港口办理入境手续时,应当向海关申报纳税领取吨税执照,或者交验吨税执照(或者申请核验吨税执照电子信息)。应税船舶在离开港口办理出境手续时,应当交验吨税执照(或者申请核验吨税执照电子信息)。

应税船舶负责人申领吨税执照时,应当向海关提供下列文件:

(一)船舶国籍证书或者海事部门签发的船舶国籍证书收存证明;

(二)船舶吨位证明。

应税船舶因不可抗力在未设立海关地点停泊的,船舶负责人应当立即向附近海关报告,并在不可抗力原因消除后,依照本法规定向海关申报纳税。

第八条 吨税纳税义务发生时间为应税船舶进入港口的当日。

应税船舶在吨税执照期满后尚未离开港口的,应当申领新的吨税执照,自上一次执照期满的次日起续缴吨税。

第九条 下列船舶免征吨税:

(一)应纳税额在人民币五十元以下的船舶;

(二)自境外以购买、受赠、继承等方式取得船舶所有权的初次进口到港的空载船舶;

(三)吨税执照期满后二十四小时内不上下客货的船舶;

(四)非机动船舶(不包括非机动驳船);

（五）捕捞、养殖渔船；

（六）避难、防疫隔离、修理、改造、终止运营或者拆解，并不上下客货的船舶；

（七）军队、武装警察部队专用或者征用的船舶；

（八）警用船舶；

（九）依照法律规定应当予以免税的外国驻华使领馆、国际组织驻华代表机构及其有关人员的船舶；

（十）国务院规定的其他船舶。

前款第十项免税规定，由国务院报全国人民代表大会常务委员会备案。

第十条 在吨税执照期限内，应税船舶发生下列情形之一的，海关按照实际发生的天数批注延长吨税执照期限：

（一）避难、防疫隔离、修理、改造，并不上下客货；

（二）军队、武装警察部队征用。

第十一条 符合本法第九条第一款第五项至第九项、第十条规定的船舶，应当提供海事部门、渔业船舶管理部门等部门、机构出具的具有法律效力的证明文件或者使用关系证明文件，申明免税或者延长吨税执照期限的依据和理由。

第十二条 应税船舶负责人应当自海关填发吨税缴款凭证之日起十五日内缴清税款。未按期缴清税款的，自滞纳税款之日起至缴清税款之日止，按日加收滞纳税款万分之五的税款滞纳金。

第十三条 应税船舶到达港口前，经海关核准先行申报并办结出入境手续的，应税船舶负责人应当向海关提供与其依法履行吨税缴纳义务相适应的担保；应税船舶到达港口后，依照本法规定向海关申报纳税。

下列财产、权利可以用于担保：

（一）人民币、可自由兑换货币；

（二）汇票、本票、支票、债券、存单；

（三）银行、非银行金融机构的保函；

（四）海关依法认可的其他财产、权利。

第十四条 应税船舶在吨税执照期限内，因修理、改造导致净吨位变化的，吨税执照继续有效。应税船舶办理出入境手续时，应当提供船舶经过修理、改造的证明文件。

第十五条 应税船舶在吨税执照期限内，因税目税率调整或者船籍改变而导致适用税率变化的，吨税执照继续有效。

因船籍改变而导致适用税率变化的，应税船舶在办理出入境手续时，应当提供船籍改变的证明文件。

第十六条 吨税执照在期满前毁损或者遗失的，应当向原发照海关书面申请核发吨税执照副本，不再补税。

第十七条 海关发现少征或者漏征税款的，应当自应税船舶应当缴纳税款之日起一年内，补征税款。但因应税船舶违反规定造成少征或者漏征税款的，海关可以自应当缴纳税款之日起三年内追征税款，并自应当缴纳税款之日起按日加征少征或者漏征税款万分之五的税款滞纳金。

海关发现多征税款的,应当在二十四小时内通知应税船舶办理退还手续,并加算银行同期活期存款利息。

应税船舶发现多缴税款的,可以自缴纳税款之日起三年内以书面形式要求海关退还多缴的税款并加算银行同期活期存款利息;海关应当自受理退税申请之日起三十日内查实并通知应税船舶办理退还手续。

应税船舶应当自收到本条第二款、第三款规定的通知之日起三个月内办理有关退还手续。

第十八条 应税船舶有下列行为之一的,由海关责令限期改正,处二千元以上三万元以下的罚款;不缴或者少缴应纳税款的,处不缴或者少缴税款百分之五十以上五倍以下的罚款,但罚款不得低于二千元:

(一)未按照规定申报纳税、领取吨税执照;

(二)未按照规定交验吨税执照(或者申请核验吨税执照电子信息)以及提供其他证明文件。

第十九条 吨税税款、税款滞纳金、罚款以人民币计算。

第二十条 吨税的征收,本法未作规定的,依照有关税收征收管理的法律、行政法规的规定执行。

第二十一条 本法及所附《吨税税目税率表》下列用语的含义:

净吨位,是指由船籍国(地区)政府签发或者授权签发的船舶吨位证明书上标明的净吨位。

非机动船舶,是指自身没有动力装置,依靠外力驱动的船舶。

非机动驳船,是指在船舶登记机关登记为驳船的非机动船舶。

捕捞、养殖渔船,是指在中华人民共和国渔业船舶管理部门登记为捕捞船或者养殖船的船舶。

拖船,是指专门用于拖(推)动运输船舶的专业作业船舶。

吨税执照期限,是指按照公历年、日计算的期间。

第二十二条 本法自2018年7月1日起施行。2011年12月5日国务院公布的《中华人民共和国船舶吨税暂行条例》同时废止。

3－12－2

财政部关于印发适用船舶吨税优惠税率国家(地区)清单的通知

2018年6月27日 财关税〔2018〕21号

海关总署:

为配合《中华人民共和国船舶吨税法》的实施,现将适用船舶吨税优惠税率的船籍国(地区)清单(见附件)印送你署。

本通知自2018年7月1日起实施。《财政部关于印送适用船舶吨税优惠税率国家(地区)清单的通知》(财关税〔2011〕92号)和《财政部关于利比里亚共和国籍的应税船舶适用船舶吨税优惠税率的通知》(财关税〔2016〕5号)同时废止。

特此通知。

附件:适用船舶吨税优惠税率的国家(地区)清单

附件

适用船舶吨税优惠税率的国家(地区)清单

序号	船籍国(地区)	序号	船籍国(地区)
1	阿尔巴尼亚	2	朝鲜
3	加纳	4	斯里兰卡
5	刚果(布)	6	巴基斯坦
7	刚果(金)(原扎伊尔)	8	挪威
9	日本	10	阿尔及利亚
11	新西兰	12	阿根廷
13	孟加拉国	14	泰国
15	巴西	16	墨西哥
17	马来西亚	18	新加坡
19	塞浦路斯	20	蒙古
21	马耳他	22	越南
23	土耳其	24	韩国
25	格鲁吉亚	26	克罗地亚
27	俄罗斯	28	乌克兰
29	黎巴嫩	30	智利
31	印度	32	以色列
33	加拿大	34	秘鲁
35	埃及	36	摩洛哥
37	南非	38	古巴
39	印度尼西亚	40	突尼斯
41	伊朗	42	巴哈马
43	美国	44	比利时
45	捷克	46	丹麦
47	德国	48	爱沙尼亚
49	希腊	50	西班牙
51	法国	52	爱尔兰
53	意大利	54	拉脱维亚
55	立陶宛	56	卢森堡

续表

序号	船籍国(地区)	序号	船籍国(地区)
57	匈牙利	58	荷兰
59	奥地利	60	波兰
61	葡萄牙	62	斯洛文尼亚
63	斯洛伐克	64	芬兰
65	瑞典	66	英国
67	保加利亚	68	罗马尼亚
69	也门	70	苏丹
71	菲律宾	72	埃塞俄比亚
73	肯尼亚	74	阿曼
75	利比里亚	76	巴拿马
77	香港	78	澳门

备注:

1. 利比里亚籍的应税船舶适用船舶吨税优惠税率的到期日为 2019 年 2 月 13 日。
2. 巴拿马籍的应税船舶适用船舶吨税优惠税率的到期日为 2021 年 5 月 16 日。

3-12-3

海关总署关于《中华人民共和国船舶吨税法》实施有关事项的公告

2018 年 6 月 28 日　海关总署公告 2018 年第 77 号

《中华人民共和国船舶吨税法》(以下简称《吨税法》)将于 2018 年 7 月 1 日起实施,现将有关事宜公告如下:

一、自 2018 年 7 月 1 日起,自我国境外港口进入境内港口的船舶(以下称"应税船舶"),应当依照《吨税法》缴纳船舶吨税。

二、船舶吨税分 1 年期缴纳、90 天期缴纳与 30 天期缴纳三种。缴纳期限由应税船舶负责人自行选择。

三、应税船舶在办理出入境手续时,选择是否向海关申请验核船舶吨税执照电子信息。自 2018 年 7 月 1 日起签发的船舶吨税执照电子信息由海关系统进行自动比对。

四、应税船舶负责人应在应税船舶抵港申报纳税时,如实填写《船舶吨税执照申请书》(见附件),同时应当交验如下证明文件:

(一)船舶国籍证书或者海事部门签发的船舶国籍证书收存证明;

(二)船舶吨位证明。

应税船舶为拖船或无法提供净吨位证明文件的游艇的,应税船舶负责人还应提供发动机功率(千瓦)等相关材料。

五、应税船舶负责人应通过"互联网+海关"、国际贸易"单一窗口"等关企事务平台登录“海关船舶吨税执照申请系统”,录入并向海关发送船舶吨税执照申请信息。

六、应税船舶负责人选择柜台支付方式缴纳船舶吨税的,应将加盖银行已收讫税款业务印章的缴款书第一联交海关。应税船舶负责人选择电子支付方式缴纳船舶吨税的,应根据海关总署公告2014年第6号的要求完成船舶吨税电子支付备案。

七、对于符合《吨税法》第九条第一款第(二)项至第(四)项免征吨税规定的应税船舶,应税船舶负责人应当向海关提供书面免税申请,申明免税的依据和理由。

对于符合《吨税法》第九条第一款第(五)项至第(九)项免征吨税规定,以及第十条延长吨税执照期限规定的应税船舶,应税船舶负责人应当向海关提供海事、渔业船舶管理等部门、机构出具的具有法律效力的证明文件或者使用关系证明文件,申明免税或者延长吨税执照期限的依据和理由。

八、应税船舶负责人应在延期事项发生地海关办理船舶吨税执照延期的海关手续,同时应提交延期申请。

九、应税船舶负责人在缴纳船舶吨税前申请先行签发船舶吨税执照的,应当向海关提供与其依法履行吨税缴纳义务相适应的担保。

十、应税船舶到达我国境内港口前,应税船舶负责人经海关核准,可凭与应缴税款相适应的担保申请办理先行申报手续。

十一、船舶吨税担保期限一般不超过6个月,特殊情况需要延期的,应当经主管海关核准。应税船舶负责人应当在海关核准的船舶吨税担保期限内履行纳税义务。

本公告自2018年7月1日起施行。海关总署公告2011年第81号同时废止。

特此公告。

附件:船舶吨税执照申请书(编者略)

3－12－4

海关总署关于发布适用船舶吨税优惠税率国家(地区)清单的公告

2018年6月29日　海关总署公告2018年第80号

为配合《中华人民共和国船舶吨税法》的实施,现将适用船舶吨税优惠税率的国家(地区)清单予以发布。

本公告自2018年7月1日起实施。海关总署公告2012年第8号同时废止。

特此公告。

附件:适用船舶吨税优惠税率的国家(地区)清单(编者略)

※　※　※　※

3-12-5

海关总署关于将《适用船舶吨税优惠税率的国家和地区名单》修改后重新公布的公告

2003年3月28日　海关总署公告2003年第20号

根据《中华人民共和国船舶吨税暂行办法》的有关规定，与中华人民共和国签定有条约或协定、相互给予船舶吨税优惠的国家和地区籍的船舶，其吨税按优惠税率计征；其他国家和地区籍的船舶，吨税按普通税率计征。

《适用船舶吨税优惠税率的国家和地区名单》已以海关总署公告(〔2003〕12号)对外公布。

现经交通部补充确认，土耳其、黎巴嫩、印度、摩洛哥、蒙古、美国为适用船舶吨税优惠税率国家，现将《适用船舶吨税优惠税率的国家和地区名单》修改后重新公布。

特此公告。

附件：适用船舶吨税优惠税率的国家和地区名单

附件

适用船舶吨税优惠税率的国家和地区名单(63)

芬兰、瑞典、丹麦、也门、俄罗斯、突尼斯、德国、阿尔巴尼亚、苏丹共和国、朝鲜、越南、加纳、斯里兰卡、刚果、巴基斯坦、挪威、古巴、智利、缅甸、秘鲁、墨西哥、希腊、塞浦路斯、保加利亚、波兰、日本、菲律宾、新西兰、荷兰、阿尔及利亚、民主刚果(原扎伊尔)、埃塞俄比亚、罗马尼亚、肯尼亚、阿根廷、泰国、新加坡、孟加拉、比利时、卢森堡、南斯拉夫、阿曼苏丹国、巴西、意大利、马来西亚、韩国、克罗地亚、老挝、乌克兰、大不列颠及北爱尔兰(包括泽西岛、百慕大、根西岛、开曼群岛、马恩岛和直布罗陀附属地)、加拿大、马耳他、法国、以色列、格鲁吉亚、土耳其、黎巴嫩、印度、摩洛哥、蒙古、美国、香港、澳门。

3－12－6

海关总署关于对巴哈马籍船舶适用优惠船舶吨税税率的公告

2006年11月13日　海关总署公告2006年第67号

《中华人民共和国政府和巴哈马国政府海运协定》已生效，根据《中华人民共和国海关船舶吨税暂行办法》的有关规定，自2003年8月17日起，对巴哈马籍船舶适用优惠船舶吨税税率。此前已征吨税准予按本公告规定予以调整。

特此公告。

3－12－7

海关总署关于对立陶宛籍船舶适用优惠船舶吨税税率的公告

2008年1月24日　海关总署公告2008年第5号

《中华人民共和国政府和立陶宛共和国政府海运协定》已生效，根据《中华人民共和国海关船舶吨税暂行办法》的有关规定，自2007年12月10日起，对立陶宛籍船舶适用优惠船舶吨税税率。此前已征吨税准予按本公告规定予以调整。

特此公告。

3－12－8

海关总署关于进出境国际航行船舶代理企业船舶吨税电子支付备案的公告

2014年1月14日　海关总署公告2014年第6号

为解决进出境国际航行船舶代理企业船舶吨税电子支付问题，海关开发完成了船舶吨税电子支付管理系统。进出境国际航行船舶代理企业在开展船舶吨税电子支付业务前需到所在地海关办理船舶吨税电子支付备案，现将有关事项公告如下：

一、办理备案手续需提交的单证：

（一）《企业法人营业执照》副本复印件（非法人企业、法人企业的分支机构提交《营业执照》）；

（二）《组织机构代码证》副本复印件；

（三）《报关单位情况登记表》；

（四）企业行政印章和业务印章的印模。

备案企业营业执照经营范围应当包括国际船舶代理资质。

二、符合条件的，海关予以备案，并制发《进出境国际航行船舶代理企业船舶吨税电子支付备案证明》（详见附件）。

三、法人企业的分支机构如需申请办理船舶吨税电子支付备案的，其所属法人企业应当先办理相关备案手续。

四、进出境国际航行船舶代理企业已在海关办理报关企业、进出口货物收发货人或其他类型企业注册备案手续的，在开展船舶吨税电子支付业务时，仍需办理船舶吨税电子支付备案手续。

特此公告。

附件：进出境运输工具负责人备案证明（编者略）

3－12－9

海关总署关于利比里亚籍船舶适用船舶吨税优惠税率的公告

2016年2月6日　海关总署公告2016年第9号

根据《中华人民共和国船舶吨税暂行条例》和《中华人民共和国政府和利比里亚共和国政府海运协定》的相关规定，自2016年2月14日起，对利比里亚共和国籍的应税船舶适用船舶吨税优惠税率，实施期限为3年。

特此公告。

3－12－10

财政部关于利比里亚共和国籍的应税船舶适用船舶吨税优惠税率的通知

2019年1月4日　财关税〔2019〕1号

海关总署：

根据《中华人民共和国船舶吨税法》和《中华人民共和国政府和利比里亚共和国政府海运协定》的相关规定，自2019年1月8日起，利比里亚共和国籍的应税船舶适用船舶吨税优惠税率，实施期限为5年，到期日为2024年1月7日。

3－12－11

海关总署关于利比里亚共和国籍的应税船舶适用船舶吨税优惠税率的公告

2019年1月14日　海关总署公告2019年第17号

根据《中华人民共和国船舶吨税法》和《中华人民共和国政府和利比里亚共和国政府海运协定》的相关规定，利比里亚共和国籍的应税船舶在海关总署公告2018年第80号规定的到期日后继续适用船舶吨税优惠税率，到期日为2024年1月7日。

特此公告。

3－12－12

财政部关于巴拿马共和国籍的应税船舶适用船舶吨税优惠税率的通知

2021年8月10日　财关税〔2021〕39号

海关总署：

根据《中华人民共和国船舶吨税法》和《中华人民共和国政府和巴拿马共和国政府海运协定》的相关规定，自2021年5月17日至2026年7月19日，巴拿马共和国籍的应税船舶适用船舶吨税优惠税率。

自2021年8月15日至2026年7月19日，巴拿马共和国籍的应税船舶按优惠税率缴纳税款。自2021年5月17日至2021年8月14日，巴拿马共和国籍的应税船舶已按普通税率缴纳税款的，其较优惠税率多缴纳的税款，海关依企业申请予以退还，相关企业自2021年8月15日起6个月内按规定向海关申请办理退税手续。

3－12－13

海关总署关于巴拿马共和国籍的应税船舶适用船舶吨税优惠税率的公告

2021年8月13日　海关总署公告2021年第61号

根据《财政部关于巴拿马共和国籍的应税船舶适用船舶吨税优惠税率的通知》（财关税〔2021〕39号），自2021年5月17日至2026年7月19日，巴拿马共和国籍的应税船舶适用船舶吨税优惠税率。

自 2021 年 8 月 15 日起,巴拿马共和国籍的应税船舶按照船舶吨税优惠税率缴纳税款。2021 年 5 月 17 日至 8 月 14 日,巴拿马共和国籍的应税船舶已按普通税率缴纳税款的,其较优惠税率多缴纳的吨税税款,相关企业应自 2021 年 8 月 15 日起 6 个月内按规定向海关申请办理退税手续,海关依企业申请审核后予以退还。

特此公告。